U0875988

智慧交易赢家

——解码股票投资系统和交易实操

王先春　著

山西出版传媒集团
山西人民出版社

图书在版编目（CIP）数据

智慧交易赢家 : 解码股票投资系统和交易实操 / 王先春著. -- 太原 : 山西人民出版社, 2016.9
ISBN 978-7-203-09766-2

Ⅰ. ①智… Ⅱ. ①王… Ⅲ. ①股票投资－基本知识 Ⅳ. ①F830.91

中国版本图书馆CIP数据核字(2016)第237271号

智慧交易赢家：解码股票投资系统和交易实操

著　　者： 王先春
责任编辑： 徐晓宇

出 版 者：山西出版传媒集团・山西人民出版社
地　　址： 太原市建设南路 21 号
邮　　编： 030012
发行营销： 0351-4922220　4955996　4956039　4922127（传真）
天猫官网： http://sxrmcbs.tmall.com　电话：0351-4922159
E-mail　： sxskcb@163.com　发行部
sxskcb@126.com　总编室
网　　址： www.sxskcb.com

经 销 者：山西出版传媒集团・山西人民出版社
承 印 厂： 大厂回族自治县德诚印务有限公司

开　　本： 710mm×1000mm　1/16
印　　张： 22.5
字　　数： 320 千字
印　　数： 8000 册
版　　次： 2016 年 11 月第 1 版
印　　次： 2016 年 11 月第 1 次印刷
书　　号： ISBN 978-7-203-09766-2
定　　价： 58.00 元

序 1

建立交易系统　成为股市赢家

时下，个人出书而找名家写序成为一种时尚，真应了那句：好风凭借力，送我上青天。而深圳推手王先春却找到了我。

以他在业界的知名度，在北京、上海、深圳……乃至海外，找个大名人作序又有何难？可他偏偏要我来作序。无论是影响力，还是专业知识，我都难当此任。可他只认一个理："您是我高中毕业班的班主任，懂我。"这倒是千真万确，先春是我的学生。

二十年前，我是他们那个理科班的班主任，也是我第一次担任高中毕业班的班主任，不用说，倾注了满腔的热情，师生自然情深。这些年来，无论我工作调动到何处，我们都一直有联系，真可谓"见时饮尽东海长流水，时时不忘与君那段情"。

那时候，先春就是一个有追求、有思想的学生，爱好广泛，尤喜大政要闻及世界格局的推演，用今天的话说，就是善于宏观把握并缜密思考的人。我也听过他的演讲，大到宏观，小到微观，都能信手拈来，头头是道，逻辑严密。或许他今天的大局观、战略视野，正是从那时候开始觉悟，并逐渐形成。相信很多听过他演讲的朋友，也会有此共识。

那时候的高考，实行"3+2"不久，跳出农门、找一份好工作，还是那时候的主流，但一个班也考不上几个大学生。所以，为了升学率，我管毕业班也管得严，对学生苦口婆心，希望农村的孩子能多几个考上大学。

先春不喜欢英语，除了语文拔尖，理科也一般。我也曾找他谈过话，他说不知为啥原来理科很好，进了高三发现对理科懵懵懂懂，讲课时全懂，课后全傻眼，总认为自己选错科了。

我严管过几次，没见好转，反而发现他思维活跃，喜欢讲话。班上总是以他为起点，至少6个人的课桌距离为直径，逗乐一大片。这哪行？把他的座位调到讲台前严管，也于事无补，老师一出教室，他们还是笑呵呵一片。原来他就是一个演讲天才，即使在超强的高考压力下，他也能找到同学们的笑点。这不，2015年8月至12月，他头顶五矿证券首席策略师的光环，联手《证券市场红周刊》，北到北京，西到成都，在全国举办了20多场巡讲，场场爆满，场场充满笑趣而不平淡乏味。

有点遗憾的是，在我这一届他名落孙山。听说后来他在高四选择了文科，理科的思维让他在文科班如鱼得水，最终上了大学。或许是用他的话讲，痛定思痛后，做自己擅长的事情，坚持下去，终有所获。

在我的印象中，对一个毫无背景的年轻人来说，那时候金融行业还是很难进来的。看完新华社记者出身的白青山老师采访的《民间股神》第四集中关于他的一些故事，我深感欣慰。

王先春是典型的湖南农家子弟，吃得苦，霸得蛮，终于凭借自己写作的专长敲开了金融证券行业的门。无数次失败的经历成就了他的今天，像我当年对他们苦口婆心，教导他们那一届学生好好学习、力争跳出龙门要胜过我一样，先春在取得些许成绩形成了自己完整的投资体系后，也到处开讲，将自己失败的经验与大众分享，对大众也是苦口婆心，不希望大众股民也犯他曾经犯过的错误，而是要树立正确的投资理念，掌握自己某一个擅长的交易技巧后，踏实投资。

我也是一名小散，也曾当了一回他的学生，并邀请我的朋友——也是一名师者，一起在深圳五矿证券总部听了他一天的课。我从事教师职业这么多年，一堂课 45 分钟，教师一般只讲 25 分钟，其余交给学生消化，而先春面对股民的求知欲望，满满的一整天都在讲课，就中午休息一会儿，从理论、案例、技巧、常犯的错误，到如何规避风险、盈利的多种可能性，等等，耐心如我又胜我。至少我和我朋友听了受益匪浅，并开悟很多，感叹自己曾经与大众小散一样走过很多弯路，吃过很多如今看来不应该吃的亏。也慢慢领悟到他所倡导的投资理念，以及个人建立交易系统的重要性。

现在，先春将他的理念和交易系统以书的形式呈现出来，教导大家做一个智慧交易赢家。他请我写序，我当然愿意了。

翻看了先春这本《智慧交易赢家：解码投资系统和交易实操》的书稿后，其中有很多理论和案例，我都很熟悉，最重要的是，有了资金管理，这可是一个专业的资产管理者、交易者的难得的真实呈现，我们小散恐怕更多的也是缺乏这些知识和技能。

想想 2015 年下半年和 2016 年开年共三次所谓“异常波动”的股市，如果有了良好的资金管理，我想我们大多数人也不至于那么惨。

我也入市多年，亢奋与贪婪，不甘与恐惧，疲惫与绝望，相信大家都有过，甚至被股市的波动折磨得心力交瘁。下跌之初，不甘心不割肉，坚决持有，暴跌之后，很绝望很疲惫，割掉股票发誓不再重来，但反弹一来，既亢奋又贪婪，追高买入，再次被套，如此反复，为伊消得人憔悴。

我也经常在想，如果长此以往地做股票，那就失去了生活的情趣，不仅输掉了金钱，更重要的是输掉了人生的精彩。除了股票，世界那么大，还有诗和远方。我们需要的是任凭风吹浪打，胜似闲庭信步。

股市无神亦有神，忧伤留予后人尝。忧伤与快乐能悟出优美绝伦的诗词，激情与深沉能奏出华美的乐章。经历过998，享受到了6124，走过了1664，憧憬过3478，疯狂过5178，无论是钻石底，还是地球顶，4天的“熔断”让我们有了婴儿般的睡眠。

股票不是我们的全部，我们应该端正态度，用心去感悟股市的真相，用激情去赚取财富，用理智与冷静，和我们自己掌握并建立的系统去躲避市场狂风暴雨的伤害，做一个真正的“智慧交易赢家”

不论是“深圳推手”、“民间股神”，还是“私募精英”、“投资总监”，亦或是“首席策略师”，在我的眼里，先春就是我的学生！学生，其学习就永无止境。因为人生从来就没有一帆风顺，而股市也从来就没有常胜将军。

我希望我的学生——先春，继续谦虚谨慎、敬畏市场，不断完善自己的交易系统，将智慧与大众分享，帮助更多的人少受股市的伤害，最终成为投资赢家。

曹永生
（广州市第六中学老师、
原湖南临澧二中96届92班班主任）
于广州

序 2

深藏 16 年投资经验铸就的心血与智慧

高手在民间。

因为工作的关系，我得以有机会接触一些股票炒得不错，对投资又颇有心得的民间高手，而王先春正是其中一位。

2006 年，《民间股神》主角之一的先春应杂志之邀，开始为杂志撰写专栏文章。每周一篇，从不落下。不知不觉间，已经写了近十年。

在这十年间，A 股既经历了 6124 点的波澜壮阔，也经历了 1664 点的片甲不留。先春洋洋洒洒近 500 篇的文章，从最初的每周市场研判，到后来的技术看盘攻略，陪伴着投资者度过了有欢笑、有泪水的 3000 多个日日夜夜。

先春入市时间较早，十多年证券投资生涯的磨砺，让他形成了一套独特的理论体系。而这十年的笔耕不辍，十年的深耕细作，让他的理念被越来越多的投资者所知晓、所认可。当然，也收获了一大批忠实的粉丝。

技术分析派在中国证券市场从来都具有举足轻重的地位。长期在我们杂志上发表文章的鲁兆先生，号称国内技术分析始祖，文章极具可读性和实战性。应读者之邀，我们杂志组织编辑了多本鲁兆的书籍，基本都是一抢而空。也有很多老读者一直希望先春也能出书，我也一直提示先春，希望他将自己的体系整理成书，让更多人受益。

可能在2013年之前，先春一直忙于私募管理，没有太多的空闲，出书一事拖了好多年。于是一次专访时，我就逼着他干脆在专栏上写自己的体系，每周一篇，慢慢地也就有了一些累积。他首先在《股市动态分析》杂志上发表的是《K线的秘密》，随后有《趋势攻略》、《量价关系》系列出来，都深得读者好评，尤其是量价关系的系统性阐述，让很多老读者突然间豁然开朗。

后来我才知道，这可是先春从业16年吃饭的东西啊！他都毫无保留，悉数呈现！甚至有全国各地的读者追到了深圳，托我们找先春当面研讨。

终于，在2016年年初，听闻先春的书即将出版，以他的交易系统命名的《智慧交易赢家：解码投资系统和交易实操》一书秉承了他一贯的务实风格。

本书不止是先春近年来在《股市动态分析》周刊发表文章的精华结集，更是一本技术看盘的实战宝典。由于《K线的秘密》、《量价关系》、《趋势攻略》等系列专题在周刊发表时有所删改，而本书的案例更为丰富，文字更为详尽，更好地呈现了作者的原意。还有，书中大量的成套体系案例，以及经典的资金管理门道，应该是非常值得推崇的。

本书的巧妙之处就在于，他将深奥的、复杂的技术分析图形，以简单的、生动的实战个股走势呈现在读者面前，通俗易懂，便于掌握，让即使初入股市的投资者也能在短时间内理解和灵活运用。而这一切都与先春一直投身于股市密不可分，用他的话讲，就是16年投资经验铸就的心血与智慧深藏其中。

王先春秉承着在实践中写作，在写作中验证的原则，让本书具有很强的实战性，很多分析案例回头看大多都被验证。真可谓是看时酣畅淋漓，看完醍醐灌顶。

给本书写序的时候，正值中国股市经历前所未有的震荡，时不时千股跌停的惨况让投资者寒意丛生。希望先春的书像一把火炬，给大家带来温暖和希望，指引大家朝着正确的道路前进。

赵琳
（《股市动态分析》编辑部主任）
于深圳

序 3

鏖战股市　剩者为王

缘于财富和自由的梦想，资本市场中从不缺乏参与者。2015年的A股市场，则让众多参与者亲身体验了资本市场的疯狂。在经历了由大赚到狂亏的瞬间落差之后，众多投资者开始意识到资本市场的残酷性，也逐渐理解了“系统性风险”的真正意义。

我对于“系统性风险”的重视，还要源于王先春。2015年，王先春受邀成为《证券市场红周刊》“红学堂”的主讲嘉宾。经过一年的合作之后，我发现无论是在气势如虹的牛市行情，还是在千股跌停的不堪岁月，行事沉稳笃定的他自始至终强调的都是在系统性风险可控的前提下把握确定性的高概率机会。

在2015年的全国巡讲过程中，王先春曾提到，之所以强调系统性风险，是因为如果投资者在控制不了、判断不准大环境时贸然操作，犯错概率非常大。在系统性风险释放过程中，他建议只能通过降低仓位和减少操作频率以降低交易风险。在整个大环境并不好的前提下，交易次数越多，亏损的概率越大。2015年股灾期间，“活下来比什么都重要！”是他送给股民的肺腑之言。

为了让更多的投资者深刻认识到这一问题的重要性，出书的计划已经在王先春的心中酝酿已久。令人欣慰的是，2016年秋天，经过多方努力，王先春的专著《智慧交易赢家：解码股票投资系统和交易实操》终于将与读者见面了。

秉承“价值、成长、趋势”的投资理念，在本书的战略篇里，作者将入市的目的进行了诠释，并系统阐述了如何构建健康的投资心理。仔细阅读的话，某些有别于大众的观点将会使你收获颇丰。

当然，本书的精彩之处并不仅仅局限于此。经过入市16年的历练，王先春在实战中逐渐磨炼出的“精、准、狠”的操作风格，在本书的战术篇里体现得淋漓尽致。尤其是作者对于量价关系的独到见解，将会在本书中全方位展现。

王先春认为盘口的变化乃至买卖的依据，均需要观察量能的变化和与量对应的价格的变化。经过系统的钻研，他总结了简单的量价八大关系，并在实战中归纳出九大法则。比如：“价涨量增，顺势推动”；比如：“价平量平，多空观望”。一些耳熟能详的操作技法，将会在本书里揭露出很多投资者不曾知晓的一面。

资本市场中有一句名言：“投资是剩者为王，而不是胜者为王”。回首资本市场的历史，获得高额收益的人屡见不鲜，但是最后能够存活下来的却是凤毛麟角。投资不是比谁的收益高，而是看谁在这个市场存活时间长。相信通过阅读此书，可以让广大投资者更好地理解“剩者为王”的意义。

王强

（《证券市场红周刊》教研部教研主任）

于北京

序 4

何妨吟啸且徐行

曾经看过一个故事，久久不能忘怀：

一位对生活失去信心的年轻人，慕名到寺庙寻找到一位老僧，认为自己屡屡失意，活着没有什么用。

老僧听完后什么也不说，只吩咐小和尚烧一壶温水来。然后抓了一把茶叶，放进杯子里，用温水沏了。年轻人细细品了，摇摇头说，这是什么茶？一点茶香也没有。

于是，老僧又吩咐小和尚，再去烧一壶沸水送过来。沸水来后，老僧把茶叶放进去，朝杯子里一点一点地注入沸水。年轻人俯首去看杯子里的茶，只见那些茶叶在杯子里上上下下地沉浮，一丝丝细微的清香便从杯子里袅袅溢出。

老僧问："同是名茶铁观音，为什么茶味迥异？"年轻人想了想，答："一杯温水，一杯沸水，用水不同吧？"

老僧点头，用水不同，则茶叶的沉浮就不同。用温水沏的茶，茶叶轻轻地浮在水之上。而用沸水沏的茶，茶叶沉沉浮浮，释出了它春雨的清幽。

不知道为什么，当先春告诉我，他把自己10多年的炒股心得都写进了一本书，并将初稿的电子版传给我时，我一页一页仔细看着，突然间，又想起了这个故事。

但我也知道，先春自己的故事其实更精彩。当初，他怀揣着梦想，去深圳打拼时，却遭遇了最残酷的事实：盘缠快用光了，工作却没有找到。无奈，他在郊区找了一家小旅店，每天花 5 块钱和许多民工们挤在一张大通铺上。最后那个夜晚，他饿了一天，走回旅店时，摸着口袋里仅有的 5 元钱，忍不住嚎啕大哭。

穷途末路之时，凭着一点文学细胞，他被一家投资咨询机构录用。经过一番玩命地拼搏和努力，他的荐股准确率一度达到 83%，累积了不少粉丝，后来还掌管过数亿元的资产。

2013 年，当他应邀成为《武汉晚报》60 余万订户读者的“炒股导师”，向股民们传授炒股心得时，他谈到了这段困窘生活给他的启示，“当时老板开出的月工资是管吃住 300 元，工资非常低。但是，环境所逼，就如股市一样，你必须得尊重市场的趋势，顺势而为，这样才能在这个市场中生存。”

还有很多经验和心得，也被他写进了这本书里。比如，对待炒股，王先春有一个原则：对买入的股票，不带任何偏见地去客观分析。如果股价没能按照预期的方向运行，一旦股价击破重要支撑位，或者跌破先前设定的止损点，他会主动按照市价止损，绝不死抱回到原先买入价的期望。

“让亏钱的股票继续亏下去，是绝大多数投资者容易犯的最严重的错误之一。如果不愿意斩仓认赔，你最好不要买股票，不要来股市。”翻看整本书，最难得的是，他自己摸索出来的各种实用的炒股招式，都毫无保留地呈现给了读者。

之前，先春讲过很多次课，也写过很多专栏。像这样系统地将他的所学和所悟全盘展示出来，还是第一次。因此，这本书的内容真的“令人惊艳”。

看完整部书稿，我在想，世间芸芸众生，又何尝不是茶呢？王先春将他用沸水烫过的投资经历，为读者呈上了一杯香气四溢的茶水；而我们，只用细细品味，也许就能少走一些弯路，少栽一些跟头，何乐而不为呢？

2016年是猴年，大家都知道，猴王孙悟空的绝活就是“看我七十二变”。中国股市走到现在，尤其是近两年，不少股民损失惨重。希望看过这本书后，我们能在变化中，寻找到属于自己的“牛股”，实现人生的财富梦想。

邵澜

（《武汉晚报》编辑）

于武汉

序 5

写给那些想在股市中赚钱的朋友

四季旋岚偃岳而常静，江河竞注而不流，野马飘鼓而不动，日月历天而不周。如果您真能有这样的平常心思，那么对于 2015 年的杠杆牛和闪电熊，以及 2016 年初股市出其不意的骤冷，也就不会感到手足无措了。

无论是新人还是老手，只要进入股票市场，目的只能有一个：赚钱。这目的看似再简单不过了，然而要想真正地达到，对许多人来说，却是极其不易的。不然像巴菲特、索罗斯那样的投资大师，大家也就不会趋之若鹜了。

为什么真正赚钱这么不容易呢？有人说是心态出了问题：心急吃不了热豆腐；可光是心态好就能赚到钱吗？有人说是方法不得当，于是乎世面上充斥着各种各样的投资宝典；甚至还有人说这本来就是钱生钱的生意，我资金短缺怎么可能赚到钱？因此也就有了许多投资股票的衍生行业。

俗说说：痛苦的原因总是不同的，幸福的原因却总是相同的。真想赚钱，也许我们要做的，只是踏踏实实地回归到股票投资的本质上来，而不是盲目地头痛医头、脚痛医脚。《智慧交易赢家：解码股票操作系统和交易实操》正是这样一部回归股票投资本质的经典之作。

为什么说这部作品直指投资的本质呢？说到“因缘果”，即使不是学习佛法的朋友，您也一定不会陌生，因为这很自然嘛：种瓜得瓜，种豆得豆，连三岁的小孩儿都知道，中国人的骨子里对因果还是有着深深的烙印的。

《智慧交易赢家：解码股票操作系统和交易实操》的灵魂，正是基于“因缘果”这样亘古不变的理趣，因此这本书在战略篇为您展现的投资系统是极为圆融的；而另外一方面，这本书并不会因为理趣的高远而缺乏平实细致。在战术篇中，作者又重点讲解了技术分析和赢利模式，为您所展示的又是接地气的投资方法。

为《智慧交易赢家：解码股票操作系统和交易实操》写序，最主要的不是为吆喝，而是确实与这本书有着深深的共鸣。共鸣的重要原因之一，就是为其深髓的灵魂而着迷；另一方面，本书的作者王先春着实是一位具相的老师。

在佛法里评价善知识的标准里，有耐心、勤奋、通达、慈悲等因素。王先春从 2006 年迄今，在历经十年的时间里：于暗夜中为作光明，为失道者示其正路，以自己的投资知识诲人不倦，为有缘人提供了许多自己力所能及的方便。序文的最后，我想简单地谈谈金钱的本质问题。记得有一位藏传佛教的大格西讲过，金钱的本质是宽容的心态所产生的概念。让我们仔细想想宽容是什么？禅宗说悟道的体会经历了三个过程：见山是山，见水是水；见山不是山，见水不是水；见山还是山，见水还是水。宽容，也许就是兄弟的道路各不相同，但是心灵始终相通。让我们一起品味《智慧交易赢家：解码股票操作系统和交易实操》中的智慧，历久弥香。

明锐

（独立投资人）

于深圳

引导篇

您是因何种动机而阅读此书的？不管是何种动机，您与智慧赢家必定有着微妙而单纯的联系。说到单纯，可能很多人会与简单画上等号，但是不经历复杂艰难的过程，其结果只能是简单而不是单纯的。

正所谓“为学日益，为道日损”，智慧赢家交易系统的建立是放空知见，一点一滴从失败的经验中摸索出来的，是王先春（深圳推手）超级实战赢家的经典之现。

本书以“贯、摄、常、法”的方式展开，以入市的目的作为主线，贯穿投资的事、理、因、果，以交易的因缘果摄持投资大众对自己的投资作主，确立始终保持盈利的交易模式及技术，通过次第引导投资大众掌握方法而获得成就。

不管您是何种缘起，若能精读此书五遍以上，必定可以在投资理念和技战术上获得可见和实在的帮助，让您因为有了知识而获得投资的自由。

一个君子不轻易培养一种爱好，即有则要精心，如在心中的花园里栽下某株心爱的植物。对您所作的投资知识供养，正是笔者的所爱……

股市是人性的综合集中表现的场所，在这个市场中存在着各种交易习惯和不同盈利预期的投资者。因此针对交易系统，需要与之相应的引导方式。

对于广大的投资者而言，需要有四个方面的引导：资金管理、股票配置、交易技巧与交易模式。相对而言，资金管理与股票配置适合于大众投资者，交易技巧与交易模式适合于专业投资者。

◆资金管理为前导、股票配置为基础

资金管理是交易系统的前导，资金管理是获利的因，一个投资者如果没有进行资金管理，是不可能获得长期稳健的盈利结果的。

资金管理在投资体系中非常重要，就算不懂得分析技术，靠有效的资金管理一样能在市场中获利。当你还没有学会资金管理，没有认识到资金管理的重要性时，你就只是一个微不足道、总是赚不了大钱的小投资者，只有当你认识到资金管理的重要性并学会资金管理后，才能体会到成为一个市场大赢家的乐趣。

选股逻辑是从宏观、中观、微观的角度，通过自上而下与自下而上的结合，对个股产生清晰的认识和理性的判断。有了选股的逻辑，投资者在投资的过程中会消除因盲目交易而导致的亏损。

股票配置是交易系统的基础。随着你的投资逻辑越来越清晰，在市场中开始不再亏钱，同时如果你还是一位有耐心的投资者，你逐渐可以获得丰厚的回报。今日的中国股市，市场规则发生了巨大的变化，选股逻辑对于盈利尤为重要。

◆交易技巧为精髓、交易模式为圆满

股票投资是一门艺术，任何的艺术，都需要在“好”的基础上展开积极的实践。对于股票投资来讲，资金管理、股票配置，体现的是“好”的基础，而对交易技巧的娴熟与交易模式的培养，才能真正令您在投资股市的过程中，持续稳定地放大收益，为您的交易交上圆满的答卷！

关于智慧赢家交易系统的学习，对于有时间和精力的人，如果能够从头学起，则能完整地掌握交易系统，成为专业的投资者。如果没有充足的时间和精力，至少需要选择资金管理与股票配置进行深入学习，也可成为成熟的个人投资者。

目录

智慧交易赢家

第三章
K线的秘密

第四章
核心量价关系

第五章
趋势攻略

第六章
形态攻略

第七章 智慧交易法则

后　记

第 1 章

构建健康的投资心理

要想有富人的心态，先改变内心的结算周期，不要为每天都有的小收益沾沾自喜，不要为找不到小收益惴惴不安。

第一节　入市的目的：不忘初心 方得始终

网上有篇关于《穷人与富人的不同思维》一文被大量转载，文中是这么说的：

“每年收益一次的是高管，每月都有收益的是员工，每天都有收益的是卖菜的，干活就有收益的是零工。

收益的大小与机会的多少成反比，与结算周期成正比。每天都有的机会，收益一定很小，遍地都是的机会，是留给收破烂的。越大的资金，越高的收益，它们的机会其实不多，找到或等到了那样的机会，它们其实只出动一次。

眼花缭乱，感觉到处都是机会，市场上充斥着喧哗与骚动，在其中大呼小叫汗流浃背的身影，都是散户。争先恐后抢着埋头拾钱的，迟早‘被拾’了。越到高处，小资金的机会越多，大资金已经在结算；越到低处，小资金找不到机会（因为没有今天买进、明天入账的），才是大资金的机会，它的收益日在很远的地方。

穷人和富人最根本的区别是，穷人每天都在找机会，一天没有收益，他就会惶然不安。他最幸福的日子就是每天都能进点，所谓的细水常流。而富人知道，机会其实并不多。从时间上不多，所以经常要等；从空间上也不多，所以要耐心寻找。

要想有富人的心态，先改变内心的结算周期，不要为每天都有的小收益沾沾自喜，不要为找不到小收益惴惴不安。

穷人之所以穷，是因为小钱来得很快。因为总是能够很快地来点小钱，所以总是没有大钱。穷人眼尖手快，所以经常表现出聪明，尽管很小；富人动作迟缓，经常显得笨拙，事后才知道那是若愚。穷人不吃小亏，经常占些小便宜；富人经常吃些小亏，占的都是大便宜。

富人不普遍，因为富人的经过并不是所有穷人都愿意经历的。过程的寂寞与孤独，或许不是穷人所能忍受的，而富人往往在这方面胜出！富人之所以成为富人，那一定有超常的能力，这是穷人所必须学习的。”

入市的目的是什么？——这个话题似乎很傻很天真！可我一直在替投资人苦思冥想。入市投资，不就是为了赚钱？如此简单的道理，又有何可思？

确实如此，我也不否认，不达到赚钱目的，还来证券市场干嘛？殊不知，越简单的东西越复杂、越难！就像一个“人”字，普天之下又有多少人能读懂？其实，有很多人根本不知道来证券市场究竟干嘛。因为入市的目的太简单了，简单得让人迷失了方向。

股市也如围城，外面的人只知道股市里的钱很容易赚，毕竟媒体宣传、巴菲特等股市的榜样效应在那里，于是兴冲冲地进了股市。

一般而言，犹如牌胡新手一样，刚入股市的人通常都会赚到不菲的钱，于是沾沾自喜，原来股市赚钱那么容易，于是总在外人面前吹嘘自己在股市赚了多少。

其实，围城的生活并不美妙，并不是外人想象的那样，也远非你当初入市时轻松赚钱的境况。随着交易时间和交易次数的增加，你获胜的概率会越来越低，要不然也不会有不少人在 2005 年 9 月份、或者 2015 年 9 月份的时候永远退出了股市。

◆股市不是提款机

股市并不是提款机，没有耕耘，没有付出，没有专业，也就不会有收获。来到股市，人人都想赚钱，这是不争的事实。但要想赚钱，犹如做人一样，首先要懂得不计成本的付出，只有付出了才有收获，只有付出了才有喜悦。

不要动不动就想着我一定要赚多少钱，不要动不动就认为今天赚一个轮胎，明天赚一个厕所，就以为再过几天，房子和车子也都有了。

虽然这是个不知重复了多少遍的简单的问题，可真正能懂的人不多。做股票没有虚荣，只有踏实。踏实之外，必须具备较强的风险承受能力，不能只享受赚钱的快乐，而经不得亏钱的伤痛。

◆投资股市不能贷款

我坚持认为，投资股市的钱，对普通投资者而言，绝对不能贷款，而一定是自己的闲钱，不能透支自己的风险承受能力。

贷款炒股的前提，就是把股市当作提款机，假设赚到钱后就能还钱，而且能够改善自己的生活。可是，贷款炒股的压力会很大，一旦交易出现亏损，一旦大盘出现巨幅震荡，投资者的心理承受能力将面临巨大考验，多少人夜不能寐，白头发也因此增多，而且极有可能给家庭带来极大的不和谐。

反映到操作上，就会出现一种异常现象，越是想做好，反而越做不好，与连续操作失误之后的道理基本一样。2015 年 6 月以来的股市大幅动荡，就让很多配资贷款炒股的人，吃尽了苦头。

◆慎用融资融券等杠杆工具

2014 年 12 月 11 日，新华社发表文章称：暴涨暴跌的股市不是一个健康的股市，而一个靠杠杆资金来创造“神话”的股市更让人担忧。

文章指出，2014 年 11 月 20 日到 12 月 8 日，13 个交易日，股指从 2450 点暴涨至 3020 点，涨幅超过了 20%。12 月 9 日，A 股更是创下逾 1.2 万亿元的新“天量”。成交天量的背后，巨额资金的来源成了一个“谜”。

新华社记者调查发现，部分银行、信托正成为散户“借钱炒股”的资金根源，近期火热的行情甚至催生了种种“配资公司”，一些散户的资金杠杆比已达 9 至 10 倍：相当于只花 1 块钱，能炒 10 块钱的股票。

分析人士认为，种种迹象表明，当下 A 股行情更像是一轮“杠杆上的行情”。杠杆基金、伞状信托等以往鲜为人知的杠杆化产品介入，正催生“新型大户”。

新华社这组稿件配发的评论文章《股市不能靠杠杆资金来创造“神话”》则指出，中国资本市场改革正进入攻坚期，需要一个稳定发展的股市支持，而缺乏基础支持的暴涨暴跌，伤害的不仅是广大中小股民的利益，更不利于中国资本市场改革的稳步推进。中国股市不能靠杆杠资金来创造神话。

以下为该篇短评全文：

> 此次股市“神话”的背后，是大量包括融资融券在内的杠杆资金在“兴风作浪”。
>
> 新华网北京 12 月 11 日消息，在过去不到一个月时间里，中国股市再次创造了“神话”，11 月 20 日到 12 月 8 日，中国股民用十三个交易日的时间，股指从 2450 点暴涨至 3020 点，

涨幅超过了20%。

在经历了长达7年的熊市之后，中国股民迫切地期待着一场轰轰烈烈的牛市到来。然而，在此次“神话”的背后，却是大量包括融资融券在内的杠杆资金在“兴风作浪”。

依靠融资杠杆进来的资金，在行情上涨时会加速上涨、在行情下跌时会加速下跌，杠杆资金只要见到风吹草动就会出现撒腿就跑的情形。巨量资金过度依赖融资杠杆，而经济基本面难以支撑快速上行的“疯牛”行情，如果后续资金跟进不足，一旦出现触发下跌的因素，股指回落的速度也会像上涨一样惊人。

事实上，9日当天股市的暴跌已经暴露了此次“神话”的脆弱——任何影响到市场流动性的消息都能将整个市场陷入“断崖式”下跌的风险之中。

暴涨暴跌的股市不是一个健康的股市，而一个靠杠杆资金来创造“神话”的股市更让人担忧。

如一句电影台词，“出来混，迟早要还的。”借来的钱终究要还。在这场疾风骤雨的“牛市游戏”中，最后来接盘的人也将成为最大的“冤大头”。

当前，我国资本市场改革正进入攻坚期，需要一个稳定发展的股市支持，而缺乏基础支持的暴涨暴跌，伤害的不仅是广大中小股民的利益，更不利于我国资本市场改革的稳步推进。中国股市不能靠杆杠资金来创造“神话”。

回过头看，这篇短评如果放在2015年6月中旬之前，再次发布出来提示风险，应该会取得更好的效果，“断崖式”的下跌风险也许就能减小很多了。可惜这个靠杠杆资金创造“神话”的股市，真的被新华社不幸言中。

前十年，人们用杠杆在房地产上赚得盆满钵满，那是因为房价一路高升，于是不少人认为进入股市的资金，也可以用杠杆。

为了活跃股市，为了与国际接轨，A 股市场推出了融资融券功能，随着这一机制的试行以及投资者的日渐接受，融资融券的准入门槛曾经一度在一些地区的证券公司，从 50 万变相地下降到 10 万，已经由成熟的投资者转向普通投资者，人为地助长了投机氛围，膨胀了人们的贪欲。

“融资融券”又称“证券信用交易”，是指投资者向具有证券交易所会员资格的证券公司提供担保物，借入资金买入本所上市证券，或借入本所上市证券并卖出的行为。包括券商对投资者的融资、融券和金融机构对券商的融资、融券。

对投资者而言，狭义的理解，就是由原有资金或者股票市值作为担保品，向券商借来资金或者卖出股票，随后按照自己预期的方向或者市场兑现预期之后，还回资金或者股票。实质上就是将股票质押，活用被套的股票，到最后就直接成为按照一定杠杆比例（1：1、1：1.5 比例不等）向券商借款炒股。

更有甚者，自 2013 年起，民间已经开始大量兴起股票配资业务，甚至一度出现 1：5、1：8、1：9 的高杠杆比例，而隐藏在地下的民间配资更是不知有多少。可以说，超万亿的资金进入到资金推动的牛市中来。

但是，请别忘了，融资融券有助涨助跌作用，当资金链无法维系时，下行成为必然趋势，不仅未来的股市如此，个股亦如是。

最典型的例子就是广汇能源（600256）。2013 年 6 月份，广汇能源已经成为两市第一大融资股，但股价随后始终无法再创新高。随着市场关于大股东及实际控制人的负面消息散播，股价出现深度下跌，几经反复，融资盘终于承受不了。在 6 个月之内强行平仓还款的压力下，该股股价从12元一度杀跌到6.6元附近，踩踏效应后的股价走势长期未能恢复元气。

2015年6月以来的大盘也是如此。经过配资盘、融资盘等的反复强平杀跌，大盘下跌40%、50%，个股下跌60%、70%的更是比比皆是。

在金融创新的时代，其实我们每个人都无法忽略这些新的金融工具，结合此前推出的权证、优先股、可转债等等，对投资者的专业性要求更高了。

当然，融资融券的工具如果利用好，则可以很好地为自己投资服务，但借助于这样的杠杆，需要有技巧，需要严格的资金仓位管理，以及合理的布局，才有可能在自己的投资交易中锦上添花，否则将会得不偿失，被市场残酷地落井下石。

后面我们将分专门的章节，讲述如何利用融资融券杠杆合理而艺术地实行资金管理，实现利益最大化。

◆放低预期，以投资的心态进入股市

把股市当提款机也好，融资融券贷款炒股也罢，这些行为显示出较严重的投机心理，不提倡普通大众参与，尤其是风险承受能力较低的投资者。

常言道“水往低处流”，我们应该放低姿态，低了，就能汇集能量，汇集智慧；放低自己的预期，抑制自己的贪欲，可能会获得超预期的收益。

用自己的闲置资金投资股市，如果能抵御通胀就不错了，如果再加上自己的智慧，能够赚点钱就更好了。

再者，我们在选股上把握的是大趋势，不在乎短期的涨跌，一年就做一个品种，赚两波就行了，没有必要在市场上天天搏击。

很多时候，我们还是要把股票当做投资来认真对待，只要放低姿态，

放低预期，往往会收到不错的效果。

譬如深圳就有这么一个人，20 世纪 90 年代配的万科股票证，那时也就一万元左右。此人一度忘了此事，股票凭证也丢失了，就没有去理会。在 2007 年的时候，万科股价到了 32 元以上，他想起来自己应该还有万科的股票，但没有任何凭证，历经波折，终于在交易所查到了自己的户头，原来持有的万科股票证的市值已经好几百万了。

如果当初这个人盯着这个股票，可能股价一涨起来就卖了，也就不可能有如此高的收益。当然，这是例外。但市场中确实有人就这么想，我只做一个大波段，做一个大趋势，买入某个股票后，就更改一个自己随意输入的密码，这样也就不记得密码了，管住了自己的手，管住了自己的交易。随着时间的推移，股价还真到了当初买入时预期的价格，于是去证券公司更改密码卖掉股票。

因此，在投资路上，我们需要进一步审视自己，在股市中不要好高骛远，不要透支贷款炒股！不要人为地给自己增添压力，不要因为有多次盈利的经历就毫无章法，不讲规则，导致私欲膨胀。

面对着每天的涨停板股票，甚至短短几天股价翻倍的股票，我们还要放弃暴利的想法，要知道“不忘初心，方得始终”，否则，现在得到的，将来你也会失去。

好高骛远把股市当提款机和贷款炒股的人，不适合投资股市，更不适合做职业投资者，要从自身的风险承受能力、风险偏好出发，以审慎投资的心态入市。

第二节　构建健康的投资心理：以错为师

有一则关于禅的故事对投资者当有启发：

佛下山游说佛法，在一家店铺里看到一尊释迦牟尼像，青铜所铸，形体逼真，神态安然，佛大悦。若能带回寺里，开启其佛光，记世供奉，真乃一件幸事。可店铺老板要价 5000 元，分文不能少，加上见佛如此钟爱它，更加咬定原价不放。

佛回到寺里对众僧谈起此事，众僧很着急，问佛打算以多少钱买下它。佛说："500 元足矣。"众僧唏嘘不止："那怎么可能？"佛说："天理犹存，当有办法，万丈红尘，芸芸众生，欲壑难填，得不偿失啊。我佛慈悲，普度众生，当让他仅仅赚到这 500 元！""怎样普度他呢？"众僧不解地问。"让他忏悔。"佛笑答。众僧更不解了。佛说："只管按我的吩咐去做就行了。"

第一个弟子下山去店铺和老板侃价，弟子咬定 4500 元，未果回山。第二天，第二个弟子下山去和老板侃价，咬定 4000 元不放，亦未果回山。就这样，直到最后一个弟子在第九天下山时，所给的价已经低到 200 元。眼见着一个个买主一天天来店里、一个比一个的价给得低，老板很是着急，每一天他都后悔不如以前一天的价格卖给前一个人了，他深深地怨责自己太贪。

到第十天时，他在心里说，今天若再有人来，无论给多少钱我也要立即出手。第十天，佛亲自下山，说要出 500 元买下它，老板高兴得不得了——竟然反弹到了 500 元！当即出手，高兴之余另赠佛龛台一具。

佛得到了那尊铜像，谢绝了龛台，单掌作揖笑曰：“欲望无边，凡事有度，一切适可而止啊！善哉，善哉……”

佛像出手后，店铺老板仔细琢磨此事的前因后果，恍然大悟，茅塞顿开，原来上当了！他决定将佛像再买回来。于是亲自上山，要求以原来自己 500 元卖出的价格再买回来。可佛见店铺老板如此心切，佛一开口就要价 5000 元，分文不能少，加上见店铺老板如此恋恋不舍，更加咬定原价不放。

店铺老板走后，佛对寺里的众僧谈起此事，众僧很着急，问佛打算以多少钱出手。佛说：“50000 元尚可。”众僧唏嘘不止：“那怎么可能？”佛说：“天理犹存，当有办法，万丈红尘，芸芸众生，欲壑难填，得不偿失啊。我佛慈悲，普度众生，当让他贡献这 50000 元！”“怎样普度他呢？”众僧不解地问。“让他忏悔。”佛笑答。众僧更不解了。佛说：“只管看着我做就行了。”

第二天老板派出店里第一个最能说会道的店小二上山去寺里和佛侃价，可佛竟咬定 55000 元，店小二未果下山。

第三天，第二个店小二上山去和佛砍价，佛咬定 60000 元不放，亦未果下山。就这样，直到最后一个店小二在第九天上山时，佛所开出的价格已经高到了 200000 元。眼见着佛的身价一天天在涨高，老板很是着急，每一天他都后悔不如以前一天的价格买了就好了，他深深地怨责自己太小气。到第十天时，他在心里说，今天无论佛出什么价格，无论卖多少钱我也要立即出手买回来。

第十天，店铺老板亲自上山，佛说准备以 50000 元出售它，老板高兴得不得了——竟然下跌到了 50000 元！当即出手，高兴之余，另花10000元购回佛龛台一具。

佛望着店铺老板下山的身影：单掌作揖笑曰："欲望无边，凡事有度，一切适可而止啊！善哉，善哉……"

◆活下来比什么都重要

2014年12月的某一天，我接到《南方都市报》永健的电话，感慨良多：《南方都市报》18年庆，而我在股市也浸淫15年！写点什么好呢？

还清楚地记得，当年《南方都市报》进军深圳时，厚厚的一叠仅卖5毛钱。如今的《南方都市报》已经今非昔比，雄霸一方。而我呢？回首自己过去的15年，经历了3个牛熊，物是人非，看到过无数暴富神话，见证过无数高人出现，也看到不少大佬黯然引退或进高墙。

在以结果论英雄的证券市场中，我经常唏嘘不已，个中辛酸，只有自己体会，在这个市场中，活下来比什么都重要！

有句话我曾当作座右铭：成功不能炫耀，失败不能解释。时至今日，有更深的体会。遥想过往，一些经历可谓刻骨铭心。

◆初期痴迷技术分析

2000年年初，南下深圳的一个偶然机会，我师从上世纪90年代一位大名鼎鼎的期货兼股指交易大师，从此与证券结下不解之缘。

年轻，加上天赋及名师指点，很快，在一系列强化训练中，我脱颖而出，开始步入操盘手的生涯。

就专业而言，2003年前的我极度痴迷技术分析，在庄股盛行的那些年，我也确实指导客户、交易自营盘等赚了不少。记忆中极为深刻的是，我把握住了2002年初的深圳本地股行情，在短短2~3个月内，赚得盆满钵满，犹如 2014 年 10 月底启动的券商股行情一样。

事实与结果，更加助长了我对技术分析的依赖及执着。尤其是在 2003 年 3 月份，在对期货品种天胶的交易中，我的资金量一个月就翻倍了！快、准、狠的操作手法，在那些年中过犹不及。

除了技术分析，除了洞悉主力，除了跟庄，我对其他已无兴趣。当时的我极度相信技术走势说明一切！

◆被市场惨痛教训，转而寻求基本分析

《民间股神》的作者白青山老师采访我时，我提到了 2003 年对我来说是一个不同寻常的年份。

资深投资者都记得，那时的“五朵金花”（指钢铁、汽车、石化、能源电力及金融等五大板块）全然颠覆了 2002 年的炒作思路，全然击溃了各种技术分析派。那一年，价值分析者完胜，而作为技术分析忠实粉丝的我，注定是失败的一年，做一次，败一次。随着交易次数的增加，正确的概率越来越低。

失败之后，无以解释，只能自己找寻原因，痛定思痛，减少交易，从基本面找寻入市交易的理由，找寻“五朵金花”炒作的理由。

太阳底下没有新鲜事！ 2002 年我敢追买深圳本地股，2003 年不敢追买“五朵金花”，理由就是买入的逻辑没有跟随市场。前一年纯技术，其实后一年只要认可价值，闭着眼随时买都是对的。

自从那时开始，在市场的教训下，我不得不承认基本分析的正确性，也就在那一年，我引进了美国式的“漂亮 50”，用价值、成长的分析维度，自上而下地选择出各行业的龙头股，并建立自己的股票池。

通过这样的方法，我在 2003 年后期再度扭转被动的局面，交易成功的概率也逐渐增多。直到今天，我一直坚持这种操作方法。

◆无恒定派系，但须有理念和系统

人不能两次踏进同一条河！这是多么经典的哲理。历史会重演，但绝对不会简单重复。市场在你形成既定思维之后，必然又会再度颠覆。何谓此言？

2002 年超跌反弹是技术分析的天下，但这样的思维定势在 2003 年“非典”后，在基本分析为主流的市场中遭到惨败，而等你明白过来要坚持基本分析时，2004 年的混沌分析再度颠覆你的思维。成长股的崛起，让你既不能坚持技术分析，又不能坚持价值分析，必须是二者结合，回到股市交易的本质上来，即追寻预期，用预期探寻估值的合理性。

同样，我在经历过无数次失败后，猛然醒悟，股市从来没有一成不变的东西，绝不可迷信任何一个派别，必须是学众家之长后，建立适合自己的投资理念和交易系统。

也就在 2003 年，我归纳出必须坚持的东西：如果市场的系统性风险在释放中，你交易失败的概率极大，必须善于从价值角度规避风险。尽管如此，交易的次数也需要逐渐降低，加以控制风险；如果系统性风险偏低，则成长预期成为市场的普遍共识，必须顺势加大交易力度，且要敢于追涨，尽可能将收益放大。

即便如此，即使你抓住了市场热点，跟随了趋势，但如果资金管理、资产配置不合理，你的资产净值依旧不能取得满意的效果。那么，你还必须就此形成适合自己风险承受能力的、个性化的资金管理体系。

就如 2014 年以来的这轮牛市，有人满仓踏空这波行情，也有人虽然抓住了券商股或创业板的主升浪，但盈利远远小于大盘涨幅。前者显然是没有及时扭转投资思路，可能还停留在前期的成长股思维，而后者则在主流券商板块上配置偏低，盈利未能带动整个资产收益的上升。

于是，我关于“遵循价值、成长、趋势，在系统性风险可控的前提下，把握确定性中的高概率机会”的投资理念逐渐开始形成，慢慢在实战中不断去完善。与此同时，我还逐渐形成适合自己的一套相对成熟的资金管理体系，而体系一旦形成，执着就成为一种标记，而这种执着对投资人来讲，还必须得坚持下去，尽管有时候很孤独。

这样的执着，也成就了我在接下来的 2005~2007 年大牛市中的辉煌。

◆人最难改变的是经验主义

很多人从没有想过仅仅用了 1 年多的时间，上证指数能从 998 点上涨到 6124 点，翻了 6 倍。正如从没有想过，在不到一年的时间里，上证指数也可以大跌至 1664 点。

中国股市向来如此，从诞生之日起就是如此，上证指数从 97 点上涨到 1429 点，仅仅用了一年多的时间，随后还创下新高至 1558 点。但在你满怀希望之时，又打至 325 点。因为有这些反复，每个人也都有惨痛的教训或者成功的经验，而一个人在某个时期是很难扭转其思维定势的。

我身边就有个例子。朋友彭某是深圳著名大户，在 2006 年指数转牛上攻 1700 点时，动用了杠杆资金，且执着于旧有的思维，未能顺势选择市场标的，不到半年完爆。爆仓后，指数扶摇直上奔 2000 点上方而去，留下的是朋友一生挥之不去的印记：以后绝不借钱炒股。

在一次聚会上，朋友就当前融资等杠杆资金入市探讨时，还谈起自己的血泪史，在选股上犯了经验主义错误，在交易策略上急于冒进，动用了不该动用的杠杆资金入市，风险控制没有做好，导致崩盘。

而我的惨痛经历是在 2009 年 6 月后，也犯了朋友曾犯的错误。与朋友不一样的是，我是逆市动用杠杆资金，而固有的传统的思维定式未能更好地扭转原有的交易及选股模式。当指数直线下挫时，风险随之而来，结果可想而知。此后，熊市长达 4 年。

在这期间，不知道有多少名人、暴富的人消失不见。我也深深明白，股市比的不是热闹，比的不是坐过山车，而是比谁能善于锁定利润后，活得更长久。

◆放弃暴富，不亏钱才能赚大钱

那些年我们一起炒过的股，那些年我们一起经历的牛熊，那些煽情的言语在面对资产管理时是那么苍白无力。

不管兰石重装有多少个涨停板，也与大多数人无关，况且，我们还要清醒地看到诸如成飞集成这类股票从暴涨到暴跌的残酷事实。我想强调的一点是，我们需要放弃一夜暴富的思想，老老实实地回到踏踏实实、稳健增值的这个目的上来。

通俗地讲，无论是大户还是小散，无论是专业或是业余，无论是熟手还是新人，入市的目的都是一样的简单：赚钱。或许就是这个目的太过简单了，以致于许多投资者会忘记了它，或者以为自己记得它。

期货上对一个交易品种先估算盈亏比，然后可以承受的损失金额比，算出用于交易的资金比率，我想这个方法也比较适用于股票交易。

就如足球一样，我们不能一味进攻而不知道防守，世界杯上这样的惨痛教训也很多。我们要时刻谨记，赚钱的起点和基础是不亏钱，或者退一步来讲，你需要清楚地知道亏多少钱自己能够承受。

即便入市的钱相比你的资金总量可能不算多，你也不能觉得无所谓。因为这样就与入市的目的相违背，显然你已然忘记这个简单得不能再简单的初衷了。

第 2 章

树立正确的投资理念

“不忘初心，方得始终”，入市的目的只有一个，那就是通过投资获取一定的投资收益。

第一节　我的投资我做主

“不忘初心，方得始终”，入市的目的只有一个，那就是通过投资获取一定的投资收益。由于每个人所处的环境不一，每个人的风险承受能力、专业能力不一，且股市是入市门槛最低的一个行业，这样就衍生出各种不同的盈利系统：消息派，基本派，技术派，心理派。不过，不管何种门派，盈利的才是好门派。投机也好，投资也罢，市场是变化的，人性的博弈无处不在，故各门各派都很难有一成不变的。归根结底，即使你是消息派，也要有系统。

消息派

由于信息的不对称，股市消息向来都是满天飞。没有任何专业知识的人来到证券市场的不乏其数，其中有不少人基本是靠人脉，靠可靠的人的指点。但如果你自以为是，今天听这个人的，明天听那个人的，后天又看到某个重组消息可能要启动等等，我想，这样听消息的结果，终究会被消息所害，亏得一塌糊涂，到最后，谁的消息也不信了，将信将疑的，怀疑一切的心理可能充斥你的脑际。

我并不是全盘否定消息派，我想说的是，既然消息全靠道听途说，如果你没有过滤消息真伪的能力，那么，请你从识人的角度看待消息，且坚信用人不疑、疑人不用的原则。如果你选择了一个渠道靠谱点的人的消息，那么就坚守下去，或许，你也会有不错的效果。这或许就是消息派的盈利系统。离开了这个系统，我不知道听消息的投资者是否有好的结果。

基本派

基本派的人基本是靠价值分析，是基于经济、公司的基本面来判断交易，一切以价值为基础，没有价值的股票，自然没有投资意义。当然，股市的价格波动，都是围绕价值的，当价格低于价值，则价格偏低，具有投资价值；当价格高于价值，曰之高估，可能就是卖出机会。

面对泡沫，面对疯涨的个股，很多时候，我们似乎都在怀疑价值，但终究也不能说价值投资是错误的。基本派的主要目的就是找寻潜伏的对象，在价格启动的那一刹那，基本派基本是放弃的。只有潜伏在价值低估的品种中，基本派才觉得是安全的，当股票价格一旦上涨，基本派则会犹豫在价格发现中对价值的高估拿捏不准。所以，更多的时候，基本派也要有自己的估值系统，从而形成自己的交易系统。

技术派

技术派相信历史会重演，价格反映一切基本信息，相信趋势一旦形成，价格会沿着既定的趋势波动下去。所以，技术派往往推崇价格启动点，追寻拐点，追寻趋势的延续。

由于趋势研判以及博弈的不确定性，技术派很多时候也会判断错误，这就要求有严格的交易纪律。否则，追崇趋势的结果，可能就是反向运行。而一旦趋势判断准确，交易则需要坚持对趋势的判断，不能有畏高的心理，持有直至趋势的改变，可能是技术派需要坚守的。所以，更多的时候，技术派更需要有自己的交易系统，需要严格执行自己的交易纪律或交易计划。

心理派

心理派认为市场是人性集中反映的场所，万变不离其宗，研究人性，也就是把握了获胜之道。典型代表就是巴菲特的“别人恐惧我贪婪，别人贪婪我恐惧”的至理名言。谁都知道这是对的，但很难做到。

心理派据此坚信不疑，但通常把握不住贪婪和恐惧到底到了一个什么可以量化的度。很多时候我们无法量化，也就无法把握恐惧或者贪婪，无法据此做出相应的交易策略。且在市场纠错理论中，往往会判断错误，致使交易出现错误。所以，我认为心理派更多的是一种参考，对度的无法把握，自认为也很难形成系统。若有，则需要哲学上的高造诣，需要投资者自行把握摸索。

很多时候，如果心理派结合基本派，在恐慌中坚守价值，则可能买到相对的低点，但这个相对低点的持有时间，也是极度考验人性。譬如，2005 年，价值可以说严重低估，指数也到了 1000 点，可是即使你 998 点入市，后面也经历了至少半年的阵痛。如果你是在 1000 点的左侧 1200 点下方入市，要经历市场到处充斥的崩盘声音的考验，当时有声音说要跌到 700 点。如此，你才能真正做到恐慌时你贪婪。

再比如大盘在 2000 点震荡时的 2013 年至 2014 年，很多人一定会历历在目，当时一路坚守下来有多艰辛。

尽管指数没有有效跌破 2000 点，但个股跌幅巨大，你选择什么标的介入？你能忍受多少恐慌后介入？你能在买入后坚守多久，才会迎来 2014 年 7 月底的反弹行情？

此外，对于贪婪，在曾经的 2007 年，你想做到对价值高估的度的把握，以及别人贪婪度的把握也不容易。清楚地记得著名私募基金经理赵丹阳在 2007 年的 3500 点时退出市场，他认为自己找不到投资标的了。可后来，市场上涨到了 6124 点，一倍的上升空间就这么被他放弃了。当然，像赵丹阳这样敢于坚持自己理念的精神也很可贵。

你来到证券市场，买卖某个股票的投资逻辑是什么？如果没有逻辑，你很难在股票市场上获得成功。

股票市场不是简单的炒股，也不是简单的一买一卖盈亏那么简单。市场的残酷，未能让所有人醒悟，“一赚二平七亏”的定律几乎没有人相信，股市似乎向来都只见新人笑不见旧人哭，好像股民都是健忘的。

所以，没有哪门哪派都能够适合中国股市的交易。

归结到入市目的上来，终是要结合自身的风险承受能力，以及对市场认识的专业能力，树立正确的投资理念，形成一套适合自己的交易系统，才是最为正确的途径。没有最好，只有最适合，我的投资我做主！

消息派	基本派	技术派	心理派
基本是靠股市消息，靠人脉，靠可靠的人指点	靠价值分析，是基于经济、公司的基本面来判断交易，一切以价值为基础	相信历史会重演，价格反映一切基本信息，相信趋势一旦形成，价格会沿着既定的趋势波动下去	认为市场是人性集中反映的场所，万变不离其宗，研究人性，也就是把握了获胜之道

交易系统

归结到入市的目的上来，结合自身的风险承受能力以及对市场认识的专业能力，形成一套适合自己的交易系统，树立正确的投资理念，我的投资我作主，才是最正确的途径。

第二节　建立交易系统的必要性

◆你有没有自己的交易系统？

2014 年 11 月 30 日的中午，我的学生带着朋友，请我到深圳蛇口花园城胜记饭店喝茶。

席间，一位学生说：“老师，您团队的营销能力真的很差，您的品牌及实力都好，可为什么不能把自己推销出去呢？”

我坦诚说道：“我和我的团队都是搞投研的，从没有做过什么营销，更谈不上学习，一说营销，所有的人都头大。我们的团队受佛的影响较大，不愿意夸大其词，或者学不来那些必要的销售技巧。我们都是实诚做事，用真诚交心，用实力说服大家，并最终让投资者认同。这在浮躁的今天，如果从商业的角度看，效率肯定是极为低下的。”

每每谈到营销，我深感自己的不足。以前我一直坚信实力能够征服一切，可是我错了。记得武汉的学生“123”对我说过：老师，酒香也怕巷子深啊。

是啊，营销与实诚其实不矛盾，传道授业其实也需要技巧。以前每次讲演时，我都只顾阐述自己的理论，尽管有着极深的专业理论和专业素养，但没有用通俗的言语，深深地去触及投资者的内心深处，或者未能紧紧地牵着投资者心走，其实，这样的讲演是失败的，至少是未能打动多数人。为什么？

2014 年 12 月 1 日的晚上，在一个微信朋友群里，我说出了这样的疑惑。朋友愤怒地回道：迎合客户？你自己将会得不偿失，会死得很惨的。你还用得着去迎合客户？我曾经因为迎合客户，被客户整得死去活来，一败涂地。这些都是血泪经验啊。绝对不可迎合客户，只能坚持你自己的。

朋友接着说：我也接触到不少想找我推荐股票的朋友，一概不推。一句话，炒股是个系统，不是只推荐个股，也不只是讲点技战术。任何一次操作都有进场点、保护位、出场点等，没法给你推。后来很多人委托我管理账户，我都是强调一年不看不问，一年交结果。有些人一听就走了，没有想到一段时间后，客户数量意外增加了。所以，我不迎合客户。

我没有迎合受众投资者的需求，没有天花乱坠地讲述如何追涨停板，如何在短期内获得暴利。对多数人而言，来股市不就是冲着类似于 2014 年 10~11 月两个月、爆炒达 900% 的收益而来的吗？可事实真是如此吗？

在我从业近 15 年来的职业生涯中，我见证过太多的内幕，太多的资本盛宴及狂欢。但参与其中的投资者或者非核心利益体的结局多数不好，多以亏钱居多，可局外人又有多少人知道呢？又有多少人去反省呢？反而有很多人从股票价格轨迹上看，如果某天我是其中的利益人之一在低位介入，确实能在短期内暴富啊。

别的不说，五矿证券深圳金田路营业部有着敢死队的美誉，但敢死队在的时候，客户收益到底如何？除了五矿证券，国信证券深圳红岭中路、国信证券深圳泰然九路，华泰证券深圳益田路，莫不如此！

可市场的残酷，未能让所有人醒悟。就如我多次在不同场合讲过，每个投资者都会买到涨停板，都会买到赚钱的股票，都认为自己能行，但为什么很多时候多数人都是亏钱的呢？而且，很多时候，一次、两次、三次，你都买对了，可仓位很少，当你第四次交易的时候，你认为还会如前三次一样正确，为了不再遗憾仓位的问题，这一次你下了重仓。可就在这次重仓中，你买的股票跌了，很可能将前三次利润全部回吐，也就造就了多数人的收益在大盘涨跌中起伏不定。即使赚了钱，很多时候又因为一次调整而一夜回到解放前。

很多人都在思考我该如何选股，如何把握买卖，但却忽略了即使你买卖交易的概率很高，可为什么赚不到钱？为什么不去思考背后的深层次原因？

这就是系统的重要性，包含着投资逻辑和资金管理。你来到这个市场，你买卖某个股票，你的投资逻辑是什么？你别告诉我你没有逻辑，即使投机也要有逻辑。没有逻辑，你凭什么赚钱？不管你的资金大小，如果没有交易系统中的资金管理，就很难在股票市场上获得成功。

你有系统吗？如果没有，请将本书看完。

第三节 交易系统的因缘果

“为学日益，为道日损”，智慧赢家交易系统的建立是放空知见，一点一滴从失败的经验中摸索出来的。从总结K线、趋势、量价关系、交易技巧等实战技术，形成“价值、成长、趋势”的确定安全高概率的方法，再到归纳了基于始终保持盈利模式的资金管理系统，而后建立起“因、缘、果”的架构阐述交易理论，并在实践中不断验证、突破、充实、完善，最终成就了一套高度统一的崭新交易体系。

“因缘果”，是普遍为世界尤其是东方所认同的事物运行的规则，运用到交易系统中：果指所有交易的结果，包含净值、盈亏等，交易结果由来于因缘的合和。资金管理系统是因，缘指的是技战术系统，包含选股逻辑、交易技巧等。

因可直接影响果，缘会影响因，进而影响果。因要影响果，必须借助缘。同样缘要影响果，必须借助因的运作才可以。单一的因或单一的缘都不会产生果，必须要因缘具足，果才会现前。

在因缘果的系统中，倒果为因，或将缘作因，都是颠倒而不可取的。很多投资者就是因为迷失于交易结果，将自己操作的决策建立于股价涨跌上。有些人甚至到了最后，俨然成了在杀跌中止损，为解套而交易；也有的投资者迷恋于交易的技战技术，只谈各种技术指标和图形，或者侧重于选股成功的概率，忽略了盈亏比例远远比交易成功的概率重要，不去算自己赚一笔能够抵得多少笔亏损。

像这些不正确的认识，只会带给投资者损失，使他们更加远离市场。

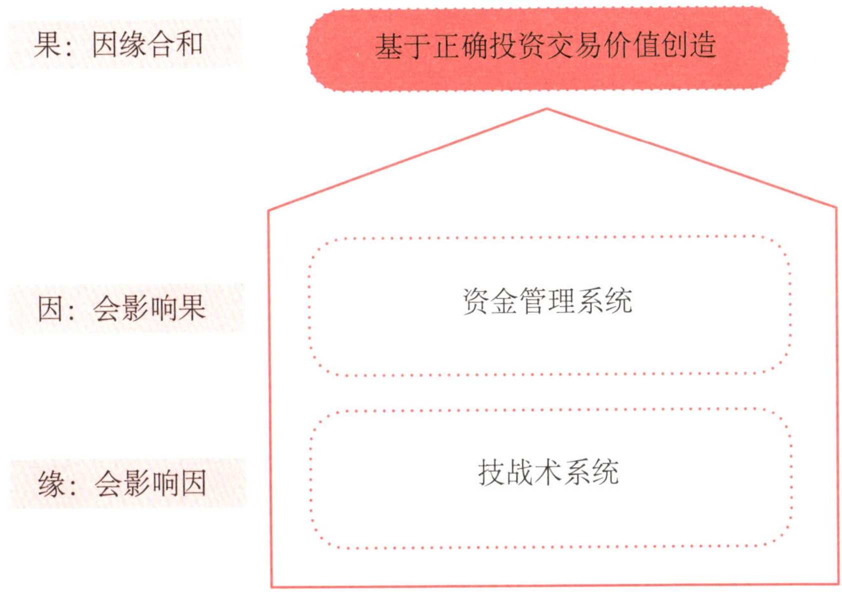

我们首先来看看倒果为因。在市场中不乏追涨杀跌、助涨助跌的投资者，习惯于盯着股票价格的涨跌而做出自己的交易决策，可是股票的价格本身是无法决定交易结果的，这就与一个苹果不能生出苹果是一样的道理。

股票的价格本身就是果。如果以股价作为判断的依据，看到股价跌了，那么就会为止损或锁定获利盘而交易，这样就会造成实际的亏损或者盈利减少。反之，如果看到股价涨了，那么就会加大交易头寸或换股，前者会削弱自己抵御股价波动的能力，后者必然要面对选股失误所带来的风险。因此，无论股价是涨是跌，只要根据价格作为自己判断的依据，都会造成实际亏损，减少盈利，失去抗波动能力，以及放大选股失误的风险，结果注定是无法实现盈利的。

接下来，我们再来看将缘作因。将缘作因无非是把重点放在选股上，以及交易的买卖点上，在这些方面寻求成功。有不少投资者认为，只要自己选择了好的投资标的，就必然能实现赚钱的目的。然而，好的投资标的同样不能决定交易的结果，这就与阳光不能生出苹果是一样的道理。

选股本身是缘，如果以选股作为交易的依据，只要认定的股票就交易，那么就会忽略了资金本身的运作，同样会将自己置于失去抵御股价波动能力的地步，必将面对选股失误所带来的风险。

“因缘果”的理论、判断与实践，是离相探源的交易系统。其理论是质朴而单纯的，然因变果转，基于因缘果基础上的投资理念，将资金管理系统作为因，将选择股逻辑与交易技巧等技战术系统作为缘，透过因缘合和建造安全稳健长久增值的盈利模式，从而实现盈利的目的。

第四节　资金管理是投资最重要的秘密：舍果治因

我们每个投资者都买到过涨停板的股票，都买到过赚钱的股票，都认为自己能行，但为什么很多时候多数人是亏钱的呢？

很多人都在思考我如何选股，如何把握买卖，但都忽略了一个问题：即使你买卖交易的概率很高，可为什么赚不到钱？不去思考这背后的深层次原因。

作为交易系统“因缘果”中的因，除了放弃暴利思想外，资金管理是交易中的核心所在。合格且成熟的交易者须在无数次交易经验，尤其是多次亏损经验或者惨痛亏损经验后，才会慢慢明白资金管理的重要性。做好资金管理，做好净值管理，才能算是投资成功。

在美国的基金界曾经做过这样一个调查：能够长期获胜的基金，最重要的不是什么时候、什么价格买股票，而是你买了多少。

投资界有个术语，将市场中的交易体系分为“趋势型”和“盘整型”两套体系，其中，趋势型体系按照交易次数统计，一般准确率只有 30%，但即使这样低的成功率一样都能在市场中长期获胜，这里最关键的就是资金管理，美国的丹尼斯·斯丹利·克罗就是典型的趋势交易大师。

资金管理在投资市场非常重要，就算不懂得分析技术，靠有效的资金管理一样能在市场中获利。当你还没有学会资金管理，同时认识到资金管理的重要性时，你还只是一个微不足道的小投资者，在市场一会儿赢钱一会儿输钱，总是赚不了大钱。只有当你认识到资金管理的重要性并学会资金管理后，才能体会到成为一个市场大赢家的乐趣。

很多人只是将资金管理定义为风险控制的概念。其实，资金管理包含“头寸管理”和“风险控制”两部分。“留得青山在，不怕没柴烧”，留住明天还能生存的实力，比今天获利还重要。所以，在市场中能长期生存，完成必要的交易次数后，才能体现投资者交易系统的效益。同时，投资者尤其在进入市场的初期，特别需要的是投资经验和经历。挣钱倒在其次，重要的是控制交易量和风险管理。不断地向市场学习的同时，自己的资金也不会伤筋动骨。当你的经验充足后，就能毅然决然地在资本市场中充分展现你的才华。

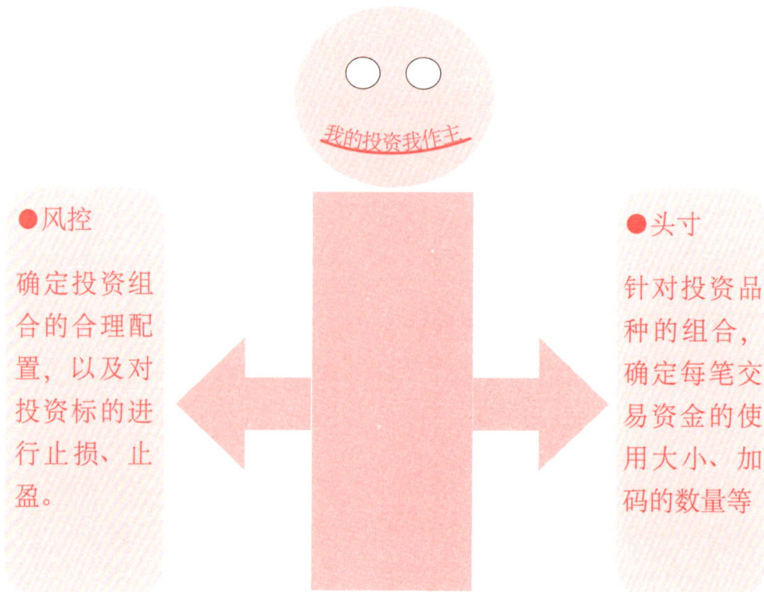

一、风控管理：确定投资组合的合理配置，以及对投资标的进行止损、止盈。

1. 确定投资组合的合理配置

从概率的角度看，只有确定性安全边际高大概率的投资组合，才能够更大程度地确保投资获利，因此从风控的角度，需要确保获利概率低的投资品种不能够进入到投资组合当中。关于概率高的投资组合的方法，正是我多年来所倡导的“尊重价值、成长、趋势，在系统性风险可控的前提下，把握确定性中的高概率机会。”

2. 对投资标的的止损、止盈

在确定投资标的后制定投资策略。在交易前，我们至少需要做出符合预期和不符合预期的两种方案，尤其是对非预期走势的预案要有完善的应对细则。通俗的理解就是交易计划，对交易标的所处的时间段、价格段做出周密的交易计划，预期与非预期的应对方案，风控的止损、止盈，实时变动及应变需要雄厚的技术分析基础。

3. 简单介绍止损的三种方法

唯物止损法：以市场的走势为依据，根据价格的反转点(图形、技术指标信号)、交易体系的信号作为止损，可参照后面的交易法则的介绍。

唯心止损法：以投资者资金的亏损额度为依据，亏损到一定额度马上止损，如以 2%、10% 等。

唯物 + 唯心止损法：以上两者相结合，专业交易者习惯性的使用方法。

附：关于止损止盈，我将在后期的“智慧交易法则”中重点阐述。

二、头寸管理: 针对投资品种的组合，确定每笔交易资金的使用大小、加码的数量等。头寸由于涉及到具体交易，又称为因中之因。

1. 确定每笔交易资金的使用大小：从概率的角度来看，不同获胜率的交易体系、分析方法，按照不同资金分割份数出现亏损的可能性，请看下表。

获胜率	满仓操作亏损的可能性	当资金分成立10份时亏损的可能性	亏损可能性变缓的资金份数
55%	81.82%	13.44%	N/A
60%	66.6%	1.73%	7
70%	42.86%	0.02%	4

该表已经很好地列示了资金头寸与获胜率及产生实际亏损可能性的对比。

针对初学者和成熟投资者的资金使用方式有所不同，其中：

适合初学者的资金使用方式：

固定金额法是将投资资金按一定的方法分成不同的份额，按照投资者的交易体系、分析方法的获胜率寻找资金分散的份数，分批投资到不同品种中。优点是比较简单，容易操作，对于新手是很好的方法。一般建议分为5~10份，即用20%~10%的资金参与交易，在亏损后减少头寸，在盈利时增加头寸。

成熟投资者的资金使用方式：

分三次进场，获利后平仓一半，已经赚回成本后，再等待更多额外的利润。这时你的心态就非常好，就不怕拿不住股票而失去赚大钱的机会。

2. 确定加码的数量：关于资金的进场与加码，需要依据所制定的投资策略所决定。投资的策略分为激进型和保守型两种，分别如下：

激进型

左侧进场和反弹见顶出，下跌逢低买入，加码。战略性买入。

螳臂挡车：3%~5%反弹或者回调，尤其是行情启动后的第一次回调，或者回撤7%~12%，按照江恩定律加码。

保守型

右侧进场，当短期趋势重新扭转和大趋势同一方向运动时，加码。使用分时图选择进场。在分时图15、30、60分钟量价关系发出信号时，加码。

三、巧用融资杠杆创新类金融工具，尽可能放大利润

案例：25万本金如何巧用杠杆在1个月翻倍？

我的交易理念并不主张大众借钱炒股，更不宜贷款炒股。但是，自2014年5月份证监会扩大融资融券标的以来，市场参与融资融券的业务相当火爆，在金融创新类工具不断涌现的今天，我们并不能无视它的存在。在风险可承受的范围内，结合资金管理，应该合理利用，为自己的投资服务。

很多时候，我们要懂得取舍。在面对市场的热点转换或者轮换时，你可能不是那么适应，但请你有耐心，耐心找寻合适的机会慢慢扭转，然后，合理利用资金管理，尽可能将利润放大，当盈利达到预期时，也

请逐渐锁定利润。若动用杠杆，则逐渐去杠杆，再在下一次确定性的收益开始获得正向回报后，逐渐动用杠杆加仓。如此重复，你可能由此获得不菲的收益，或者极有可能在短期内获得极佳的效果。

我有一个朋友入市时间不长，但极有悟性。朋友告诉我初始资金并不多，跟我学一段时间后，在我的建议下，开通了融资融券，并将融资融券的功能发挥至极致。

他的起始资金 10 万，在 2014 年 10 月以前并不理想，10 月份之后资金增加到 14 万多，但一直没有把握住热点。那时候，朋友坚定地看好军工股和软件类股，而在这之前，市场热点确实以军工股为主导，软件类股票也表现不错，但在军工股、软件类股进入主升浪且逐渐被大众所认同后，朋友一直没有赚到钱，截至 10 月底，总市值不到 22 万元。

自 2014 年 11 月份之后，在我的强烈建议下，朋友开始配置券商及国企改革预期股票，最后在券商股热点比较明确的情况下，主抓中信证券（600030）。进入 2014 年 12 月后，又在我的强烈建议下，再次卖掉所有亏损的股票，除了买入不多停牌的内蒙君正（601216）外，全仓并动用杠杆加仓中信证券，中间反复做 T。12 月 17 日后，在我的建议下，再度开始逐渐减仓中信证券，并布局中国银行（601988）、招商银行（600036）、民生银行（600016），最终在 12 月 31 日将中信证券、中国银行、招商银行全部卖出，增持民生银行（600016），并开始去掉杠杆，锁定利润。截至 12 月 31 日，其净资产值达到 52 万多，较之 25 万不到的本金，实现了 1 个月超 110% 的净利润。

分析他附在下文的真实的交割单，我们不难发现其操作有几个特点，供投资者参考：

1. 当热点把握不准，处于亏损时，多看少动，以静制动。在 2014 年 10 月份之前，市场热点以军工、信心安全软件类股炒作为主，并具备较大的赚钱效应，朋友吸取了我的理念，全仓持有上述龙头，但很遗憾，当市场预期一致时，赚钱效应将逐渐转弱，甚至亏损，且从其持仓结构看，较为分散，不利于整体账户的增值，同时也说明持股信心不足，这也是热点把握不准的表现。

2. 当市场热点逐渐明朗，小仓位地开始买入有赚钱效应的热点股票，逐渐调减亏损股票，此阶段资产净值很难快速恢复，需要遵循的是去弱留强，直到确定最强的龙头股而坚定持有。进入 2014 年 11 月份之后，也只是小范围调仓，在逐渐找到券商股的感觉后，开始分批减持亏损股，动用杠杆逐渐加仓券商股。

3. 当市值开始增加时，要敢于动用杠杆追买，弥补亏损股占用资金的尴尬，而当融资资金开始获利时，再继续调减亏损股，直到全部砍掉亏损股，重仓持有盈利龙头，坐享主升浪，放大利润。

操作当中最大的问题是，朋友执着于前期热点股票，面对亏损，不忍抛弃，或者看不到确定性的热点后，担心换股继续亏损。在一个强大的专业意见指导以及市场热点验证下，他开始逐渐转变观点，介入主流股，逐渐减持亏损股。这说明投资者要根据自身账户情况慢慢扭转。

此后的调仓，一方面是基于热点股把握准确，开始盈利，用盈利的心理优势，逐渐放弃亏损股；一方面结合保证金和融资金额的调升规则，继续加仓盈利股，中间做T，也摊低成本，持股的心理优势再度得到强化，最终坚定信心重仓持股。

对热点股票的耐心转换及资金管理的合理使用，使得融资融券的杠杆风险并不太大，反而将正向作用发挥至极致，最终也取得了一个月翻倍的惊人战绩。尽管从数据看是 1 个月翻倍，但这个成绩实际上前后花了3个月时间才扭转过来。而且一方面需要时间，一方面需要行情的延续，否则也很难做到。

对于很多投资者来说，25 万到 50 万是一个坎儿，50 万增值到 100 万并不难，进入 100 万后，将会实现账户的快速增值，但此时的心态忌讳膨胀，而应该继续坚持小资金交易的逻辑，逐渐加大配置品种的配置力度，否则，失去的也快。

图一：2014 年 10 月 1 日至 10 月 31 日的交割单。市场热点混乱，交易者还停留在软件、军工股的思路上。

起始日期：2014/10/ 1　终止日期：2014/10/31

成交日期	成交时间	证券代码	证券名称	买卖标志	委托价格	委托数量	成交价格	成交数量	成交金额	交易所名称	剩余数量
20141008	13:01:45	300177	中海达	买入担保品	19.150	600	19.150	600	11490.00	深圳A股	600
20141008	13:30:53	300177	中海达	买入担保品	19.000	1000	19.000	1000	19000.00	深圳A股	1600
20141008	14:16:10	300177	中海达	买入担保品	18.900	1000	18.900	1000	18900.00	深圳A股	2600
20141009	09:37:38	600459	贵研铂业	融资买入	19.080	1000	19.080	1000	19080.00	上海A股	1000
20141009	10:50:09	600756	浪潮软件	融资买入	26.850	1000	26.850	1000	26850.00	上海A股	1000
20141009	10:53:11	600756	浪潮软件	融资买入	26.670	1000	26.670	1000	26670.00	上海A股	2000
20141009	10:59:13	000901	航天科技	融资买入	30.000	1000	30.000	1000	30000.00	深圳A股	1000
20141009	11:00:26	000901	航天科技	融资买入	29.950	1000	29.950	1000	29950.00	深圳A股	2000
20141009	11:01:53	600756	浪潮软件	融资买入	26.560	1000	26.540	1000	26540.00	上海A股	3000
20141009	13:34:20	000901	航天科技	融资买入	29.850	1000	29.850	1000	29850.00	深圳A股	3000
20141010	13:20:14	600756	浪潮软件	融资买入	26.380	1000	26.380	1000	26380.00	上海A股	4000
20141010	13:51:13	000901	航天科技	卖券还款	32.050	1000	32.050	1000	32050.00	深圳A股	2000
20141010	13:56:33	000901	航天科技	卖券还款	32.800	1000	32.800	1000	32800.00	深圳A股	1000
20141010	14:07:53	000901	航天科技	卖券还款	32.500	1000	32.500	980	31850.00	深圳A股	20
20141010	14:08:42	000901	航天科技	卖券还款	32.400	20	32.400	20	648.00	深圳A股	0
20141013	10:05:15	600756	浪潮软件	融资买入	25.480	500	25.480	500	12740.00	上海A股	4500
20141013	10:17:55	600756	浪潮软件	融资买入	25.480	500	25.480	500	12740.00	上海A股	5000
20141013	10:36:01	600756	浪潮软件	融资买入	25.480	1000	25.480	1000	25480.00	上海A股	6000
20141013	14:47:53	600756	浪潮软件	卖券还款	25.800	1000	25.800	1000	25800.00	上海A股	5000
20141013	14:49:49	600756	浪潮软件	卖券还款	25.850	1000	25.850	1000	25850.00	上海A股	4000
20141014	13:22:15	600756	浪潮软件	融资买入	25.930	1000	25.930	1000	25930.00	上海A股	5000
20141014	13:51:57	600756	浪潮软件	融资买入	25.850	1000	25.850	1000	25850.00	上海A股	6000
20141014	14:11:40	600756	浪潮软件	融资买入	25.750	1000	25.750	1000	25750.00	上海A股	7000
20141015	13:57:29	000901	航天科技	融资买入	34.680	1000	34.680	1000	34680.00	深圳A股	1000
20141015	14:18:56	000901	航天科技	融资买入	34.920	1000	34.920	1000	34920.00	深圳A股	2000
20141016	10:28:55	600288	大恒科技	卖券还款	11.700	1000	11.700	1000	11700.00	上海A股	6000
20141016	10:26:48	600288	大恒科技	卖券还款	11.680	1000	11.680	1000	11680.00	上海A股	5000
20141016	10:30:58	600288	大恒科技	卖券还款	11.700	1000	11.700	1000	11700.00	上海A股	4000
20141016	10:37:52	600288	大恒科技	卖券还款	11.650	1000	11.650	1000	11650.00	上海A股	3000
20141016	10:41:09	600288	大恒科技	卖券还款	11.660	1000	11.660	1000	11660.00	上海A股	2000
20141016	10:58:53	600288	大恒科技	卖券还款	11.600	1000	11.600	1000	11600.00	上海A股	1000
20141016	13:33:20	600288	人恒科技	卖券还款	11.400	1000	11.400	1000	11400.00	上海A股	0
20141017	10:09:23	600756	浪潮软件	融资买入	24.800	1000	24.800	1000	24800.00	上海A股	8000
20141017	10:13:06	600756	浪潮软件	融资买入	24.700	1000	24.700	1000	24700.00	上海A股	9000
20141017	10:27:30	600756	浪潮软件	融资买入	24.500	500	24.500	500	12250.00	上海A股	9500
20141030	10:44:11	000901	航天科技	融资买入	31.500	200	31.500	200	6300.00	深圳A股	2200
20141030	10:42:16	000901	航天科技	融资买入	31.590	100	31.590	100	3159.00	深圳A股	2300
20141030	10:46:13	000901	航天科技	融资买入	31.450	100	31.450	100	3145.00	深圳A股	2400

图二：2014 年 11 月 1 日至 11 月 30 日的交割单，交易者逐渐转入券商股等金融股热点，节奏还不算太快。

起始日期：2014/11/ 1　终止日期：2014/11/30

成交日期	成交时间	证券代码	证券名称	买卖标志	委托价格	委托数量	成交价格	成交数量	成交金额	交易所名称	剩余数量
20141103	14:26:51	600756	浪潮软件	卖券还款	25.030	500	25.030	500	12515.00	上海A股	9000
20141103	14:45:25	600756	浪潮软件	卖券还款	25.100	1000	25.100	1000	25100.00	上海A股	8000
20141103	14:59:53	600756	浪潮软件	卖券还款	25.100	1000	25.100	1000	25100.00	上海A股	7000
20141106	14:07:50	600820	隧道股份	融资买入	6.780	1000	6.780	1000	6780.00	上海A股	1000
20141106	14:33:25	600820	隧道股份	融资买入	6.780	1000	6.780	1000	6780.00	上海A股	2000
20141107	11:20:37	000562	宏源证券	融资买入	15.300	1000	15.300	1000	15300.00	深圳A股	1000
20141107	11:20:16	000562	宏源证券	融资买入	15.330	1000	15.330	1000	15330.00	深圳A股	2000
20141107	13:02:15	000562	宏源证券	融资买入	15.500	1000	15.500	1000	15500.00	深圳A股	3000
20141107	13:27:05	000562	宏源证券	融资买入	15.280	1000	15.280	1000	15280.00	深圳A股	4000
20141113	10:11:51	000562	宏源证券	卖券还款	16.010	1000	16.010	1000	16010.00	深圳A股	3000
20141114	14:52:51	000562	宏源证券	卖券还款	15.500	1000	15.500	1000	15500.00	深圳A股	2000
20141114	14:53:15	000562	宏源证券	卖券还款	15.500	1000	15.500	1000	15500.00	深圳A股	1000
20141114	14:54:04	000562	宏源证券	卖券还款	15.500	1000	15.500	1000	15500.00	深圳A股	0
20141124	14:46:38	601216	内蒙君正	融资买入	8.930	2000	8.930	2000	17860.00	上海A股	2000
20141125	14:50:02	600030	中信证券	融资买入	16.420	1000	16.420	1000	16420.00	上海A股	1000
20141125	14:49:05	600030	中信证券	融资买入	16.430	1000	16.430	1000	16430.00	上海A股	2000
20141125	14:51:31	600030	中信证券	融资买入	16.400	1000	16.400	1000	16400.00	上海A股	3000
20141125	14:52:39	600030	中信证券	融资买入	16.380	1000	16.380	1000	16380.00	上海A股	4000
20141128	13:31:24	600820	隧道股份	卖券还款	6.670	1000	6.670	1000	6670.00	上海A股	1000
20141128	13:32:41	600030	中信证券	融资买入	16.980	300	16.980	300	5094.00	上海A股	4300
20141128	13:48:00	600820	隧道股份	卖券还款	6.650	1000	6.650	1000	6650.00	上海A股	0
20141128	13:49:31	300185	通裕重工	卖券还款	6.500	1000	6.500	1000	6500.00	深圳A股	2000
20141128	13:53:07	600030	中信证券	融资买入	16.980	700	16.980	700	1.886.00	上海A股	5000
20141128	13:56:54	300177	中海达	卖券还款	16.160	600	16.160	600	9696.00	深圳A股	2000
20141128	13:58:52	600030	中信证券	融资买入	16.930	600	16.930	600	10158.00	上海A股	5600
20141128	14:04:54	600459	贵研铂业	卖券还款	18.450	500	18.450	500	9225.00	上海A股	500
20141128	14:09:47	300177	中海达	卖券还款	16.170	1000	16.170	1000	16170.00	深圳A股	1000
20141128	14:22:12	600030	中信证券	融资买入	16.980	400	16.980	400	6792.00	上海A股	6000
20141128	14:27:22	600030	中信证券	融资买入	16.950	500	16.950	500	8475.00	上海A股	6500
20141128	14:27:51	600030	中信证券	融资买入	16.950	500	16.950	500	8475.00	上海A股	7000

图三：2014 年 12 月 1 日至 5 日的交割单。在券商股获利的情况下，开始减持非主流亏损股，逐渐移仓至券商股，快准狠在这一阶段体现出来。

起始日期：2014/12/ 1　终止日期：2014/12/31

成交日期	成交时间	证券代码	证券名称	买卖标志	委托价格	委托数量	成交价格	成交数量	成交金额	交易所名称	剩余数量
20141201	14:10:44	600030	中信证券	卖券还款	17.500	1000	17.500	1000	17500.00	上海A股	6000
20141201	14:19:00	600030	中信证券	卖券还款	17.530	1000	17.530	1000	17530.00	上海A股	5000
20141202	10:50:13	300185	通裕重工	卖券还款	6.390	1000	6.390	1000	6390.00	深圳A股	1000
20141202	10:49:16	300177	中海达	卖券还款	15.720	1000	15.720	1000	15720.00	深圳A股	0
20141202	10:59:05	600459	贵研铂业	卖券还款	19.030	500	19.030	500	9515.00	上海A股	0
20141202	11:09:36	300185	通裕重工	卖券还款	6.410	1000	6.410	1000	6410.00	深圳A股	0
20141202	14:16:44	600030	中信证券	融资买入	18.780	1000	18.780	1000	18780.00	上海A股	6000
20141202	14:17:36	600030	中信证券	融资买入	18.750	1000	18.740	1000	18740.00	上海A股	7000
20141202	14:22:51	600030	中信证券	融资买入	18.720	700	18.720	700	13104.00	上海A股	7700
20141202	14:23:12	600030	中信证券	融资买入	18.720	1000	18.720	1000	18720.00	上海A股	8700
20141202	14:23:41	600030	中信证券	融资买入	18.730	300	18.730	300	5619.00	上海A股	9000
20141202	14:24:40	600030	中信证券	融资买入	18.680	700	18.680	700	13076.00	上海A股	9700
20141202	14:25:05	000901	航天科技	卖券还款	26.900	400	26.900	400	10760.00	深圳A股	2000
20141202	14:31:50	600030	中信证券	融资买入	18.970	300	18.970	300	5691.00	上海A股	10000
20141202	14:32:24	600030	中信证券	融资买入	18.960	500	18.940	500	9470.00	上海A股	10500
20141202	14:36:21	000901	航天科技	卖券还款	26.930	1000	26.930	1000	26930.00	深圳A股	1000
20141202	14:39:07	600030	中信证券	融资买入	19.190	1800	19.190	1800	34542.00	上海A股	12300
20141202	14:39:46	000901	航天科技	卖券还款	26.940	1000	26.960	1000	26960.00	深圳A股	0
20141202	14:40:12	600030	中信证券	融资买入	19.220	1500	19.210	1500	28815.00	上海A股	13800
20141202	14:41:34	000977	浪潮信息	卖券还款	39.850	700	39.850	700	27895.00	深圳A股	1000
20141202	14:43:51	600030	中信证券	融资买入	19.080	200	19.040	200	3808.00	上海A股	14000
20141202	14:53:16	600030	中信证券	融资买入	18.880	1000	18.880	1000	18880.00	上海A股	15000
20141205	09:41:42	600030	中信证券	融资买入	23.180	1000	23.180	1000	23180.00	上海A股	16000
20141205	09:43:19	600030	中信证券	融资买入	23.150	1000	23.120	1000	23120.00	上海A股	17000
20141205	09:43:51	600030	中信证券	融资买入	23.170	1000	23.170	1000	23170.00	上海A股	18000
20141205	10:29:31	000977	浪潮信息	卖券还款	38.610	1000	38.610	1000	38610.00	深圳A股	0
20141205	10:43:07	600030	中信证券	融资买入	22.780	1000	22.780	1000	22780.00	上海A股	19000
20141205	11:04:55	600030	中信证券	融资买入	23.150	800	23.150	800	18520.00	上海A股	19800
20141205	11:10:53	600756	浪潮软件	卖券还款	23.500	1000	23.521	1000	23521.00	上海A股	6000
20141205	11:12:55	600030	中信证券	融资买入	23.050	200	23.050	200	4610.00	上海A股	20000
20141205	11:14:24	600756	浪潮软件	卖券还款	23.620	1000	23.637	1000	23637.00	上海A股	5000
20141205	11:14:44	600030	中信证券	融资买入	22.980	1000	22.980	1000	22980.00	上海A股	21000
20141205	11:16:19	600030	中信证券	融资买入	22.850	600	22.850	600	13710.00	上海A股	21600
20141205	11:18:17	600756	浪潮软件	卖券还款	23.680	1000	23.690	1000	23690.00	上海A股	4000
20141205	11:20:39	600030	中信证券	融资买入	22.900	400	22.870	400	9148.00	上海A股	22000
20141205	11:24:04	600030	中信证券	融资买入	22.700	300	22.700	300	6810.00	上海A股	22300

图四：2014 年 12 月 5 日至 12 月 16 日的交割单。利用市场热点爆发的机会，坚定并快速加大移仓力度，把握住确定性，最终重仓持有主流热点之券商股龙头中信证券达 26000 股。

起始日期：2014/12/ 1　终止日期：2014/12/31

成交日期	成交时间	证券代码	证券名称	买卖标志	委托价格	委托数量	成交价格	成交数量	成交金额	交易所名称	剩余数量
20141205	11:24:57	600756	浪潮软件	卖券还款	23.420	1000	23.420	1000	23420.00	上海A股	3000
20141205	11:25:38	600030	中信证券	融资买入	22.750	300	22.750	300	6825.00	上海A股	22600
20141205	11:29:33	600030	中信证券	融资买入	22.900	1000	22.880	1000	22880.00	上海A股	23600
20141208	09:40:39	600030	中信证券	卖券还款	23.800	3600	23.800	3600	85680.00	上海A股	20000
20141208	10:24:10	600030	中信证券	融资买入	25.480	1000	25.480	1000	25480.00	上海A股	21000
20141208	10:24:44	600030	中信证券	融资买入	25.470	1000	25.460	1000	25460.00	上海A股	22000
20141208	10:25:04	600030	中信证券	融资买入	25.480	1000	25.460	1000	25460.00	上海A股	23000
20141208	10:27:35	600030	中信证券	融资买入	25.450	1000	25.450	1000	25450.00	上海A股	24000
20141208	10:27:56	600030	中信证券	融资买入	25.450	1000	25.450	1000	25450.00	上海A股	25000
20141208	10:30:00	600030	中信证券	融资买入	25.450	1000	25.450	1000	25450.00	上海A股	26000
20141208	10:33:01	600756	浪潮软件	卖券还款	23.960	1000	23.970	1000	23970.00	上海A股	2000
20141208	10:33:20	600030	中信证券	融资买入	25.480	1000	25.480	1000	25480.00	上海A股	27000
20141208	10:36:46	600756	浪潮软件	卖券还款	23.980	1000	23.980	1000	23980.00	上海A股	1000
20141208	10:37:15	600030	中信证券	融资买入	25.490	1000	25.490	1000	25490.00	上海A股	28000
20141208	10:41:59	600756	浪潮软件	卖券还款	23.840	1000	23.850	1000	23850.00	上海A股	0
20141208	10:43:11	600030	中信证券	融资买入	25.490	1000	25.490	1000	25490.00	上海A股	29000
20141209	14:34:55	600030	中信证券	融资买入	28.000	1000	28.000	1000	28000.00	上海A股	30000
20141209	14:36:03	600030	中信证券	融资买入	27.950	100	27.950	100	2795.00	上海A股	30100
20141209	14:37:01	600030	中信证券	融资买入	27.800	100	27.790	100	2779.00	上海A股	30200
20141210	09:41:31	600030	中信证券	卖券还款	25.200	5000	25.200	5000	126000.00	上海A股	25200
20141210	09:42:26	600030	中信证券	卖券还款	25.350	200	25.500	200	5100.00	上海A股	25000
20141211	10:04:14	600036	招商银行	融资买入	14.380	1000	14.350	1000	14350.00	上海A股	1000
20141211	10:08:03	600036	招商银行	融资买入	14.550	1000	14.550	1000	14550.00	上海A股	2000
20141211	10:23:17	600036	招商银行	融资买入	14.800	1000	14.800	1000	14800.00	上海A股	3000
20141211	10:22:33	600036	招商银行	融资买入	14.850	1000	14.850	1000	14850.00	上海A股	4000
20141211	10:27:21	600036	招商银行	融资买入	14.950	1000	14.940	1000	14940.00	上海A股	5000
20141211	10:28:14	600036	招商银行	融资买入	14.920	1000	14.920	1000	14920.00	上海A股	6000
20141211	10:28:47	600036	招商银行	融资买入	14.900	1000	14.900	1000	14900.00	上海A股	7000
20141215	13:09:31	600030	中信证券	卖券还款	25.420	1000	25.420	1000	25420.00	上海A股	24000
20141215	13:43:50	600030	中信证券	卖券还款	25.800	1000	25.800	1000	25800.00	上海A股	23000
20141215	14:29:41	600030	中信证券	卖券还款	25.800	1000	25.800	1000	25800.00	上海A股	22000
20141216	10:16:27	600030	中信证券	融资买入	29.650	1000	29.650	1000	29650.00	上海A股	23000
20141216	10:15:07	600030	中信证券	融资买入	29.700	1000	29.700	1000	29700.00	上海A股	24000
20141216	10:15:40	600030	中信证券	融资买入	29.680	1000	29.680	1000	29680.00	上海A股	25000
20141216	10:16:21	600030	中信证券	融资买入	29.680	1000	29.680	1000	29680.00	上海A股	26000

图五：2014 年 12 月 16 日至 12 月 23 日的交割单。逐渐减持券商股，移仓银行股。继续锁定主流热点。

起始日期：2014/12/ 1　终止日期：2014/12/31

成交日期	成交时间	证券代码	证券名称	买卖标志	委托价格	委托数量	成交价格	成交数量	成交金额	交易所名称	剩余数量
20141216	10:16:21	600030	中信证券	融资买入	29.680	1000	29.680	1000	29680.00	上海A股	26000
20141217	13:20:14	600030	中信证券	卖券还款	30.900	1000	30.920	1000	30920.00	上海A股	25000
20141217	13:28:20	600030	中信证券	卖券还款	31.100	1000	31.100	1000	31100.00	上海A股	24000
20141217	13:27:42	600030	中信证券	卖券还款	31.000	1000	31.000	1000	31000.00	上海A股	23000
20141217	13:27:19	600030	中信证券	卖券还款	30.900	1000	30.900	1000	30900.00	上海A股	22000
20141217	13:27:15	600030	中信证券	卖券还款	30.850	1000	30.850	1000	30850.00	上海A股	21000
20141217	13:32:08	600030	中信证券	卖券还款	31.100	1000	31.100	1000	31100.00	上海A股	20000
20141218	14:43:42	600030	中信证券	卖券还款	32.300	1000	32.300	1000	32300.00	上海A股	19000
20141218	14:44:29	600030	中信证券	卖券还款	32.300	1000	32.300	1000	32300.00	上海A股	18000
20141218	14:44:55	600030	中信证券	卖券还款	32.270	1000	32.270	1000	32270.00	上海A股	17000
20141218	14:46:37	600030	中信证券	卖券还款	32.250	1000	32.250	1000	32250.00	上海A股	16000
20141218	14:47:51	600030	中信证券	卖券还款	32.000	2000	32.000	2000	64000.00	上海A股	14000
20141218	14:49:02	600030	中信证券	卖券还款	32.100	1000	32.100	1000	32100.00	上海A股	13000
20141218	14:51:41	600030	中信证券	卖券还款	32.000	1000	32.000	1000	32000.00	上海A股	12000
20141218	14:53:49	600030	中信证券	卖券还款	31.850	1000	31.850	1000	31850.00	上海A股	11000
20141218	14:56:48	600030	中信证券	卖出担保品	32.000	1000	32.000	1000	32000.00	上海A股	10000
20141222	10:26:30	601988	中国银行	买入担保品	3.860	2000	3.860	2000	7720.00	上海A股	2000
20141222	10:25:30	601988	中国银行	买入担保品	3.880	2000	3.880	2000	7760.00	上海A股	4000
20141222	10:26:54	601988	中国银行	买入担保品	3.860	1000	3.860	1000	3860.00	上海A股	5000
20141222	10:27:47	601988	中国银行	买入担保品	3.880	1000	3.880	1000	3880.00	上海A股	6000
20141222	10:28:11	601988	中国银行	买入担保品	3.880	1000	3.880	1000	3880.00	上海A股	7000
20141222	10:28:43	601988	中国银行	买入担保品	3.880	1600	3.880	1600	6208.00	上海A股	8600
20141222	11:00:25	600036	招商银行	融资买入	15.880	1000	15.880	1000	15880.00	上海A股	8000
20141222	11:01:09	600036	招商银行	融资买入	15.880	1000	15.880	1000	15880.00	上海A股	9000
20141222	11:01:45	600036	招商银行	融资买入	15.870	1000	15.870	1000	15870.00	上海A股	10000
20141222	11:17:35	600016	民生银行	融资买入	10.530	1000	10.530	1000	10530.00	上海A股	1000
20141222	11:03:51	600016	民生银行	融资买入	10.550	1000	10.550	1000	10550.00	上海A股	2000
20141222	11:05:21	600016	民生银行	融资买入	10.570	2000	10.570	2000	21140.00	上海A股	4000
20141222	11:05:46	600016	民生银行	融资买入	10.580	5000	10.580	5000	52900.00	上海A股	9000
20141222	11:06:50	600016	民生银行	融资买入	10.580	1000	10.580	1000	10580.00	上海A股	10000
20141222	11:07:16	600016	民生银行	融资买入	10.580	1000	10.580	1000	10580.00	上海A股	11000
20141222	14:40:48	601988	中国银行	融资买入	3.880	1000	3.880	1000	3880.00	上海A股	9600
20141222	14:44:56	601988	中国银行	融资买入	3.880	400	3.880	400	1552.00	上海A股	10000
20141223	10:36:54	600016	民生银行	融资买入	10.750	1000	10.750	1000	10750.00	上海A股	12000
20141223	10:36:00	600016	民生银行	融资买入	10.790	1000	10.790	1000	10790.00	上海A股	13000
20141223	10:35:39	600016	民生银行	融资买入	10.800	1000	10.800	1000	10800.00	上海A股	14000

图六：2014 年 12 月 23 日至 12 月 31 日的交割单。继续减仓并全部出清券商股，开始去掉杠杆，去掉非龙头银行股，移仓至主流银行股中国银行及民生银行，利用规则尽可能扩大盈利。

起始日期：2014/12/ 1　终止日期：2014/12/31

成交日期	成交时间	证券代码	证券名称	买卖标志	委托价格	委托数量	成交价格	成交数量	成交金额	交易所名称	剩余数量
20141223	10:36:00	600016	民生银行	融资买入	10.790	1000	10.790	1000	10790.00	上海A股	13000
20141223	10:35:39	600016	民生银行	融资买入	10.800	1000	10.800	1000	10800.00	上海A股	14000
20141223	10:36:10	600016	民生银行	融资买入	10.800	1000	10.800	1000	10800.00	上海A股	15000
20141223	10:40:30	600016	民生银行	融资买入	10.970	1000	10.970	1000	10970.00	上海A股	16000
20141223	10:41:27	600016	民生银行	融资买入	11.000	1000	11.000	1000	11000.00	上海A股	17000
20141223	10:41:37	600016	民生银行	融资买入	11.000	1000	11.000	1000	11000.00	上海A股	18000
20141223	10:41:47	600016	民生银行	融资买入	11.000	1000	11.000	1000	11000.00	上海A股	19000
20141223	10:42:23	600016	民生银行	融资买入	11.000	1000	10.990	1000	10990.00	上海A股	20000
20141223	10:42:47	600016	民生银行	融资买入	10.980	1000	10.980	1000	10980.00	上海A股	21000
20141223	10:43:36	600016	民生银行	融资买入	10.950	1000	10.950	1000	10950.00	上海A股	22000
20141223	10:47:24	600016	民生银行	融资买入	11.000	1000	11.000	1000	11000.00	上海A股	23000
20141223	10:47:24	600016	民生银行	融资买入	11.000	1000	11.000	1000	11000.00	上海A股	24000
20141223	10:47:32	600016	民生银行	融资买入	11.000	1000	10.990	1000	10990.00	上海A股	25000
20141223	10:48:10	600016	民生银行	融资买入	10.950	1000	10.940	1000	10940.00	上海A股	26000
20141223	10:51:54	600016	民生银行	融资买入	10.880	1000	10.880	1000	10880.00	上海A股	27000
20141223	10:50:37	600016	民生银行	融资买入	10.900	1000	10.900	1000	10900.00	上海A股	28000
20141223	10:54:17	600016	民生银行	融资买入	10.880	1000	10.880	1000	10880.00	上海A股	29000
20141223	11:02:39	600016	民生银行	融资买入	10.980	1000	10.980	1000	10980.00	上海A股	30000
20141223	11:08:20	600016	民生银行	融资买入	11.000	1000	11.000	1000	11000.00	上海A股	31000
20141223	11:07:54	600016	民生银行	融资买入	11.050	1000	11.050	1000	11050.00	上海A股	32000
20141223	11:08:13	600016	民生银行	融资买入	11.100	1000	11.010	1000	11010.00	上海A股	33000
20141223	11:12:56	600016	民生银行	融资买入	11.000	1000	11.000	1000	11000.00	上海A股	34000
20141223	11:17:46	600016	民生银行	融资买入	11.000	1000	11.000	1000	11000.00	上海A股	35000
20141224	10:15:51	600016	民生银行	融资买入	10.670	800	10.670	800	8536.00	上海A股	35800
20141225	11:29:12	600016	民生银行	融资买入	10.800	100	10.800	100	1080.00	上海A股	35900
20141226	10:47:11	600030	中信证券	融资买入	31.580	1600	31.520	1600	50432.00	上海A股	11600
20141226	14:22:12	600016	民生银行	融资买入	10.920	1800	10.920	1800	19656.00	上海A股	37700
20141230	13:16:05	600036	招商银行	卖券还款	15.400	10000	15.400	10000	154000.00	上海A股	0
20141230	13:15:45	600030	中信证券	卖券还款	32.920	1600	32.920	1600	52672.00	上海A股	10000
20141230	14:05:17	600030	中信证券	卖券还款	33.680	3000	33.680	3000	101040.00	上海A股	7000
20141230	14:05:43	600030	中信证券	卖券还款	33.700	1000	33.710	1000	33710.00	上海A股	6000
20141230	14:33:54	601988	中国银行	融资买入	3.950	9000	3.950	9000	35550.00	上海A股	19000
20141230	14:35:33	601988	中国银行	融资买入	3.950	1000	3.950	1000	3950.00	上海A股	20000
20141230	14:35:46	601988	中国银行	融资买入	3.950	8600	3.950	8600	33970.00	上海A股	28600
20141230	14:40:08	601988	中国银行	融资买入	3.940	1400	3.940	1400	5516.00	上海A股	30000
20141230	14:40:08	601988	中国银行	融资买入	3.940	10000	3.940	10000	39400.00	上海A股	40000
20141231	11:13:11	601988	中国银行	卖券还款	4.120	20000	4.120	20000	82400.00	上海A股	20000
20141231	11:14:05	601988	中国银行	卖券还款	4.140	20000	4.140	20000	82800.00	上海A股	0
20141231	13:19:42	600016	民生银行	融资买入	10.780	2300	10.780	2300	24794.00	上海A股	40000
20141231	14:48:37	600016	民生银行	融资买入	10.880	10000	10.880	10000	108800.00	上海A股	50000
20141231	14:40:37	600016	民生银行	融资买入	10.940	10000	10.940	10000	109400.00	上海A股	60000
20141231	14:43:02	600030	中信证券	卖券还款	34.000	3000	34.000	3000	102000.00	上海A股	3000
20141231	14:45:04	600030	中信证券	卖券还款	34.000	3000	34.000	3000	102000.00	上海A股	0

截至 2015 年 1 月 6 日的账户数据：

人民币：余额:0.60　可用:0.60　可取:0.60　参考市值:646080.00　资产:646080.60　参考盈亏:-24364.17

证券代码	证券名称	证券数量	库存数量	可卖数量	成本价	当前价	最新市值	浮动盈亏	盈亏比例(%)	交易所名称
080901	航科A1配	600	600	600	0.000	6.650	0.00	0.00	0.00	深圳A股
600016	民生银行	60000	60000	60000	10.876	10.420	625200.00	-27347.25	-4.19	上海A股
601216	内蒙君正	2000	2000	2000	8.948	10.440	20880.00	2983.08	16.67	上海A股

信用资产信息	数值	一	融资信息	数值	一	融券信息	数值
维持担保比率	425.59%		可用融资信用额度	4078444.93		可用融券信用额度	4078444.93
保证金可用数	236998.85		融资冻结额度	0.00		融券冻结额度	0.00
总资产	646080.60		融资本金	151555.07		融券市值	0.00
总负债	151808.49		融资负债合计	151808.49		融券负债合计	0.00
资金余额	0.60		融资息费	253.42		融券息费	0.00
资金可用数	0.60		融资利率	8.60%		融券利率	8.60%
信用状态	正常类						

四、利用融资融券杠杆，合理而艺术地实行资金管理（结合 1:3 配资产品）

1. 从资金管理的角度来看融资融券

从资金管理的角度，拿出 30% 做杠杆资金，这对总资金的使用来讲，风险是可控的。假设你总共有 100 万元资金，那么可以拿出 30% 的本金 30 万元，根据 1:3 做，杠杆资金可达 120 万元。

对于杠杆资金来讲，平仓线为 0.9；对于你的本金 30 万元来说，就是 12 万元；对于你的总资金，风险就是 12 万 /100 万 =–12%，净值：0.88。预期的盈利目标，通过杠杆资金 30% 的盈利实现本金的翻倍，结合复利效应，资产增值效果大。

接下来了解数学上的复利模型：10% 的复利结果 1×1.1×1.1……复利 8 次 =2.14；用杠杆资金：30% 的盈利就可以实现本金翻番。也就是说，杠杆资金 30%= 本金复利 2.14 以上。

	1
1	1.10
2	1.21
3	1.33
4	1.46
5	1.61
6	1.77
7	1.95
8	2.14

接下来我们再看，1×1.1×1.1……50 个涨停板 = ？ 50 个涨停板 =100 倍：也就是 10 万的本金如果有 50 个涨停板，会达到 1000 万元，30 万的本金如果有 50 个涨停板，会达到 3000 万元。

	1		
1	1.10	5.03	23.11
2	1.21	5.53	25.42
3	1.33	6.09	27.96
4	1.46	6.69	30.76
5	1.61	7.36	33.84
6	1.77	8.10	37.22
7	1.95	8.91	40.94
8	2.14	9.80	45.03
1	2.36	10.78	49.54
2	2.59	11.86	54.49
3	2.85	13.05	59.94
4	3.14	14.35	65.94
5	3.45	15.79	72.53
6	3.80	17.36	79.78
7	4.18	19.10	87.76
8	4.59	21.01	96.54
			106.19

这样我们就知道，杠杆资金盈利 30%= 本金盈利 120%。配资后 50 个涨停的战略步骤计算，每 8 个涨停板就超越翻番，因此使用杠杆资金，战略上可以压缩分成 6 步走。结论：50/8=6.25

	30		
1	33	152	698
2	36	167	768
3	40	184	845
4	44	202	929
5	48	223	1022
6	53	245	1124
7	58	269	1237
8	64	296	1360
1	71	326	1496
2	78	358	1646
3	86	394	1810
4	94	434	1991
5	104	477	2191
6	114	525	2410
7	125	577	2651
8	138	635	2916
			3207

2. 确定合理的风控

首先确定最大的风险：举例：30 万元以 1 ： 3 配置，合计 120 万元，120 万元折算净值基数为 1。预警线：0.95—120×0.05=6 万元；平仓线：0.90—120×0.1=12 万元。最大风险值：总资金 –10%

3. 低风险高收益理念下的盈利目标

盈多亏少，理解配置可承担的最大的风险值，建议有补一次保证金的准备。根据下行空间匹配合理的盈亏比例预期，承担 10% 的下行风险，预期 30% 的盈利目标。也就是盈亏比例大于 3 ：1 最为理想，利于后期滚动操作。盈利目标：配资资金盈利 30%= 本金盈利 120%

举例：30 万 ~120 万，120 万 ×30%=36 万；36 万 /30 万 =120%。

在风险可控的情况下，为实现本金目标，配资具备更合理的可行性：30%>120%。

合理的仓位规划：

划分规则：把仓位划分为 12 份。

以 30 万为例：120 万 /12=10 万 / 份，单只品种持仓划分：

1 份低配：10 万以下：低配与试探

2 份标配：20 万 (2/12)

3 份高配：30 万 (3/12)

4 份超配：40 万 (4/12=33%)

40% 仓位：120X40%=48 万

我们限制单只品种最高不超过 60%；

根据份数来交易，不要根据股数或者市值，这是最简单的方式。

在支付利息与保持净值增长的平衡点划分，仓位变化越规则，净值越稳定。

持股数量：

持股至少 2 只；

最高尽量限制在 5 只内；

数量：2~5 只；

常规仓位：33%；

常态下保持 2 只品种，合计 33% 的仓位，4 份仓位，每只品种 2 份；

月息控制在 3.5% 的范围内，目标实现性高；

资本增值的顺序：理解最大的承担的风险、支付成本，盈利目标，复利增值。

对于不同净值的仓位变化：

1.00–1.0333%（4 份仓位）

1.03–1.0540%~60%

1.05–1.0850%~70%

1.1 以上：60% 以上

1.00 以下：10%~33%

规则：以 33% 为基本点，净值上升 3%，提升 10% 的仓位；

10%X30%=3%，10% 的仓位获得 30% 的波动；

公式：仓位 X 波动率 = 总净值贡献波动率。

第五节　把握确定性中的高概率机会：用诸善缘

对于多数人而言，来股市不就是冲着类似于 2014 年 10 月和 11 月这两个月兰石重装（603169）爆炒达 900% 的收益而来的吗？可事实真是如此吗？

我在从业近 15 年的职业生涯中，见证了太多的资本盛宴及狂欢，但结局多数不好，多以亏钱居多，可局外人又有多少人知道呢？

做股票还是需要踏踏实实地回归到专业技术中来。从交易系统中的“因缘果”不难看出，好的交易结果来自于资金管理与技战术的因缘合和，这种朴素的认识有助于我们以平常心看待市场涨跌，获取确定性中的稳健收益；这里的“善缘”也就是我多年来所倡导和遵循的“尊重价值、成长、趋势，在系统性风险可控的前提下，把握确定性中的高概率机会。”

一、尊重“价值、成长、趋势”的投资理念，挖掘确定性机会

投研的核心是遵循“价值、成长、趋势”的投资理念，寻找“三好学生”：好行业、好公司、好的管理层。

价值：了解与熟悉股票质地的基本面，发现与追寻优质企业的投资价值，而传统中的行业龙头以及基本面即将发生根本性改变的个体，是安全边际较高的操作前提。

成长：根据宏观经济的走势，研究产业态势，理解行业景气度拐点性变化，在了解公司商业模式的基础上，可以从市场的饱和率和渗透率等预估其成长性的空间。

趋势：道氏理论决定了交易体系基础，而趋势则贯穿我的整个理念基石。机会属于有准备的人，要擅于捕捉机会，在确定性中捕捉较大的机会。“确定性”是提高概率的先决条件。

“三好学生”从以下五个方面进行综合判断：

行业分析：行业发展阶段、拐点等。

公司分析：护城河、管理层、治理结构、团队激励等。

竞争结构分析：资源掌控力，议价权等。

财务分析：以 ROE（净资产收益率）为主，净利润增长等。

催化因素、风险因素、投资逻辑等。

其中，行业分析包括：

1. 行业的成长空间分析；

2. 行业近 3~5 年增速，未来的行业增长预测；

3. 相关度高的产业政策：过去重要的政策与未来可能的重要政策；

4. 行业发展的阶段与转折点（必要时可通过与国外历史对比发现行业趋势的拐点）；

5. 龙头企业的市场份额，产能利用情况、资本吸引力、行业的资本折旧等因素；

6. 行业的特有因素。

企业分析：简单一句话就是公司如何赚钱，若要赚钱需要付出什么样的代价。具体包括：

1. 管理层：发展战略，公司治理与股权激励，股东背景等；

2. 主营业务，主要客户、产品的特征，主要销售区域；

3. 业务模式分析：

4. 成长来源：如扩大销售规模增加市场份额、提价、新增业务、并购等；

5. 核心人员的流动、普通员工的工资水平是否高于行业。

市场结构分析：用波特五力模型（最好能够配合相关财务数据说明）；主要是观察核心的竞争优势，也就是公司的护城河。具体包括：

1. 与竞争对手的比较优势；

2. 对上下游的议价权分析；

3. 进入壁垒（或投入产出周期分析）；

4. 潜在替代品分析；

5. 总结行业所处的阶段。

财务分析，具体包括：

1. 对于 ROE 特征与近 3 年的净利润、主营业务、盈利增长、盈利预测；

目标：财务指标在哪些层面好于其他公司

2. 盈利分析：

最近 3 年或者 5 年净利润、平均利润、EPS、主营收入同比增速；

未来 1–3 年盈利预测

3. 风险性分析：异动的财务数据说明潜在的风险；

近 1 年与未来催化因素与风险因素分析：

报告业绩公布的时间、过去的突发性事件、未来的催化与风险因素等。

为了挖掘确定性机会，大量阅读是基金经理或者资深交易员的必备功课之一。大量阅读研究报告，目的为熟悉行业、公司基本面以及主营和存在的负面影响，对行业龙头的进一步确认，并跟进龙头或者重点公司相关动态的进展。譬如银行业、地产业、通信设备、电子元器件、医药、食品饮料等行业的长期跟踪研究，并结合市场动态的驱动型事件敏感分析对具体公司的影响。

把握宏观走向，对驱动型事件保持敏感，大到国家战略的刺激，行情必然纵深发展。譬如自贸区概念和土地流转概念。周期性与抗周期性行业的重点研究，二者往往呈现反向关系，但长期而言，消费行业往往成就大牛股。

必备功课之二是盘后复盘，对涨跌幅前十、资金流入流出前十保持客观分析并跟踪，保持对热点个股的跟踪，尤其是对驱动型事件的高度敏感。对资金深度介入的品种进行跟踪，并深度分析。季报、年报公布前的预期以及之后的高送配后除权后的交易性机会的跟踪。

对行业龙头的坚持则是确定性的基础之一，再结合市场龙头，二者集于一身则确保确定性。以行业或细分行业龙头为主，建立半年度的涵盖景气周期行业的股票池；结合资金流向与驱动型事件，建立月度股票池。

二、运用技术把握高概率机会

我们知道，任何一个过程都有初、中、后三个环节，如果我们能够在这三个环节上把握好，就能够确保整个过程落入良性循环当中。而交易需要落实在股票的买入、持有与卖出上来实现，脱离了这三个因素，交易也就没有了所依靠的地方。

因此，当我们有了稳健的资金管理策略、清晰的选股逻辑后，就要使自己的买入、持有与卖出落入始终保持在盈利的交易模式当中：行情有持续的动力时买入，趋势明朗时持有，出现不利于盈利的因素时卖出。

那么，用什么样的技术才能确保自己的买入、持有与卖出落入始终保持盈利的交易模式呢?

行情有持续的动力。在所有技术当中，我们首先需要找出与资金有关的依据。因为资金对于经济的发展最具有明确决定地位，如果资金这一因素是积极的，那么其他的因素迟早也会转变成积极的；反之，资金的因素是消极的，那么其他的因素就会在一段时间之后变成消极的。

断除不利于盈利的因素。虽然资金占据决定性的地位，但是心理的作用对股价的变动也会造成影响。如果人们对投资证券的心理是消极的，没有人愿意去购买股票，那么股市也不可能上涨。如是资金和心理作用都是积极的，股市行情就看涨；两种因素都是消极的，股市必然下滑。如果一种因素积极，另外一种因素消极，那么两者就会相互抵消，也就是股市不会有太大的波动。

趋势明朗。趋势是在资金与心理作用同向时产生的，如上面所说，当二者都是积极的，股市的行情就看涨，如果二者都是消极的，股市必然下滑。在“量价时空”的四个技术要素中，时间相对来讲是较为重要的，就像我们在开篇所讲的穷人与富人的故事那样：“穷人和富人最根本的区别是，穷人每天都在找机会，一天没有收益他就会惶然不安，他最幸福的日子就是每天都能进点，所谓的细水常流。而富人知道，机会其实并不多。从时间上不多，所以经常要等；从空间上也不多，所以要耐心寻找。”

尽管趋势可以用于长期与短期的判断，但是若以短期去看待与交易投资标的，会轻易地犯下重交易概率轻盈亏比例的原则性错误，所以我再次给投资者强调，不要每天想着在股市里赚买菜的钱，而是转以中长期趋势去看待与交易投资标的。

如果你真的想成为富人，那么首先就要有像富人那样在时间上宽容大度的心态。“要想有富人的心态，先改变内心的结算周期，不要为每天都有的小收益沾沾自喜，不要为找不到小收益惴惴不安。穷人之所以穷，是因为小钱来的很快。因为总是能够很快地来点小钱，所以总是没有大钱。穷人眼尖手快，所以经常表现出聪明，尽管很小；富人动作迟缓，经常显得笨拙，事后才知道那是若愚。穷人不吃小亏，经常占些小便宜；富人经常吃些小亏，占的都是大便宜。”

“于事无心，于心无事”，必然要透得过中间的判断，才能够不受干扰，而与始终保持盈利的交易模式相应，否则就很困难。

在技术方法中，量价关系、趋势与 K 线的深度理解和把握，决定了我们在交易的初、中、后三个过程，落入始终保持盈利的交易模式当中。这是始终保持盈利的一以贯之的规则，需要在投资过程当中奉行不渝。

接下来的章节中，我们将对 K 线、量价关系、趋势等进行详细的展开，并通过实际案例对始终保持盈利的交易模式进行阐述。

第 3 章

K 线的秘密

K 线就是多空双方争斗的胜负结果，是多空意图以及强弱的表现，对后市价格走向起到较好的预示作用，并以此研判价格的趋势。

K 线，又称阴阳烛。阴阳烛分析技巧，是世界上最古老的图表分析方法。早在 1750 年，日本人便将此法应用于白米的期货。因其形状极像蜡烛，又分为阴和阳，故以阴阳烛著称。

历史虽久，但基本技巧却极为先进，记录着每日的开市、最高、最低与收市这 4 个价位。股市是人性集中反映的场所，价格是人性的真实交易记录，而 K 线（或者阴阳烛）则是一天（或者一个交易时间段）交易轨迹的真实呈现，这 4 个价格就组成一根 K 线（或者阴阳烛），就有 4 个意义，或者说多空的秘密也深藏在其中。

通俗地讲，我个人认为 K 线就是多空双方争斗的胜负结果，包括所有的时间界点，其在图表上遗留下的痕迹，则是多空意图以及强弱的表现，对后市价格走向起到较好的预示作用，并以此研判价格的趋势。

读懂 K 线（或者阴阳烛），就是读懂这 4 个意义，读懂这些秘密，就能读懂多空；读懂一天的 K 线（或者阴阳烛），就能读懂一个交易时间段的多空，可以是 2 天、3 天、10 天或者任意一段时间的多空；读懂了 K 线（或者阴阳烛），你就不会局限于某天，而是升华到某段时间，某个周期，于是，你就会在读懂这些秘密之后再读懂趋势。

在我的交易系统里，除了成交量，最重要的就是价格，二者结合的量价关系，就能形成最真实的价格趋势分析，也是我的核心体系，并从中找到多空的根本力量对比，从而做出利于趋势延续的交易。

第一节　光头光脚——趋势明了

一、光头光脚的阳（阴）烛

1. 构成

单独以一日的图形分析，开盘最低，并高收，表示市势有向好的意味，称之为阳烛；反之，高开低收，表示市势向淡，称之阴烛。

阴阳烛的图形，可划分为三个部分；蜡烛的身体部分，称为烛身；烛身以下，称为脚部；烛身以上，称为手部。

2. 特性

光头光脚，开盘最低，收市最高，显阳性，是典型的多头进攻欲望强烈的表现。它的出现，无论是在底部还是在上升途中，此后的行情必将看涨。而且阳线身体越长，预示后市越强劲。

洞悉了构成和特性，我们就可以在发现此光头光脚阳烛的当天，放手买进，到第二天，有 2~3 个点的利润，卖出赚取短线差价。与之相对应的是光头光脚的阴烛，行情向淡，它的出现，意味着短线抛出为好。

二、案例分析

现以通光线缆（300265）实例为证。2014 年 2 月 7 日，该股在成交量的配合下，走出一根光头光脚的阳烛，并对下压线 H 形成有效突破，形成趋势上的反转走势。次日，该股跳空高开高走，收盘上涨 2.38%。

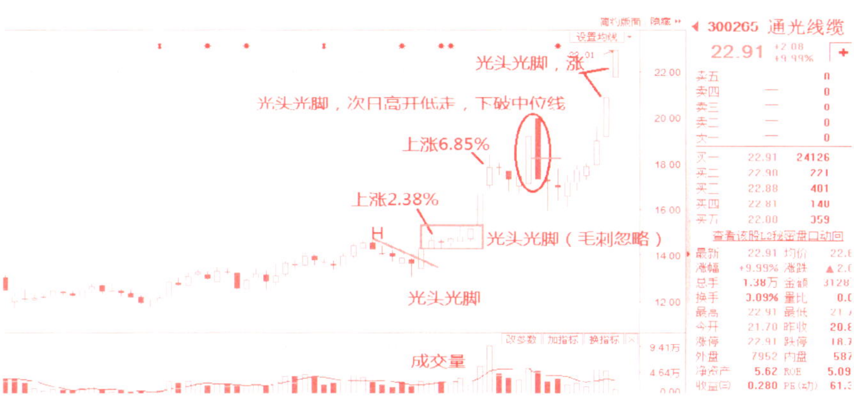

其实，根据对阴阳烛的判断，可以完全把握这类超级短线机会。只是为了提高确定性的概率，我个人引进了趋势线。若此类光头光脚的阳烛能突破下降压力线，无论分时图还是日线图，均可进行超短线交易。通常情况下，选择尾盘介入，次日早盘冲高随即落袋为安，此战法屡试不爽。

此后，2014 年 2 月 14 日，该股在上升途中的整理行情中，突然放量突破整理平台。请注意，也是对平台上边线的突破，对应的成交量放大，此时多头开始爆发，次日上涨 6.85%。后来该股同样出现两根光头光脚的阳烛，均预示次日还将上涨。

可见，光头光脚揭示的是多空力量对比，阳烛则是多头完胜，次日多头惯性出击，价格走高，利用这样的特性基本可以把握超短线交易。反之，在做空原理下，光头光脚的阴烛亦可做空，同样获取短平快的收益。只是与上涨途中略微不同的是，上涨需要成交量的配合，而下跌则未必，缩量阴跌也可。当然，若放量下跌则更为可靠。

三、操作技巧

显然，这是一种超级短线战法，综合趋势、成交量等其他因素方可考虑是否中线投资，而且仓位一定不能过重。参与该类品种，风险也是极大的，一旦出现非预期的走势，或者次日快速冲高回落，则必须果断卖出。

通常情况下，我认为于光头光脚阴阳烛出现的当天尾盘，以三分之一仓位介入。无论做空还是做多，次日不可恋战，冲高即卖出或者平仓，故以 2%~3% 的利润为止盈，相对而言较为合理。超出预期则属意外，以平常心对待。

当然，我们需要做好止损措施，若次日出现非预期走势，止损设在光头光脚的中位线附近。无论做多做空，一旦价格超越该位，果断止损。

譬如通光线缆（300265）在 2014 年 2 月 24 日出现光头光脚的阳烛，次日却高开低走最终跌停，如果恋战未走，可能享受跌停的滋味，而止损就显得必要。我们认为，必须在阳烛的中位线附近止损，以避免扩大亏损和陷入长时间的盘整。

总的来讲，光头光脚的阳（阴）烛，借助的是惯性，也是一种标志性的阴阳烛。出现光头光脚的阴烛，则是标志性的看跌，这其实是对趋势的准确研判。投资者可以据此发现黑马，依据操盘技巧，进行超短线交易。

第二节　早晨之星——大胆介入

这节将讲述典型的底部阴阳烛形态——早晨之星。该组合形态通常出现在连续下跌的底部，预示着黑暗即将过去，曙光已经来临。

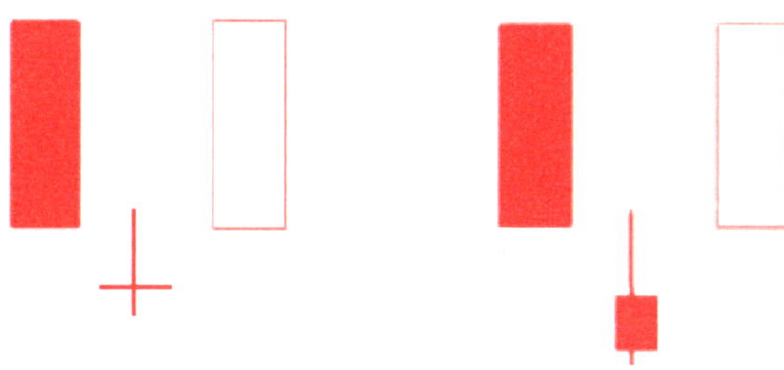

一、形态特征

1. 在下降趋势中某一天出现一根抛压强劲的长阴实体，显示短期走势可能会仍然向下，跌势可能会继续。

2. 第二天出现一根向下跳空低开的十字型或锤型，且最高价可能低于第一天的最低价，与第一天的阴线之间产生一个缺口，显示跌幅及波幅已略有收缩，带来可能转好的信号。具体的第二根 K 线位置有时会不同，需要灵活把握。

3. 第三天出现一根长阳实体，买盘强劲，显示市况已转好，逐步收复失地。

二、构成

早晨之星，由三个交易日的蜡烛图组成。三只蜡烛的次序如下：

第一日：在下跌市势中，出现一只身体修长的阴烛。

第二日：下跌的蜡烛，其身体长度缩短，波幅变小，有无力下跌的迹象，形态像一个小十字星。构成十字星的蜡烛可以是阴烛，亦可以是阳烛，但阳烛的可靠性更大。

第三日：出现一只大阳烛，回升至第一只蜡烛的 1/2 之上，但也以向上超出阴烛最为可靠。

成交量：阳烛放量超前两天的成交量最为可靠。

三、特性

从构成看，上述三只蜡烛的组合，表示多头已在低位聚集能量，市势可能见底回升。而且这种组合多数出现在市势久跌或久盘之后，这时下方出现的小十字星，犹如市场人士心目中久盼的启明星，随后再出现有力上升的阳线，表现长夜已经过去，市势迎来光明。

四、多空解析

股价阶段性下跌之后，造成市场恐慌，形成一根大阴线，大阴线之后，市场形成了空头思维，第二天跳空低开，加剧恐慌股价继续走低，此时市场出现利好等因素，尾盘出现拉升，收盘呈现一个小阳或小阴星或锤型，第三日市场多方强势买入，出现一根大阳线。

五、操盘技巧

早晨之星的组合，是市势反转上升的转折处。所以，一旦此星出现，不妨大胆买进，如同即将离弦的箭，股价将展开一波上升行情，待上攻受阻时，再获利为安。要特别注意与之对应的成交量关系。

A、稳健操作

买点一：早晨之星第三根阳烛收盘前买入两成仓位。

买点二与止损：早晨之星之后的次日如有回调，且不超过阳烛实体二分之一，则可加仓两成仓位；若超过则止损。

买点三：后市修正走势延续反弹，且成交温和，加仓至五成。

B、激进操作

买点一：早晨之星第三根阳烛收盘前买入四成仓位。

买点二：在出现早晨之星之后的次日买入六成仓位。

止损：以浮动亏损 3% 作为止损点。

六、案例分析

对于阴阳烛（K 线）的分析，我们可以借助于日线、周线，或者 15 分钟、30 分钟等不同时间周期进行分析，这是多空的本质。

吉视传媒(600200)于2012年12月5日形成早晨之星，随后振荡攀升，至 2013 年 4 月 23 日，股价从 5.69 元升至 14.57 元，涨幅达 256%。

现举例吉视传媒（601929），图中该股拉高之后出现调整，并于 2014 年 2 月 27、28 日、3 月 3 日连续三个交易日构成早晨之星，随后股价挑战前期高点后有所回落，但始终未能下破 2014 年 3 月 3 日阳烛的 1/2 实体，在重返压力线之后，迎来加仓点。

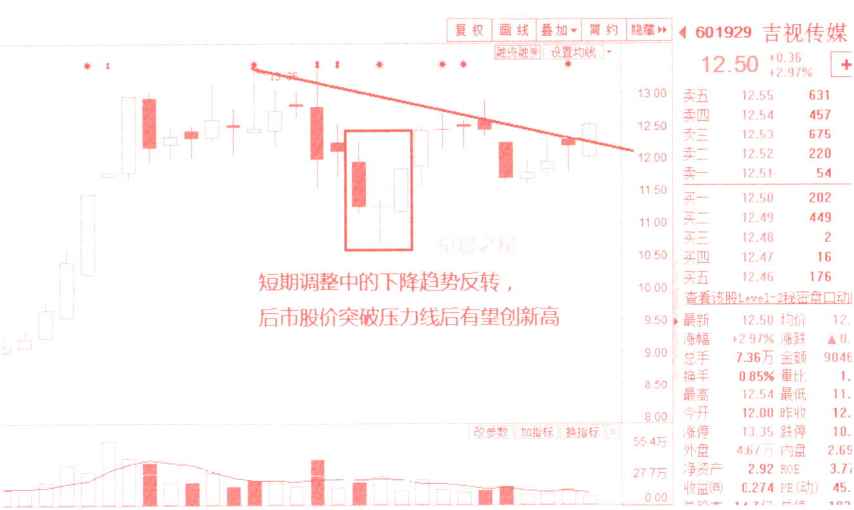

第三节　逃顶黄昏之星

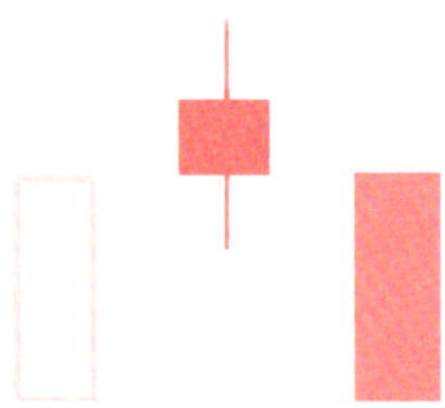

本节我们将讲述典型顶部阴阳烛形态组合之黄昏之星。顾名思义，该组合形态与早晨之星相反，通常出现在连续上涨的阶段，预示着多方转弱，升势即将结束，下跌可能开始。

一、形态特征

黄昏之星是可能转向的利空形态，通常在一个上升趋势后出现。

1. 第一只烛为承接前期上升走势的大阳烛，买盘强劲，显示升势持续。

2. 第二只烛可为出现在裂口高开后的十字星或纺锤。此讯号显示买方压力逐步得以舒缓，价格大有可能已见顶。倘若第二只烛有着与射击之星相同的上影线，利空转向讯号的可靠性更大为提高。

3. 第三只烛为卖盘强劲的阴烛。此时市况已发生根本转变，跌势一直持续到收市。

二、构成

第一日：股价在多方的推动下，继续上升，尾市以一只身体较长的阳烛报收。

第二日：多空双方争斗激烈，股价呈徘徊状，因此波幅较小，以致蜡烛身体长度缩短，形成十字星或锤型，而星实体的部分可以是阳烛或者阴烛，但阴烛的可靠性更大。

第三日：空方占优，多方上攻动能明显不足，出现的阴烛下跌至第一只阳烛 1/2 之下，而且以在阳烛之下最为可靠。

成交量：阴烛放量下跌，或者大于前两日的成交量最为可靠。

三、特性

这种组合表示多头进攻已成强弩之末，上攻明显乏力，瞄准时机的空头将倾巢而出。事实上，此三步曲多出现在上涨已久、某个局部趋势的反弹或久盘不升的市势中，上方的小十字星犹如回光返照，随后出现的阴烛证实光明已失，市势将步入漫漫跌途。

四、多空解析

经过一段时间的连续上涨，市场在多方热情高涨中继续追涨，形成一根长阳线，显示涨势持续，形成多头思维，此时市场中积累了大量的获利筹码。第二天跳空高开，在多方一片欢腾中继续上涨，但获利筹码逐渐兑现，上涨乏力，尾盘回落，形成长上影，实体部分窄小。第三天突然下跌，引发获利筹码大量抛售，形成强劲的阴烛，此时市场多空已经发生根本转变，也将预示后市趋势发生改变。

五、操盘技巧

黄昏之星，是市势见顶回落的信号，表示介入者要逃顶。所以，在连续上涨的后期，要特别警惕这种反转信号。一旦此星出现，投资者应止住贪念，不宜再买进，应准备逃顶落袋为安。

依我个人经验，在确认出现黄昏之星后的第四日是最佳的逃顶机会，而且后市的跌途将证明出局是最佳选择。否则若因贪欲而错失良机的话，将输得惨不忍睹。

A、稳健操作

卖点一：于第三日基本确认黄昏之星后，卖出 20% 仓位。

卖点二：于黄昏之星后的次日确认跌势展开时，卖出 30% 仓位。

卖点三：静待快速下跌后的反弹，若反弹收复黄昏之星第三根阴线的 2/3 以上，说明多方具有一定的实力，剩余部分仓位不必急于清空；如不能收复黄昏之星第三根阴线的 2/3 以上，说明空方占优，卖出剩余仓位。如果不出现反弹，反而快速下跌，在跌破短期上升趋势线后，清空剩余筹码。

B、激进操作

卖点一：于第二日基本确认出现的星有可能成为黄昏之星时，卖出40% 仓位。

卖点二：于第三日基本确认黄昏之星后，卖出剩余仓位。

六、知识扩展

黄昏之星可以以变形的形态出现，实战意义与标准的黄昏之星相同。黄昏之星的第二根线可以变形成 2~4 根小 K 线，第一根大阳线和第三根大阴线不变，其核心的原理在于多空博弈，最终以空方取胜为主。

七、案例分析

现举例亿纬锂能（300014）。图中该股拉高之后出现调整，2014 年 3 月 5 日、6 日、7 日连续三个交易日，大阳烛为 3 月 5 日的无量涨停构成，三根阴阳烛构成黄昏之星，随后股价大幅回落，最大跌幅达 19%。此后企稳，三根小阴小阳，成交放大，投资者可以于第一根小阴线和第三根小阳线两次介入，随后出现大阳烛，之后再度形成黄昏之星，于十字星阶段全部卖出锁定利润。

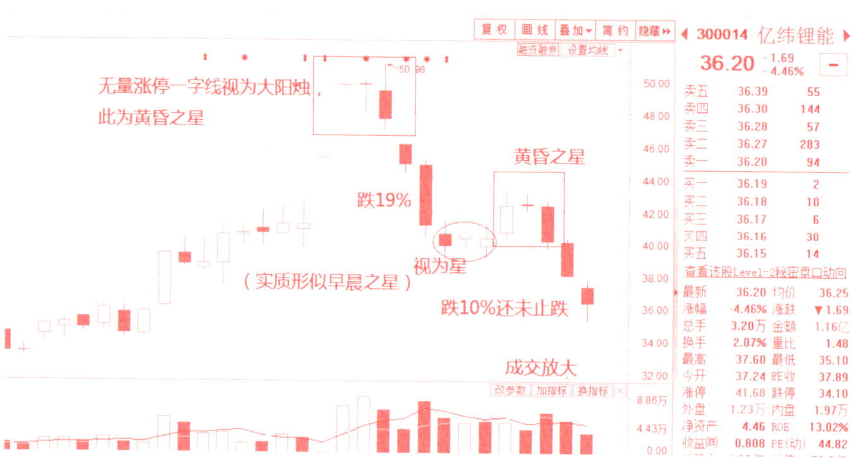

由于该股在短时间内出现两次不同的黄昏之星，就要求在交易上区别对待。如果是在一轮主升趋势中介入，当出现黄昏之星后，尤其是强势阶段的末期，应该采取稳健的交易策略，分批锁定利润，谨防价格在多头的强大攻势下，反复筑顶。但若在一轮局部的趋势，或者分时图中出现，则需要考虑激进的交易策略。

综合而言，还是需要读懂盘口的 K 线（阴阳烛）语言，读懂多空本质。通常情况下，黄昏之星出现时，投资者应该高度警惕，最好减仓交易，一旦确认，必须果断全部卖出。

第四节　一锤定音之底部锤头

逃顶与抄底，是股市交易的永恒话题，上节讲述成功逃顶之后，本节我们再讲述典型的底部阴阳烛形态，即单针探底之一锤定音的底部锤头。

蜡烛上部为小实体，下部为长下影，没有上影或上影很短，这样的蜡烛称为锤头线。锤头线因为位置的不同，其称呼也不一样。出现在底部又称为底部锤头；出现在相对高位又称为吊颈线。其所预示的意义也不一样，前者向好做多预示底部，后者向淡做空预示顶部。

一、形态特征

1. 处在下降趋势中。

2. K 线的小实体最高价及收市价均在烛体顶部，开市价在最高价之下不远的地方，下影线明显过长，实体颜色（红、绿）无所谓。

3. 通常情况下没有上影线，但也允许有，必须非常短。

4. 下影线越长、上影线越短、实体越小，这类蜡烛线越有效。

二、构成

1. 蜡烛部分，在当日振幅的顶部出现，可以是阴烛或者阳烛，但阳烛的可靠性较大。

2. 脚部长度，至少是蜡烛部分的 2 倍或 2 倍以上。

3. 手部必须十分短，如果完全消失，则图形更加准确。

成交量：必须较之前放大 0.618 倍或 1 倍，太大则不成立。

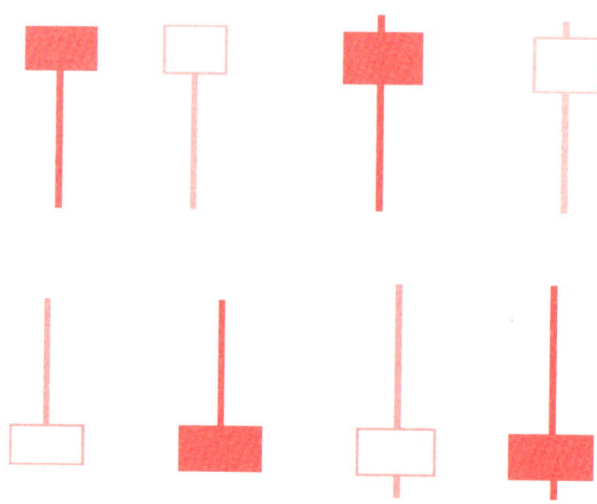

三、特性

在下跌市势中，且在某日初始是空方逞一时之威，肆意打压，出现一只长阴烛。然后，多方确认这是空方的最后一跌，于是便展开猛烈反攻，逐渐收复失地。最后临近收市时，将蜡烛的身体部分锁定在顶部，留下一根长长的、强有力的脚。这表明空方末日已来临，多方将趁机拉开反攻序幕。

从图形上看，如果脚部愈长，手部及蜡烛部分愈短，则图形的威力愈大；另外，如果锤头为阳烛，那么市势转向的可能性亦会增强。

四、多空解析

在行情连续下跌中，市场已经形成空头思维，某天开盘后投资者疯狂卖出，形成较大阴线，此时在利好等因素作用下，多头奋力反击，强力买入，股价反弹，由最底价反弹到最高价或接近于最高价的位置收盘。

如果收盘价高于开盘价，则收出长下影的阳线；如果收盘价接近开盘价，则收出长下影的阴线。若下影线的长度是实体部分的 2 倍或 2 倍以上，且当日成交量较之前放大 0.618 倍或 1 倍，此阴烛或者阳烛即为底部锤头。

长长的下影线就代表了多方的反击，此时是空方不敢轻易做空，等待多方入场的位置。当多方发现此做多信号逐步入场后，一轮上升行情将就此展开。如果锤头的实体部分与前一天的 K 线之间出现一个向下跳空缺口，则反转意义更浓。下影线越长，上影线及实体部分越短，锤头威力也越大。

五、操盘技巧

在下跌的市势中，出现锤头，这是见底信号。若于次日上破短期压力线，信号更加可靠，这是一个绝好的抄底时机。对于炒短线者来说，应于出现锤头的次日，以半仓买进。然后，捂到股价无力上行时，再获利了结。

六、知识扩展

当实体部分消失时，锤子线就变成了 T 字线。因此，T 字线在很大程度上和锤子线是相通的。但这种相通性与倒锤子线和倒 T 字线的相通性比要略逊。

锤子线的要点在上影线，倒锤子线不仅下影线重要，实体部分也具有意义。T 字线由于没有实体部分，实战和预示意义比锤子线要稍差。

此外，锤子线的出现往往与早晨之星形似，随后的大阳线，在成交量的配合下，有望走出反转行情。这里最为关键的则是成交量，温和则有一锤定音之效，而抄底后的止损位也需要设置在下影线的 1/2 处。

七、案例分析

如下图所示，万里扬（002434）此前探底，于 2013 年 6 月 25 日收出一根单针探底的阴烛，下影线极长，远超阴烛实体的 2 倍，随后股价呈现反弹，始终高于下影线的 1/2 之上，随后终于洗掉浮筹，连续暴涨。可以说，这是一根典型的单针探底、一锤定音的底部反转锤头。

对于这类技术形态，交易者应该理性潜伏，选择较轻的仓位参与，这样方可享受到中长线的反转走势成果。

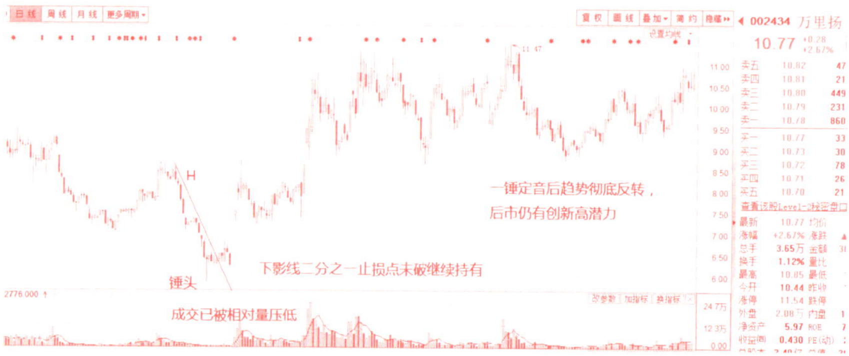

对于失败的案例，需要注意的是，锤头形成之后，成交萎缩，盘整或者阴跌使得股价下破下影线的1/2处，或者始终无法突破下降压力线，下跌中继形态将延续，那么对于这样的交易就需要止损不可恋战。

譬如新都酒店（000033）在2013年12月3日下跌趋势中形成的阳烛实体锤头，随后反弹后期未能摆脱压力线的束缚，继续选择下行。这只能是局部阶段的反弹，而非反转。

由于锤头线形成位置的复杂性，以及成交量变化等因素，不同的位置有不同的预示含义或者多空解读。

第五节　另类的倒转锤头（1）——抄底

与传统锤头相反，蜡烛如果呈现下部为小实体，上部为长上影，下影很短或者没有，这样的蜡烛称为倒转锤头线。

如果倒转锤头线出现在底部，又称为底部倒转锤头，因其形状像一个倒转的锤子而得名。如果倒转锤头出现在高位，又称为射击之星。若出现在上升趋势，大幅拉升之前，后期股价继续上升，又称为仙人指路。这次我们先讲底部倒转锤头——抄底。

一、形态特征

1. 此前存在一个明显的下跌趋势。

2. 在股价下跌过程中，出现一根带上影线的小实体。

3. 上影线的长度至少是实体长度的2倍，下影线短到可以认为不存在。

二、构成

1. 蜡烛部分在当日振幅的底部出现，可以是阴烛或者阳烛，但阳烛转向的可靠性更大。

2. 手部长度，至少是蜡烛部分的 2 倍或 2 倍以上。

3. 脚部必须十分短，如果完全消失，则研判的图形更加准确。

成交量：以放大之前的 0.618 倍或 1 倍为准，超之则可靠性差。

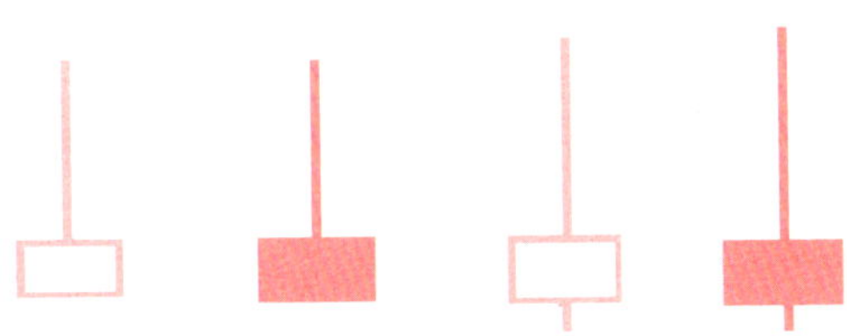

三、特性

在下跌市势中，出现倒转锤头的当日，低位有买盘承接吸纳，推动股价反弹，但市场积弱已久，多方未能将涨势维持到收市。虽然被空方打压，但长上影说明多方已经在做反攻的准备了，见到此蜡烛应多关注。

倒转锤头的效力与上影线长度有关，实体的颜色以阳烛为好。长上影说明市场仍被空方打压，还需次日判断多空力量。底部锤头与底部倒转锤头相比，底部锤头以接近全日最高价位收市，利好信号比底部倒转锤头要强烈。

四、多空解析

空方在某日使股价跳空低开，察言观色的多方认为空方已力竭，于是试探性向空方反攻，并将其逼退，这时蜡烛出现的是一根长阳。可是空方并不善罢甘休，结果多空双方在底部展开生死决斗。最终多方暂时退守，准备于次日再展开进攻。

若蜡烛的身体是阳烛，则证明空方气数已尽，多方占绝对优势；若是阴烛，则证明空方尚存余气，但已元气大伤，无力再下挫，而多方则退而结网，养精蓄锐后以便在次日以迅雷不及掩耳之势痛歼空方。

由此可见，在下跌或盘跌市势中，出现此锤头，则大多数是见底信号。若当日成交量骤然放大，则转势的可能极大。

五、操盘技巧

基于上述理由，若底部倒转锤头现形，激进型投资者可在当日尾市买进，谨慎者亦可于次日成交量持续放大、出现的阳烛突破短期压力线时择机买入。然后，再捂它几日，将会尝到其中炒短差的甜头。当然，若是反弹行情，亦讲究快进快出，不宜贪战。

切忌：连续暴跌出现的倒转锤头，则是诱多信号，操作要等趋势突破短期压力线确认方可。

止损：当次日走势不符合预期时，可能形成下跌中继形态。基于短线考虑，应该考虑设置倒转锤头的开盘价作为止损位。

六、知识扩展

因倒转锤头多空进一步确认研判需要次日确认，那么在次日的 K 线也会导致不同的组合出现，譬如揉搓线，譬如也可形成早晨之星等等，这些看涨技术信号较强的 K 线组合也能带来较强的指导意义，我们不妨依旧坚持从多空的博弈角度来研判。

此外，因为倒转锤头在某段趋势中出现的位置不一样，也衍生出不同的多空信号，有下跌中继形态，也有仙人指路、射击之星等等。我们将在后面的章节再做专门讲述。

七、案例分析

如图，中科三环（000970）于 2014 年 1 月 13 日于下降趋势末端出现一根倒转锤头线，对应的成交量相对温和，初期反弹力度不大，但随后随着成交量的放大，股价从 12.15 元最高冲击至 15.5 元之上，时间仅仅 16 个交易日，涨幅达 27% 以上。

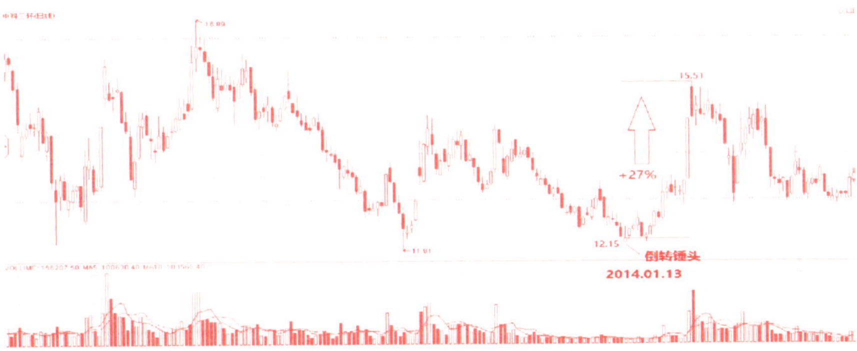

此外，德赛电池（000049）如图。在下降趋势末端，股价于前期低点附近获得支撑，并于 2014 年 3 月 31 日收出倒转锤头线，表示空方力竭，次日中阳线确认上涨，某种程度上有早晨之星的味道。综合研判，则多方占优。此后该股也连续上涨，同时预示后市仍将上涨。

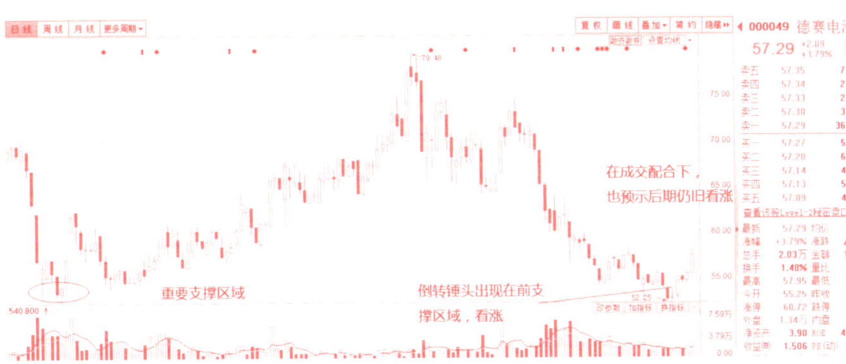

八、失败案例

当然也有失败的案例。根据位置的不同，除了前面所述不同的多空意义外，还有倒转锤头最终选择下跌中继形态，恢复上影线的功效，预示后市继续看跌。譬如中洲控股（000042），如下图所示。

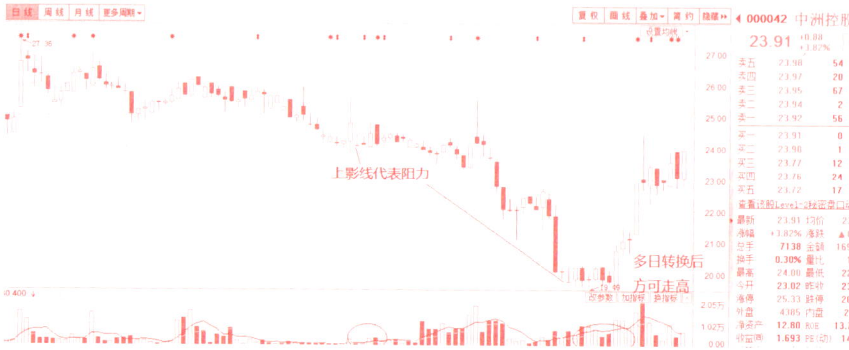

第六节　另类的倒转锤头（2）——谨慎做多 仙人指路

与底部倒转锤头图形相同，但出现的位置不同，所以意义也不相同。除了本节所讲的仙人指路外，还有射击之星，二者均出现在上升过程中，但给予投资者的信号却完全相反。因此，见到此蜡烛后要仔细辨认，并做好纠错的准备。

一、形态特征

1. 此前存在一段上升趋势。

2. 在股价上升过程中，出现一根带上影线的小实体，阴烛、阳烛均可。向上跳空高开。

3. 上影线的长度至少是实体长度的 2 倍；下影线短到可以认为不存在。

二、构成

1. 蜡烛部分，在当日振幅的底部出现，可以是阴烛或者阳烛，但阳烛可靠性更高些。

2. 手部长度，至少是蜡烛部分的 2 倍或 2 倍以上。

3. 脚部必须十分短，如果完全消失，则研判的图形更加准确。

成交量：放大，为近期最大成交量。

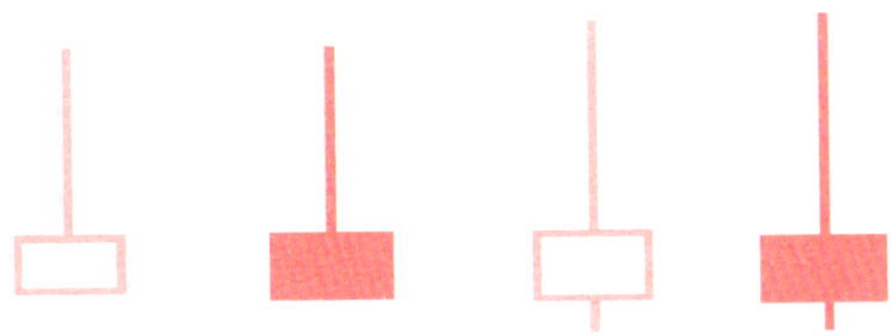

三、特性

仙人指路出现在一轮上涨行情的初期或中期，通常出现在前期重要压力区间。

长长的上影线给出的意义可以理解为：再次展开上攻前，对上档阻力情况和筹码稳定程度的测试，同时也具有洗盘的意义，为后期股价上攻做好充分的蓄势准备。

在上升途中见到此蜡烛后，要注意次日的蜡烛图，次日高开高走或低开高走收阳烛，则仙人指路的长上影就像仙人的手指，指到哪里就涨到哪里。若高开低走收阴烛，可认为此仙人指路失败。

四、多空解析

股价脱离了底部区域，经过一段上涨，盘中已经积累了部分获利的不稳定筹码。在出现仙人指路的当天，股价高开高走，但冲高之后遇到阻力，不稳定的获利盘涌出，最终以长上影的蜡烛收盘，成交量放大。经过测试和洗盘、消化，发动再次攻击的时间越来越近了。

通常情况下，必须考虑成交量，若异常放大，则上攻有失败可能，尤其是次日一旦缩量，则转入调整。或者次日放巨量，但股价继续维持在仙人指路 K 线收盘价的下方，则看跌更为明显。唯有成交温和的状态，则显示多方会不露声色继续前行。

五、操盘技巧

激进者可于仙人指路当日收盘前少量买入，次日股价高于仙人指路收盘价后加仓，股价拉高至上影高度时，卖出前面买入部分，做短线交易。

整体仓位不建议超过 1/6。较低的仓位则是防止止损时损失过大，这是一个较好的风控做法。

止损：密切留意成交量，一旦量价背离，仙人指路可能变为射击之星，要做止损，尤其是需要结合分时图的趋势判断，引进趋势线更好。在确认有效性后果断止损，避免扩大损失。

此外，仙人指路次日若收阴烛，要考虑止损。若连续出现两根阴烛，不要犹豫，做止损处理。止损位可设置买入价下方 3%~5% 幅度之内。

稳健者可等待突破压力之后买入，尤其是在突破密集区、成交温和的状态下，考虑以 1/6 仓位递进增仓，待彻底突破阻力区间后，成交再度出现异常变化时落袋为安。

六、知识扩展

位置不同，则多空意义不同，在综合研判下，需要引进趋势线和成交量，否则容易犯错。

在仓位控制上，严格管理，以较低仓位试探性建仓，在获得多头趋势确认之后，逐渐加仓。

七、案例分析

请参考太平洋（601099）的走势图。如图所示，该股在不同阶段出现了不同的倒转锤头，也就有了不同的意义，即射击之星和仙人指路，其后的走势也不尽相同。2014 年 4 月 17 日，该股再度出现倒转锤头，表明上攻中多头遇到阻力，18 日回撤，成交相对萎缩，确认短线休整，但下影线也表明遭到多头抵抗，后市成交放大的话，则属于仙人指路，有可能形成较为强劲的上升趋势。投资者可在 6.6~6.8 元之间制订有效的交易计划，分批执行。

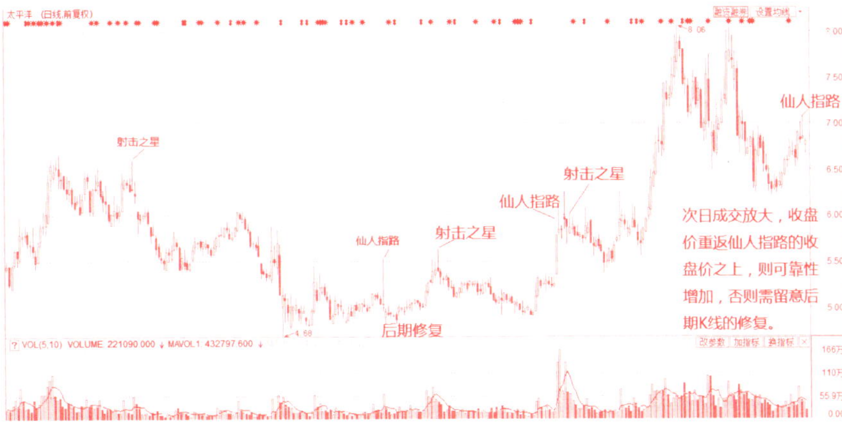

第七节　另类的倒转锤头（3）——逃顶之射击之星

当仙人指路形态失败，必然会呈现与之相反的走势，而此时的股价，往往是逆转，表明短期上升趋势结束，顶部形成，谓之射击之星。此外，人们还根据射击之星的特点，给它起了一些混名，如扫帚星、流星。顾名思义，它暗示股价可能由升转跌，投资者如不及时出逃，就要被流星、扫帚星击中倒大霉。

在形态特征及构成上，与前两节所讲的倒转锤头相似，就不再赘述，其核心就是量价关系。若成交异常放大，则背离明显，预示形态的可靠性更强，投资者必须考虑逃顶，至少是要进行减仓交易。这里主要研判其多空特性，并据此做出相应的交易策略及技巧。

一、特性

很显然，这是失败的仙人指路。当股价一直向上攀升，或者于某个盘整或者突破阶段上攻，对克服阻力或者上行的动能略显不足，或者多空换手加剧，价格始终无法创出新高。抑或某天股价达到一个相对高的位置时，往往会做一次加速向上的突破拉升，但收盘时股价会回落至原位附近，这时的 K 线形态在顶部出现一根带长上影线的 K 线。这根 K 线的实体可以是一根阳线，也可以是一根阴线，表明多方已抵抗不住空方打击，股价随时可能见顶回落。

因此，投资者在股价大幅上扬后，由量价关系确认仙人指路失败之后，可能形成射击之星，尤其是在上影线形成中带有巨大的成交量，多空转换可能就此确认，形态下行反转概率较大。

二、多空解析

在射击之星中，阴线的射击之星向下的指示意味强于阳线的射击之星，关键是看上影线的长度。上影线越长，表明多方丧失的阵地越多，空方的优势越明显。当射击之星的开盘价与收盘价相同时，射击之星即成倒 T 线。

射击之星主要是能够有效地提醒投资者成功逃顶，以免越套越深。在高位出现跳空的射击之星，大部分情况意味着市场转淡，下跌调整即将开始。建议抛出筹码，先行回避。若股价随后能放量收复长上影区，再继续跟进。如果股价随后下跌，则可以避过大幅损失。

三、操盘技巧

激进操作：在射击之星出现当日收盘前，卖出 2/3 的仓位，次日确认则全部卖出。

稳健操作：在射击之星出现当日减半仓；次日，确认调整展开时卖出剩余半仓；当击破短期上升趋势线时，全部卖出。

激进操作无关反弹，仅关注盘中价格区间波动，应果断。而稳健操作则于次日趁反弹减仓，以及后市确认下跌走势之后，考虑破位止损或者反抽止损方法。

总的来讲，在第一时间出现射击之星应该考虑大幅度减仓。

四、案例分析

常言道“会卖的才是师傅”，说明在交易环节的卖点相当重要。很多时候，投资者在买入后的持股阶段，或者看到价格延续一段上升趋势后，总认为股价还会上涨，或者因为此前出现交易卖出即涨的情况，自己放松警惕，或者出现下跌后，无法果断离场，最终导致账户由盈到亏。所以，对于卖点的研判，或者对于顶部的研判相当重要。

现以 2013 年 10–2014 年 4 月 25 日的奋达科技（002681）为例。如图所示：

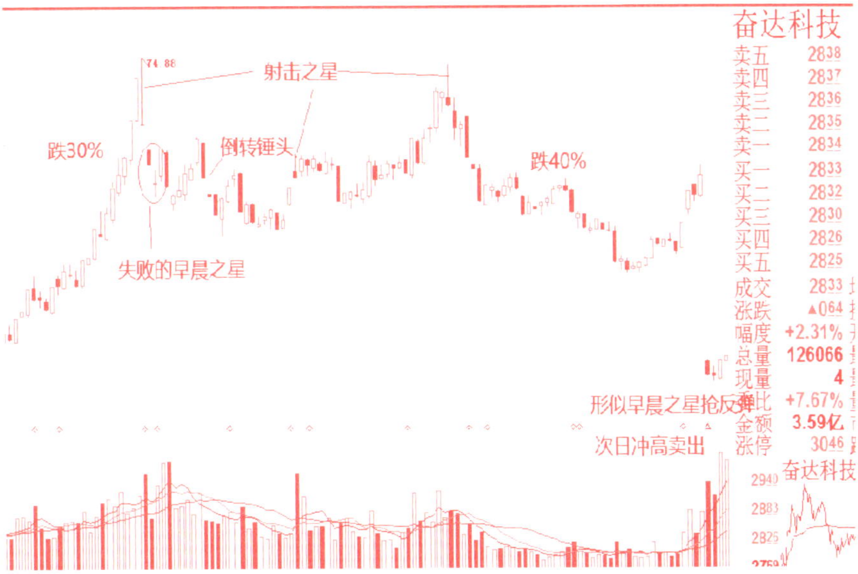

该股在上升趋势中，曾两次出现倒转锤头，后者较之前者更进一步确认顶部，出现之后，股价都有 30% 以上的大幅下跌。

从其股价走势上看，操作策略相当重要。不管是稳健策略还是激进策略，第一时间都必须大幅度减仓，因为这种形态形成后往往破坏力极大，加速赶顶后会呈现加速下跌，空头直接锁定痛下杀手，随后的杀跌往往是极为残酷的。后市也必须跟随成交量的变化，决定失去第一时间减仓机会后的减仓计划，还必须有耐心。

多空分析是交易的前提，倒转锤头有好的一面也有极差的一面，但在上下影线（手脚并用）交替时，我们往往也能掌握一些规律，尤其是两根蜡烛交替出现时，也将会给出较为积极的多空信号。

第八节 揉搓之美 多头相吸

当倒转锤头在上升趋势中与其他蜡烛图形成组合时，可能存在不同寓意，也更确认倒转锤头的技术意义。若是倒转锤头随后出现一根带有长下影线的锤头，在上影线和下影线之间“震荡揉搓”，其后往往快速拉出阳烛继续上涨，这种蜡烛图或K线组合称之为“揉搓线”。

一、形态特征

1. 出现在上涨趋势中。
2. 由两根蜡烛图组合而成。
3. 第一根蜡烛收出长上影，第二根收出长下影。
4. 蜡烛的实体部分比较小，阴、阳均可。

成交量：对应的成交量呈现温和状态较好，或者相差不大。

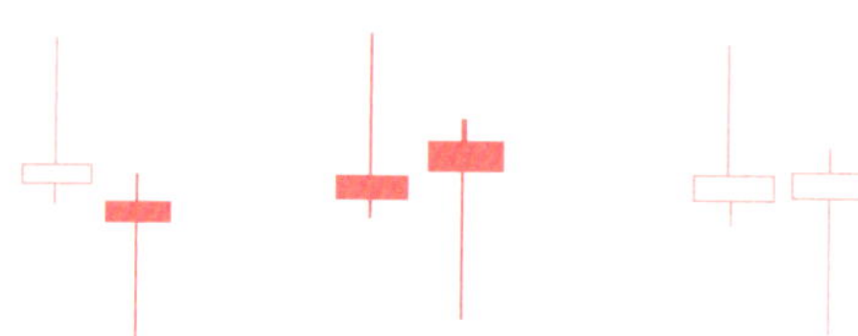

二、特性

在上升趋势中某天收出“长上影线”，尤其是意欲突破时遭到空方打压，表明上攻受阻，随后股价大幅回落。第二天股价平开或者低开，在盘中大幅下跌，使投资者认为原来的上升趋势将会结束而看空做空；但收盘之前又大幅度拉起，留下长长的脚印，手部很短或者没有，表明多方对空方进行了有效抵抗，原先的上升趋势得到维护，即通常所说的技术形态获得修复。

“先长上影线”和“后长下影线”的组合形态，仅仅是上升趋势中的一次震荡，犹如洗衣板一上一下的“揉搓”动作，意义也明显，是一次清洗浮筹的洗盘行为。在上升趋势中的一个中长阳线之后，出现“揉搓线”，向好意味更浓，至少后市会惯性上涨。但需留意后市价格在挑战前一根上影线时的抛盘压力。若不能以超越第一日的上影线的二分之一上方的最高价或者接近最高价报收，后市需要提防下跌风险。

若出现在下降趋势中，则需要第三根 K 线和成交量的验证。第三根收阳且放量，则底部的概率较大，投资者可考虑分批抄底买入。

三、操盘技巧

对于形成的上影线，投资者考虑根据支撑与阻力的关系适当调减仓位。或许很多时候，我们会习惯于上影线当日卖出。第二个交易日待长下影线确认阶段，或者临近收盘前，激进者考虑少量买入，或者参与配置该股 1/3 以内的资金，或者考虑将前一日卖出的筹码补回。次日若能惯性冲高，在挑战第一根上影线时，根据量价关系，决定卖出与否。若缩量，不管价格是否突破，则减仓，卖掉第二天买入的筹码；若放量，价格突破前一高点则持有；若放量呈现背离，则减仓。持有者则根据后市趋势变化，决定短中线交易策略。

止损：一旦第三日不能低开高走或者高开高走，则以揉搓线的第二根 K 线的 1/2 下影线设置止损。

四、知识拓展

还有一种类似“揉搓线”的组合形态，先收出长下影线，后收出长上影线，通常其后的下跌概率较大。譬如阳普医疗（300030）于 2014 年 3 月 19、20、21 日的组合，前两根属于反揉搓线，直接导致第三日下跌，第三日与第二日的组合形似揉搓，但由于未能在第四日收出高于揉搓线第一根 K 线上影线的二分之一处上方，后市价格走低，形态宣告失败。

这里也提醒投资者对于该类形态的交易需要做好止损，只有符合惯性预期，方可做多或者持有多单。

五、案例分析

网宿科技（300017）于 2014 年 1 月 27 日收长上影 K 线，28 日收长下影 K 线，构成“揉搓线”，此“揉搓线”出现在中长阳线之后，且“揉搓线”次日出现上涨阳线，此“揉搓线”成立，之后呈现上涨走势。

金亚科技（300028）于 2014 年 1 月 27、28 日形成“揉搓线”，之后也呈现上涨走势。

第九节　必追买之底部穿头破脚

相对而言，这似乎是一种买入法则。站在蜡烛图的角度，分析其转向性，不难发现该组合特别适合抄底或逃顶。抄底，则属于底部特征，而逃顶则是具有顶部特征，这个穿头破脚的阴阳烛就有一些本质上的差异。

穿头破脚由两只阴阳烛组成，第二只蜡烛烛身部分长于第一根蜡烛烛身，且蜡烛颜色相反，穿头破脚形态表示行情有转向的可能。此种组合事先必须有明显的趋势，短期亦可。于是成就两种技术形态：在底部出现为向好的穿头破脚，俗称“阳包阴（向好吞噬）”；在头部出现为向淡的穿头破脚，俗称“阴包阳（向淡吞噬）”。必买的，则属于“阳包阴”。

一、形态特征

1. 由两只蜡烛构成，第 2 只蜡烛身体部分的长度必须包含第 1 只蜡烛的身体部分，其手部及脚部可以忽略。

2. 下跌市势末，第 1 只阴烛之后，必须出现一只较长的阳烛，意即向好。

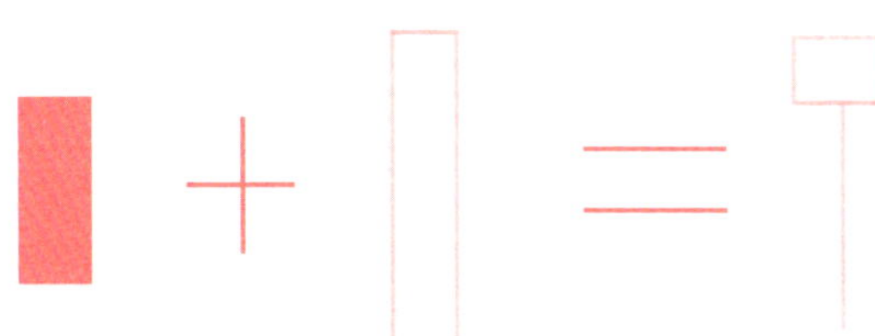

二、特性

所谓向好吞噬，阳烛的开市价必须比阴烛(第一只烛)的收市价为低，而阳烛的收市价必须比阴烛(第一只烛)的开市价为高，形成一只低开高走、实体部分超过阴烛实体部分的阳烛。

第一只阴烛因收市价比开市价为低，视为跌市。第二只阳烛开盘时低开，视为下跌情况持续，因为它的开市价比前日的收市价低。然而，买盘受压，此后多头拒绝深度回调，缓步上攻，将收市价推向前阴烛的开市价之上，因而形成向好的吞噬形态，证明多方已摆脱失败的阴影，反攻序幕由此拉开。可见此种形态多是一种见底回升信号，后市向好。

事实上，若进一步分析，将第一只的开市价及第二只的收市价拼凑一起，便形成多头形态，多数情况形似于锤头或者底部锤头，亦代表下跌形态可能结束。

与其他形态一样，向好吞噬形态必需配合前市和当天的价格动向彻底研究，才能确认市况向好。可以形象地比喻为小阴烛 + 大阳烛 = 手部很短的阳锤！

据下影线特征，下影线越长，或者对应的成交量越大，转向机会越大，那么第二只大阳烛向左包含的 K 线愈多，则形态转向的可靠性愈强。如右图所示。

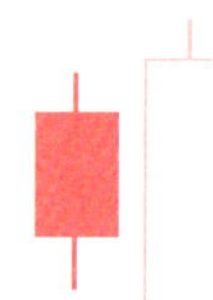

三、操盘技巧

既然是转向形态，若在底部出现，就不妨在次日趁回档之机以 1/3 的仓位买进。随着多方的推动，成交量持续放大，股价的节节攀升且有效摆脱短期压力线抑制时，再适量加码。

按照江恩理论，以大阳烛的最低点为起点，向右上方画一条与大阳烛夹角为 30° 或 45° 的斜线，此线支持力度较强。只要此线未被有效下破，投资者可耐心捂股。一般情况下，10% 的回报还只是小菜一碟。

注意两点：其一、下跌趋势末端，可以是一段较长的下降趋势，也可以是某个局部下降趋势。其二，第二只阳烛的低点设置为止损价，或者持股阶段以该低点为起始点的 30° 或者 45° 倾角的上升趋势线为持股依据。

四、案例分析

奋达科技（002681）除权后不仅有早晨之星，更有局部趋势的穿头破脚，如下图所示。2014 年 4 月 28 日、29 日形成穿头破脚阳包阴（向好吞噬）形态，阳烛较阴烛大很多，且放量较大，转向信号明显，之后开始了上升行情。29 日在确定接近最高价收盘时，适当少量买入，次日攻击前期高点不加仓，直至 5 月 5 日突破前高延续上升趋势则可继续加仓，而倾角约在 30° ~ 45° 之间的上升趋势线成为持股依据，5 月 8 日、9 日分别为破线卖出和反弹卖出两种卖出方法。

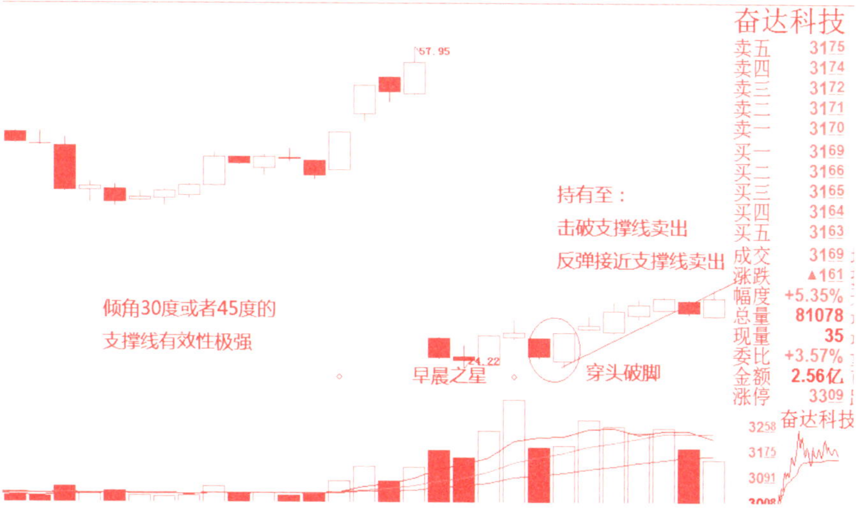

第十节　涨势中现阴之穿头破脚必逃

本节讲述的是下降趋势出现的向好吞噬的穿头破脚，而上升趋势中向淡的穿头破脚，则是典型的顶部形态，一旦出现必然逃顶。

通常情况下，穿头破脚一般视为反转的技术形态，下降趋势末端见底反转，或者上升趋势末端见顶反转。而后者一旦出现在涨势中，投资者务必小心，注意锁定利润逃顶，尤其是出现的阴烛吞噬 N 多阴阳烛时，宜更坚决减仓逃离。

一、形态特征

1. 由两只蜡烛构成，第 2 只蜡烛身体部分的长度必须包含第 1 只蜡烛的身体部分，即吞噬前一只的全部，其手部及脚部可以忽略。

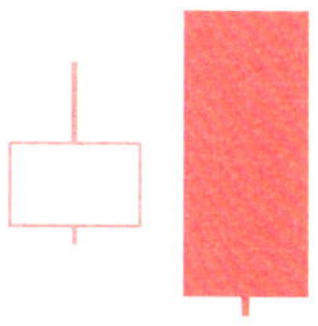

2. 上升市势末，第 1 只阳烛之后，必须出现一只较长的阴烛，意即向淡。

二、特性

所谓向淡吞噬，阴烛的开市价必须比阳烛(第一只烛)的收市价高，而阴烛的收市价必须比阳烛(第一只烛)的开市价低，形成一只高开低走，阴烛实体部分超过阳烛实体部分的阴烛。

第一只阳烛因收市价比开市价为高，视为升市；第二只阴烛，开盘时高开，视为上升趋势持续，因为它的开市价比前日的收市价高。然而，多头在持续攻击之后，上攻乏力，逐渐受到空头打击，不断地吞噬开盘价，或者继续深入到前一日的阳烛实体内部，空头甚至收复前一日阳烛的全部失地，继续攻击至阳烛的开盘价或者最低价之下，并惯性下移一段距离，因而形成向淡吞噬形态，证明多方转弱，空方反攻序幕由此拉开，后市转向看淡。

若进一步分析，将第一只的开市价及第二只的收市价拼凑一起，便形成空头形态。多数情况形似于倒转锤头，或者射击之星，说明上升趋势可能结束。与其他形态一样，向淡吞噬形态必需配合前市和当天的价格动向彻底研究，才能确认市况向淡。

可以形象地比喻为小阳烛 + 大阴烛 = 手部很长、脚部很短的倒转锤头！上影线越长，或者对应的成交量越大，转向机会越大，那么第二只大阴烛向左包含的阴阳烛愈多，则形态转向的可靠性愈强。如下图所示。

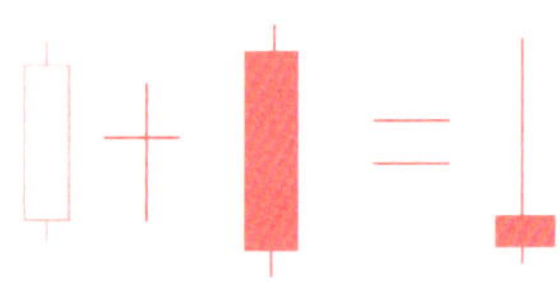

三、操盘技巧

在上升途中出现这种趋势时，我们的经验是激进者全部离场，稳健者至少减仓大半。随着空方的推动，次日成交量若更大，则果断全部离场，避免遭受更大的损失，或者将利润全部回吐。

此外，若没有在第一时间逃离的投资者，在价格偏离顶部过远的情况下，可以据江恩理论，以大阴烛的最高点为起点，向右下方画一条与大阴烛夹角为30° 或45° 的斜线。此线为压力线，后市价格反抽该线并重返的难度较大，投资者可等待价格反抽该线附近逢高减磅。

从这个技巧可以判断，这样的穿头破脚为典型的卖出法则，可以于第一时间止损，也可以于错过之后反抽止损。

而如果用于做空交易，则做空的止损点设置于大阴烛的最高点，或者有效重返上述压力线之后止损，这适用于任何做空交易。

四、案例分析

穿头破脚形态一旦出现，后市趋势多会反转。如下图所示，众信旅游（002707）上市后连续涨停，打开后攻击力度不够，于2014年2月26日、27日形成吞噬性穿头破脚的看跌形态，后市则出现大幅回吐的走势，最大跌幅48%。而就在价格企稳后，5月8日、9日形成看涨的穿头破脚，随后出现近20%的涨幅。所以，投资者需要对该类形态敏感，逃顶与抄底时均不含糊，做出相应的策略。

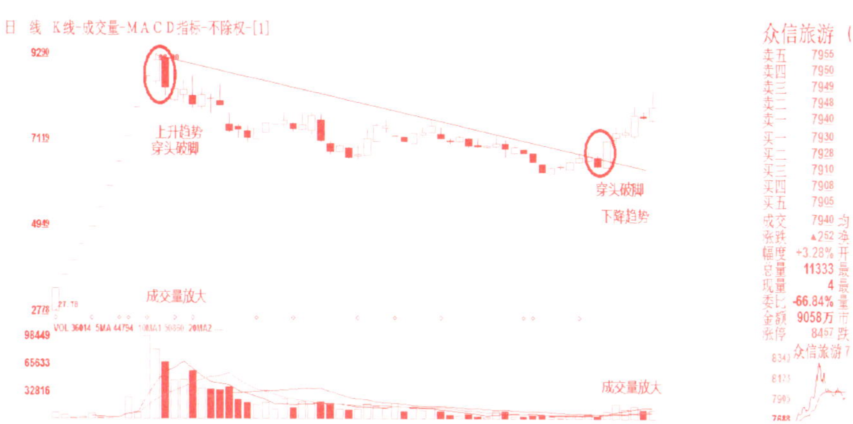

股市中永远离不开抄底逃顶，买与卖的难题永远存在，错误永远在发生并不断修正，投资者总习惯于找寻确定性的技术，哪怕是经验。

第十一节 曙光初现 买机无限

在下跌市势中，“曙光初现”多是见底信号，由两根走势完全相反的较长 K 线构成，先阴后阳。某日，空方竭力放手一搏，将多方逼退。孰料，这是多方的诱敌深入计策！次日多方又在低位故作媚态，以退为进，向空方展开有计谋的攻势，使空方不得不低下高昂的头。

一、形态特征

1. 出现在下跌市势中，由两只蜡烛构成。

2. 第一只蜡烛，属于寒气逼人的大阴烛。

3. 第二只蜡烛，向下跳空低开，尾市以红光满面的阳烛报收，且身体部分要高于前一阴烛部的 1/2 或以上。

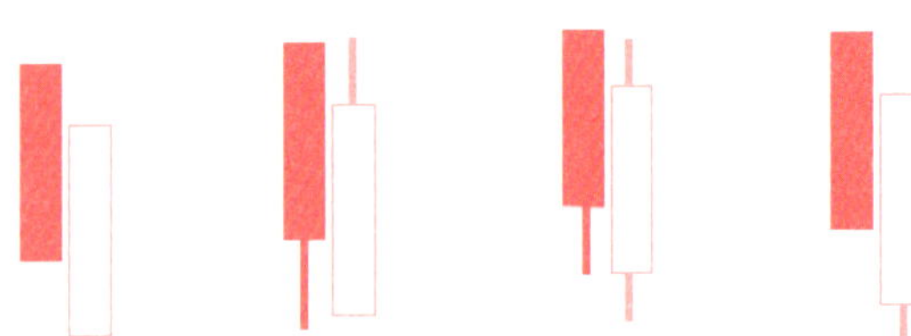

成交量：两根阴阳烛均要放量，同时阳烛的成交量要超过阴烛的成交量，但不能过大，最好呈现压量状态。

二、特性

这种形态的出现，预示着黑夜即将过去，曙光即将来临，股价已经到了底部或阶段性底部，行情可能会反弹，该适度买入股票，触底回升已是大势所趋。

要注意的是：第二日阳烛必须为长阳或中阳，且其收市必须高于第一只阴烛身体部分的 1/2 或以上，这样才能有足够的力量促使价格转向，否则再另当别论。阳线越过阴线实体的中线越多，发出的信号越强烈。

此外，还值得一提的是，第二只阳烛的成交量愈大，表示抄底资金愈多，市势转向的机会愈大，但异常放大时例外（此情况第二天低开概率较大）。

形态出现后，如果股价立即展开上攻，则力度往往不大；该形态出现后，股价如果还经历一个短暂的蓄势整理阶段，后面的上涨行情将会更强劲。

曙光初现的图形出现，在走势上可能会走出 V 形反转或横盘的情况。如果出现了曙光初现，而后成交量又能温和放大，走出 V 形反转的概率就会大增。

三、操盘技巧

在一般情况下，“曙光初现”的次日，趁回档之机以 1/4 的资金买进。然后，随着多方有序反攻，确认有效站稳分时图或者日线大趋势下的短期压力线之上时，再加重仓量。

按照炒短线的思维，当有 3%~5% 左右的收益时可获利退出。若后市多方依然坚持，上升趋势延续，投资者可以捂股，遇阻后离场。(可以按照金字塔的方式加仓)。依据该形态买入股票，如果走出失败形态，应以股价跌破阳线实体底部为标准执行止损。

“曙光初现”的 K 线组合在熊市中应用时，要加上一个附加条件，那就是“曙光初现”第二根阳线的最低价必须是 13 个交易日以来的最低价。这主要是用于避免投资者在熊市中贸然追高，防止增大操作风险。但是，如果市场趋势向好，股市运行在牛市行情中时，投资者则不必过于拘泥这条规则。因为牛市中股价涨多跌少，如果强调买入 13 天以来的最低价，就会错失良机。

四、案例分析

2014 年 4 月，我指导客户操作众信旅游（002707），就是因为该股在技术上发出了多重的多头信号，在量价关系上，我们把握住了至少三次机会。

2014 年 4 月 28 日、29 日呈现曙光初现，完全符合熊市中连续调整 13 个交易日以来最低价的附加条件，并形成倾角在 30°～45° 之间的上升趋势线。此后该股在上涨中于 5 月 8 日击破该线，短线应考虑卖出，但在 9 日再度形成曙光初现的过程中，多头超越了阴线实体，形成穿头破脚则发出了买入信号，继续持有至该线被击破时，最大涨幅达到 30% 以上。

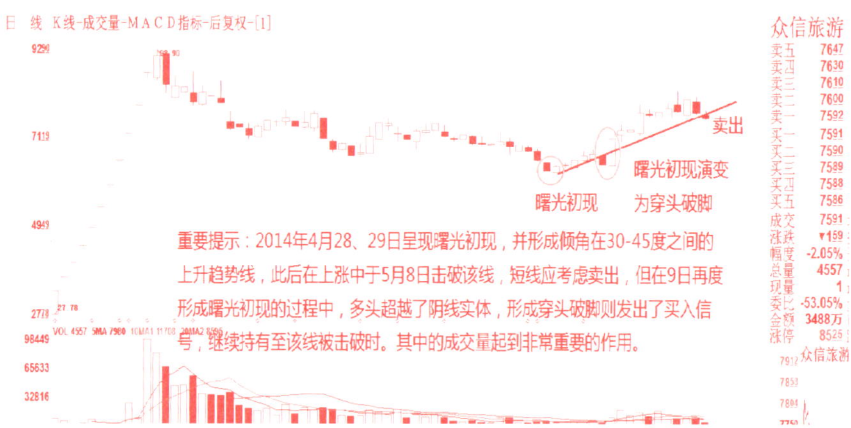

如此惊人的涨幅，除了简单的 K 线组合外，还要根据多组的技术信号综合判断，尤其是成交量和趋势线，在学习掌握后，最好形成自己的综合判断，方能利于自己的交易。

在这种完全相反的 K 线构造中，若出现在上升趋势中且阴阳颠倒，则是曙光初现的反向形态，有着另外一种称呼即乌云盖顶。

第十二节　乌云盖顶　减仓信号

乌云盖顶是较为常见的顶部看跌反转形态之一，是曙光初现的反向技术形态。由一根阳烛和一根阴烛组成。阴烛在阳烛收盘价之上开盘，在阳烛实体内收盘，形成乌云盖顶之势，显示行情走弱。阳烛实体被阴烛覆盖的越多，表明多方越弱，空方攻击力度越大。如果在一个上升趋势之后出现一个乌云盖顶形态，就意味着升势即将结束。

一、形态特征

1. 出现在大涨一段的上升市势中，由两只蜡烛构成。

2. 第一只蜡烛，属于刚劲有力的大阳烛。

3. 第二只蜡烛，向上跳空高升，尾市却以透心凉的阴烛报收，且其身体部分落到前阳烛实体的 1/2 以下。

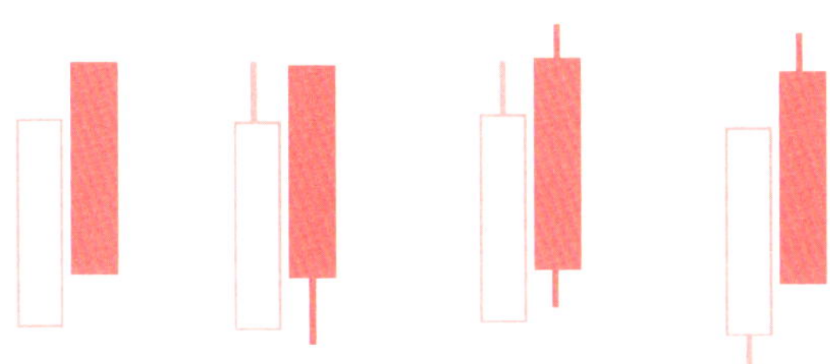

成交量：由于属于看跌趋势，对成交量没有严格要求。

二、特性

这一组合常在市势已经大涨一段，甚至创下天价的时候出现，表示市势逆转，随后将转为下跌行情。

具体表现为，在上升的波段中，某日虽以长阳报收，但由于成交量稀少，多方已显示出追涨意愿不足。次日，空方以高开的多头陷阱为由，转而打压多方。随后，强弩之末的多方将会遭到空方的疯狂反扑。由此可知，该蜡烛图的组合已发出见顶信号。

另外值得注意的是：第二只阴烛必须为长阴或中阴，其收市价必须低于前阳烛身体的 1/2，这样市势转向的可能性增大；还有，第二只阴烛的成交量愈大，表示出逃的资金愈多，市势转向的机会也愈大。

三、操盘技巧

通常，“乌云盖顶”出现后，投资者应有落袋为安的思想。若实在判断不准主力的动向，不妨在次日先保守性地出掉 3/4 的仓量，然后，随着空方的推进，待确认跌破短期支持线后，再趁反弹退出。

这里需要重点指出的是，该技术形态组合可以结合分时图分析。理论上在 15、30 分钟上，乌云盖顶的日线组合将在分时图中出现击破前一个交易日的分时图形成的上升趋势线，我们可以考虑依据第一时间击破上升趋势线止盈，或者减少仓位的卖出技巧，或者后市利用反弹降低仓位。

若在第一时间击破短期分时图的上升趋势线时对应的成交量愈大，减仓的仓位及力度应该愈发坚决。

四、案例分析

这类技术形态出现后，主要是提醒那些追高追涨的投资者，尤其是对于连续上涨的个股，很多时候在主力连续逼空的情况下，让你因为没有追涨而后悔不已，等你以为还有上涨空间给你买入机会时，往往在你买入时突然出现下打，高开低走，深入调整，成交巨大，形成了见顶的走势，将你套在高位。

譬如 2014 年 5 月曾一度涨幅不菲的吉恩镍业（600432），在 5 月 12 日、13 日就形成了乌云盖顶的技术走势，随后出现大幅杀跌走势，套住了不少投资者。

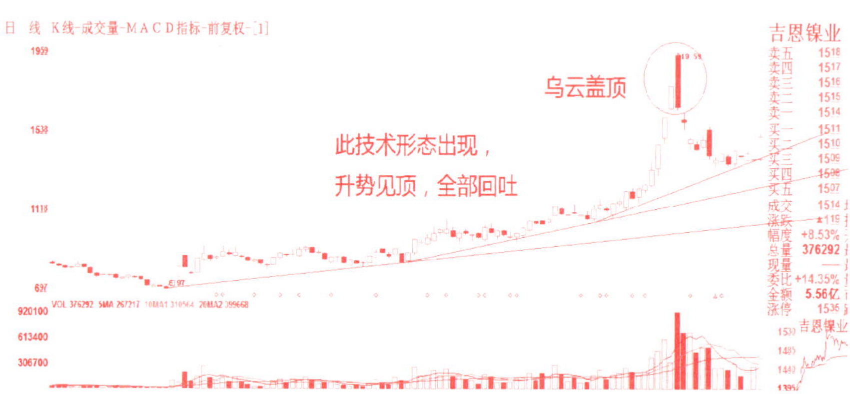

对于交易技巧，我们回头看当时的 30 分钟图。该股明显击破了上

升趋势线，只要在急速上涨的趋势中，突然加速上行，然后向下击穿上升趋势线，则后市必然大幅度杀跌。在短线交易中，这种风险是需要回避的。在我个人的交易系统中，这叫击破上升趋势线的卖出法则。对应的成交量越大，则卖出信号越强烈。

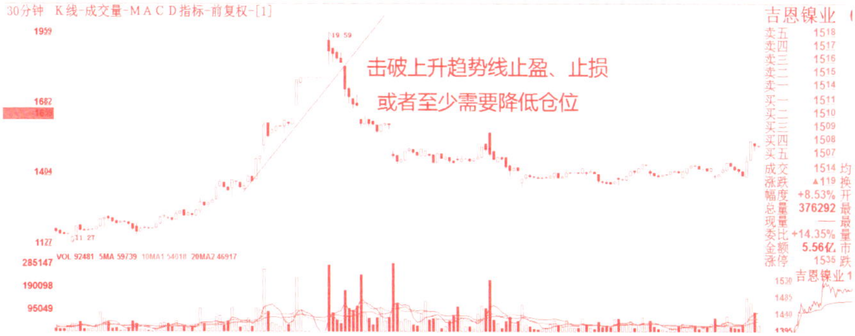

第十三节　吊颈线若现必减仓

在前几节我专门讲述了锤头，指出锤头所处位置不同，所代表的意义就不一样。本节所指的吊颈线和底部锤头的形态相同，也是因出现在不同位置而意义不同。投资者在看盘和操作中要注意区分。

一、形成特征

1. 此前存在一个明显的上升趋势。

2. K 线的小实体最高价及收市价均在烛体顶部，开市价在最高价之下不远的地方，下影线明显过长，实体颜色（红、绿）无所谓。

3. 应该没有上影线，但也允许有，必须非常短。一般认为下影线应是实体的 2~4 倍。

一般来说，下影线越长、上影线越短、实体越小，这类蜡烛线就越有效。

如果下影线很长，实体部分很短。当实体部分消失时，锤子线就变成了 T 字线。因此，T 字线在很大程度上和锤子线是相通的。

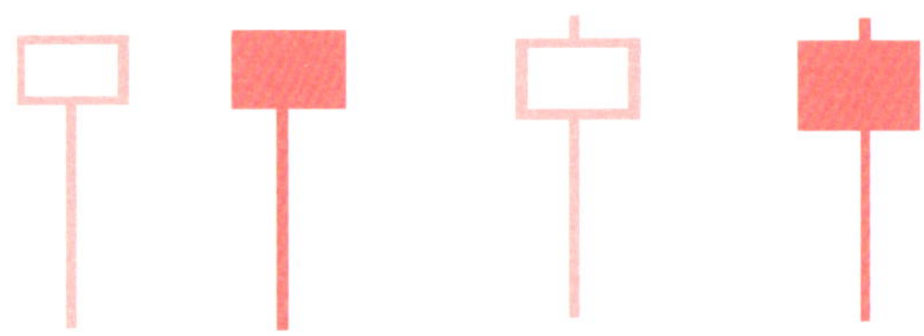

成交量：由于处于看跌形态，成交量不需特别所指。

二、特性

在上升市势中，股价加速上冲，某一日高开后，上冲动力减弱，股价低走，短时跌幅较大，而后部分投资者认为等到了“低吸”的机会，入场拣筹码，股价走高，至开盘价附近收盘。当日的 K 线形成一个实体非常短小，基本上没有上影线，同时下影线却极长的蜡烛线。这根蜡烛线很像一个人用绳子把自己吊在一根横梁上自杀一样，因而有“吊颈线”之称。

在一个连续上涨的市场中，忽然出现上吊线就要引起警惕，市场有见顶的可能。若上吊线出现后的第二根 K 线为阴线，阴线的长度越长，新一轮跌势开始的概率就越大。

另外需要注意上吊线形成时的成交量。如果上吊线伴有巨大的成交量，尤其是出现近期天量的时候，投资者要特别警惕股价可能会出现单日反转。在出现“吊颈线”的次日，若已经能判断将出现长阴线，就应该毫不犹豫地出清手上持有的股票。

上吊线也常常会出现在上升趋势震荡整理的时候，注意观察上吊线出现的位置。如果股价在高位出现上吊线形态，则形成顶部的可能性较大；相反，如果股价刚刚脱离底部，则其成为整理形态的可能性较大。

三、操盘技巧

A、稳健操作

在高位出现吊颈线后的次日，基本确认跌势已经展开后卖出股票。此操作依据为上升趋势线被击破后止损止盈。

B、激进操作

在高位出现吊颈线当日收盘前减仓 2/3（甚至全仓撤出），次日基本确认跌势已经展开后，毫无保留地全部卖出。

四、多空解析

行情连续上升了一段时间后股价加速上冲，多数投资者已经形成了多头思维，此时市场积累了大量的获利盘。某一日跳空高开后，由于总体升幅太大，买盘不足，同时获利盘看到其高位滞涨，上冲动力减弱，获利了结的欲望也开始增强，于是卖盘增加，买盘却收手，造成接盘无力，股价走低，从而刺激更多的卖压出现，股价加速回调。

此后，由于短时跌幅较大，而市场情绪仍然比较乐观，一些原来看好该股却不敢追高买进的投资者，此时总算等到“逢低吸纳”的“良机”，抓紧时机入市捡货，于是股价回到开盘价附近报收。但由于此时已处高位，该股第二天多半无法继续上攻，相反，它们往往是向下跳空低开，而且开盘位多半是当天的最高价，开盘之后即开始逐步走低，最后以阴线收盘，体现出高位抛压加大这一事实。

五、案例分析

如下图所示，金地集团（600383）这只因举牌而出现大幅度炒作的个股极具代表性。2014 年 4 月 25 日，该股在举牌消息达到高潮时放出巨量，收出的就是吊颈线。对于收出的下影线，投资者不宜抱有期望，当天考虑锁定利润，至少要执行减仓策略。很多类似的技术形态出现时，也需要投资者注意，譬如当天形成吊颈线时，若出现放量高开低走，不管收盘是否形成吊颈线，实体阴线以及偏短的下影线等，必须执行减仓策略。

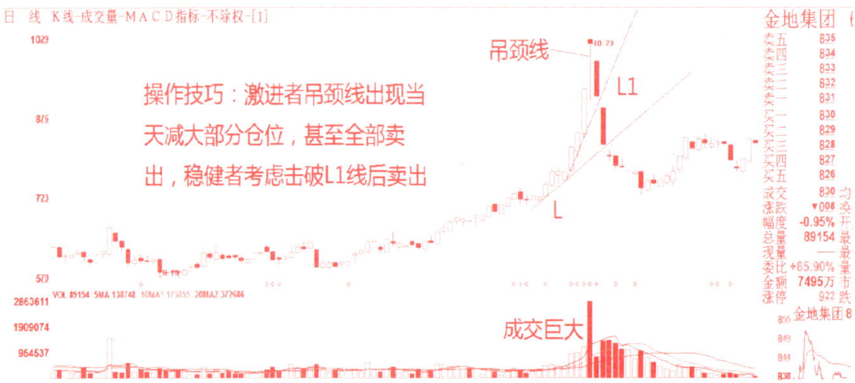

第十四节 把握红三兵的交易机会

如同足球一样，兵团作战同样适用于股市。红三兵的出现，就是兵团作战的买入信号。而同样也离不开准确的研判及量价关系的结合，还有趋势线的操作依据。

一、形成特征

1. 出现在低档区或盘局中，由三只红红的小阳烛构成。

2. 小阳烛每日的收市价都向上移，排列成小升组合，且每日的收市价都接近全日高价位。

注意：与之对应的成交量是温和放大状，三红小兵阳烛实体相对偏小，比星偏大，比中阳偏小。

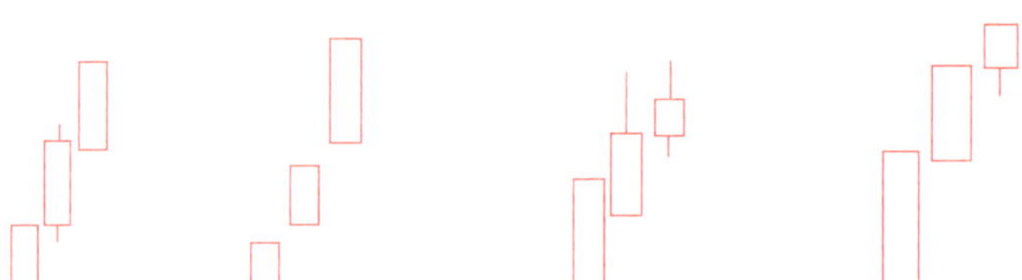

（标准）（三个白武士）（升势受阻）（升势停顿）

二、特性

出现“三个红小兵”的蜡烛图，表示市势已经走出长期的下跌或盘局的阴影，见底趋升的形势甚为明显。某日，股价以昨日收市价或略低于该价开盘后，多方逐渐向空方发动攻势，缓慢收复失地，尾市以接近全日的最高价报收。在成交量温和放大情况下，稍后两天，多方犹如芝麻开花，推动股价节节攀升。

可见，多方在底部蓄势充分后的潜能已逐渐得以释放，引发的升势极有可能出现。值得注意的是：在此图形内，上升速度较缓但稳定，且每日收市价都接近全日最高价。

三、多空解析

价格处在市场底部振荡，市场沽空一方无力再度做空，而做多一方觉得价格经过下跌，已处在超卖状态，可以做多。观望一方比较了多空力量，认为多方有利，就进场建立多仓。市场受此合力影响，形成 3 天连续上扬局面。

红三兵意味着多方力量刚起步，随着力量的不断释放，将会形成真正的上涨。

四、知识拓展

红三兵研判的关键点在于其构成，尽量不要有上下影线，或者即使有上下影线，都宜相当短。在排列中，可能有跳空缺口，可能偶然间有上下影线，可以依据不同的位置及构成，分成几个特殊的形态，即三个白色武士、升势受阻、升势停顿。

1. 三个白色武士：形态基本与红三兵有相似之处，不同的是，最后一根阳线的上升力度比较大，出现这种形态将会呈上升趋势。

2. 升势受阻（前方受阻红三线）：与红三兵有相似之处，不同的是三根阳线逐渐缩小，其中最后一根阳线的上影线特别长，出现这种形态将会呈下跌走势。

3. 升势停顿：与红三兵有相似之处，不同的是三根阳线也是逐渐缩小，特别是第三根阳线实体比前两根小得多，出现这种形态将会呈下跌走势。

五、操盘技巧

把“三个红小兵”的两个最低点连接起来，就得到一条短期支持线。股价将沿支持线稳健攀升。后市只要股价接近此线，且不有效下破，投资者均可沿线以适当的仓位买入捂股，直到有效下破该线为止。

A 激进者：

当第1根阳线出现，并依托重要支撑位向上拉升时，激进者可进场建立小型试探单，止损就设在重要支撑位之下。第2天，如果价格形态走的标准，符合红三兵形态，多单可继续持有，早先没有进场的也可以进场买入。第3天，红三兵形态正式确立，也是继续建立多仓的机会。

B 稳健者：

在红三兵形成后，依据所形成的上升趋势线，在成交量温和放大的状态下，考虑第4天利用回抽买入或者站稳红三兵第三根收盘价之后买入，仓位不超过三分之一。在继续放量中逐渐增加资金，一旦成交异常放大，考虑开始减仓，而击破趋势线则坚决全部退场。

此K线形态组合出现，多为主力缓慢建仓之举，是拉升前的一种征兆，同时神奇数字“3”亦发生较大的作用。

六、案例分析

如下图，北方创业（600967）2014年6月11日、12日、13日连续三个交易日形成红三兵，可以依据激进者的操作策略介入，也可在上升趋势确认后，等回抽考虑介入。股价回抽的幅度，不宜超过2014年6月13日的阳线实体的1/2，成交量不宜过度萎缩，而上升趋势线则为买入后的持股依据。

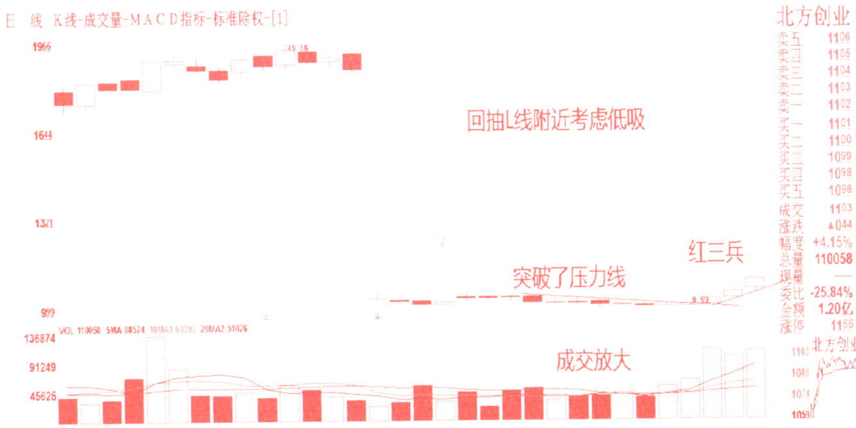

第十五节　警惕白三鹤的变盘

这种组合确认前容易被误认为“三个红小兵”组合，当然，它是其失败型。要想有所把握地区分，主要注意它们出现的区域，即高档区、低档区或行情中途。这种组合是“下跌途中的白三鹤”。

一、形态特征

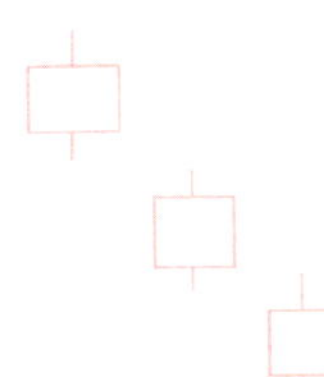

1. 3 只小阳烛，出现在局部趋势的下跌途中。

2. 连续跳空低开高走的 3 个小阳烛。

3. 低开高走并没有弥补跳空缺口。

成交量：看跌趋势中，成交量没有特别要求，缩量均可下跌。

二、特性

跳空低开已经对前面形成了一个空头的走势，但是盘中出现了小幅拉升的多头走势，形成阳线，连续走出三根这样的阳线。事实上，若进一步分析，将第一根的开市价及第三根的收市价拼凑一起，便形成一个有缺口的阴线，并且上下影线较长，实体较短。多空博弈的结果是空方获胜。在下跌途中出现这样三根阳线，具有一定的迷惑性，虽然是三根阳线，但并不能改变对后势看空的预期。

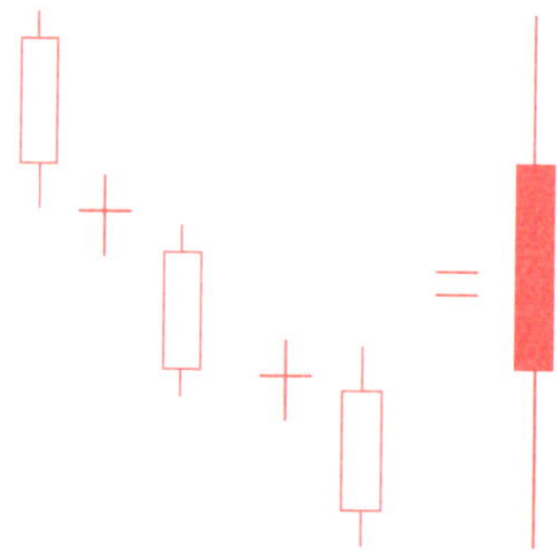

但在实际操作中，我们还是需要注意该形态出现的相对趋势环境。如果出现在下跌趋势末端，笔者认为可能有变盘的情况出现。

三、多空解析

此阶段走势仍受制于空头，但连续三天低开高走，也表明多头强烈的反攻欲望，只是最终未能获得优势，表明这种下跌中继形态还会延续。

若出现在某个整理区间，则谨防变盘；若出现在阶段性的上升途中，则必然走低；若出现在下跌趋势末端，需要结合成交量，判断其下跌空间：量大，则多空分歧加大。该形态出现后，注意下降压力线是否盘离（指价格趋势逐渐在盘整中脱离）或者突破，可能引来向好的变盘。

四、操盘技巧

下跌途中的白三鹤是下跌途中的形态，之后将延续原来的下跌趋势，此种组合比较少见。一旦见到这样的组合，理论上继续看跌，不要入场。在上升趋势中或者盘整局势中，出现这种形态，应该坚决离场。

只是有个特殊情况需要注意：若在第三只阳烛出现后，成交量开始放大，后期价格不再大幅度下跌，股价有企稳迹象，则考虑是否出现价平量增后的变盘情况。

五、案例分析

由于该类技术形态出现的很少见，尤其是在下降趋势中出现的更为少见，一旦出现则多空必然很可靠。2014 年 5 月 29 日、30 日、6 月 3 日连续三个交易日，露笑科技（002617）的日线图呈现形似的白三鹤，盘整数日之后，价平量缩之后出现大跌，也预示后市仍有下跌空间。因此，该类技术形态相对可靠，投资者注意到后应该警惕。

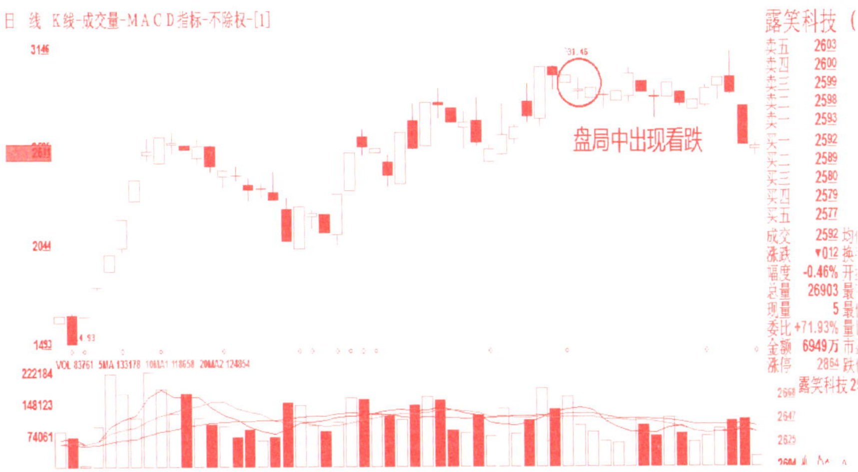

第十六节 可靠的做多交易形态之上升三部曲

一、形态特征

1. 首先是一只长的阳烛跃然图表中，代表了当前的趋势。

2. 之后，出现三只身体短小的蜡烛，收市价持续轻微下跌，高低价则保持在第一日的幅度之内。这些小实体的小 K 线可以是阴线也可以是阳线，包括星线和十字星。小 K 线沿现趋势相反的方向或高或低排列着，并保持在第一天大阳线的实体内。

3. 第 5 日，出现一只强劲的阳烛确定升势，股价维持向上发展。

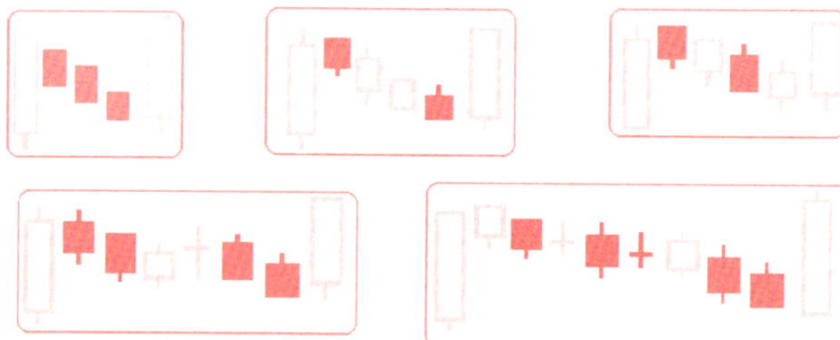

成交量：两根长阳的成交略微放大，中间缩量，后一根长阳线对应的成交量略大于首根长阳，但不能大太多。

二、特性

从构成看，虽与黑三兵形态相似，中段都包括三只阴烛，但后果迥然不同。其主要区别就在于，三只阴烛前后出现的两只强劲有力的阳烛，正是这两只强势的阳烛，才使升势得以延续。而三只短小的阴烛则是主力的一种洗盘行为所致，刚好三步，则又表示此次回调是对后市拉升的一种整固。然后，得到修正后的主力将毫不犹豫地掀起一波拉升行情。如果第二只阳烛的收市价高于第一只阳烛的收市价，则升势更加肯定。

从成交量角度分析，两只阳烛相对的成交量愈大，则研判的准确性愈高。上升三部曲在K线组合形成的过程中，成交量的配合显得尤为重要，要求上升三部曲第一根中阳线或大阳线向上启动攻击时，要求带量攻击，或称放量攻击。而随后回调整理的小阴线、小阳线要求实体一定要小，并且成交量配合出现逐渐萎缩的态势。只有股价回调，成交量配合逐渐萎缩，才可以看作是缩量洗盘行为。

最后一根象征洗盘结束，再次启动攻击中阳线或大阳线，要求成交量再次放大。也就是说，成交量也应当配合走出三步组合，放量、缩量、再次放量的走势。

需说明的是，最后一根阳线实体越长，超越第一根阳线实体部分越多，后市股价上涨的概率越高。同时最后一根阳线成交量放得越大，后市股价惯性向上攻击的能量也就越强。

三、操盘技巧

通常研判和运用上升三部曲时，第一个上升趋势的买点及三只连续阴线的卖点均已形成并成为过去式，因此，关键就看第二只阳烛。

当第二只阳烛的价格逐渐升越第三只阴烛，甚至第二只阴烛，而且成交量也逐渐放大时，激进的投资者不妨先行抢进，稳健型投资者可待图形确定后，于次日趁回档之机半仓杀进。

然后，升势进一步得到肯定时，投资者再加重仓量。短线可捂到有 5% 左右的收益时出局，中线则可持股至下破 20 日均线（或跌破中期支持线），或严重受阻（遇到重要密集区）时再出局。

四、案例分析

上升三部曲的技术形态较为可靠，据此交易也得心应手。

现举例万向钱潮（000559）。2014 年 6 月 16 日后，该股走势逐渐形成旗形，后于 6 月 20 日中阳突破，形成第一个上升三部曲。从理论上讲，该形态出现后，股价将飙升，可该股随后继续调整三个交易日，于 6 月 26 日再度中阳修复，又一次形成上升三部曲。第一次形成后未能突破，主要是对应的成交量没有有效放大，致使多方还需蓄势，6 月 26 日后，则有恢复上升趋势可能。

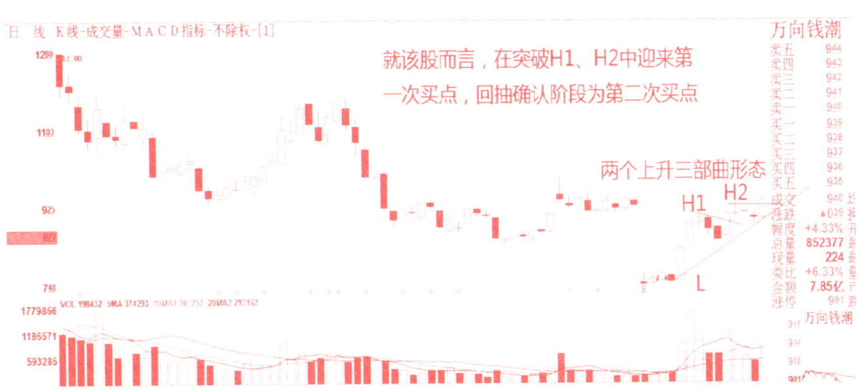

在操作中，理论上在 6 月 27 日回调中逢低介入试探性仓位，此后

站稳上升三部曲的高点 9.40 元后考虑加仓，后市持股将以 L 线为依据，结合旗形形态的突破，理论上预计有 20% 的收益。

第十七节　浅谈单日转向类型（一）

通常情况下，由于市场的突发性，部分个股往往在某日出现意外走势，尤其是大涨大跌之后的转向走势，而这类股票基本属于主力高度控盘的品种。

市场价格涨跌趋势的逆转有两种不同类型的演变，由此反映到技术层面，所形成的阴阳烛也有不同的意味。由此，我们可以分出三种技术形态：顶部单日反转、底部单日反转，和盘中局部趋势的单日反转。

一、形态特征

第一种是市场价格大方向、大趋势的逆转，即大涨趋势转变为大跌趋势，或大跌趋势转变为大涨趋势。

第二种是技术性调整，单日 K 线为市场短期转向重要标志，是一种短期价格形态的逆转。这种价格逆转通常在一个交易日内完成，可称之为“单日转向技术性信号”。

获利回吐是大涨趋势中产生单日转向 K 线走势的主要原因，市场短期内严重技术性超卖，是大跌趋势中产生单日转向 K 线走势的根本原因，与之对应的也一定是成交量的异常放大。

二、特性

单日转向技术性信号的最大特点是：

1. 单日转向 K 线的开盘价格常常具有“承先”作用，表现为连续上涨数日后的再次跳空高开，或者连续下跌数日后的再次跳空低开，即波段上涨或下跌趋势尾声的延续性加速走势。这种市场特点一般会导致短线炒股者趁高抛出套利，或者趁低抄底买入做短差，因而形成市场单日价格波动明显由涨转跌或由跌转涨。

2. 单日转向 K 线的收盘价格一般具有明显"启后"作用，即对未来数日甚至数周的市场价格波动方向趋势有较强的提示作用，交易者可依此采取相应的买卖措施。

单日反转的阴阳烛出现的位置不同，得出的反转类型也不一样。

三、注意要点

1. 单日反转当天，成交量突然大增，而价位的波动幅度很大，两者较平时都明显增大。如果成交量不高或全日价格波幅不大，型态就不能确认。

2. 当日股价一、两个小时内的波动，可能较平时三、四个交易日的波幅更大。顶部单日反转时，股价开市较上个交易日高出多个价位，但很快形势逆转过来，价格迅速以反方向移动，最后这一天的收市价和上个交易日比较几无变化。底部单日反转情形则是完全相反。

3. 一般在临收市前 15 分钟，交投突然大增，价格迅速朝反方向移动。

四、案例分析

笔者在 2014 年 7 月 3 日看盘中，发现阳普医疗（300030）出现单日逆转。如下图所示：

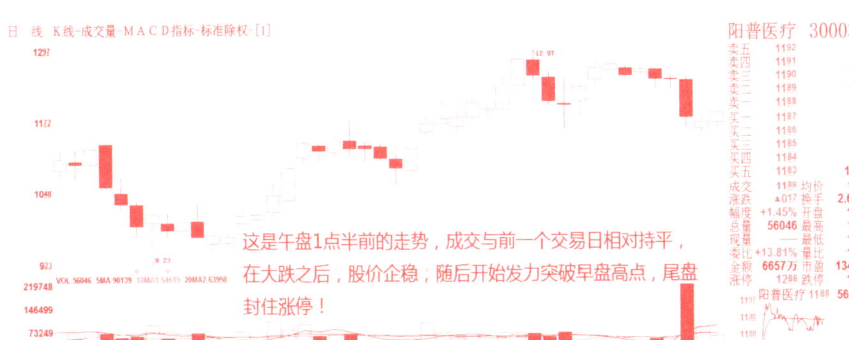

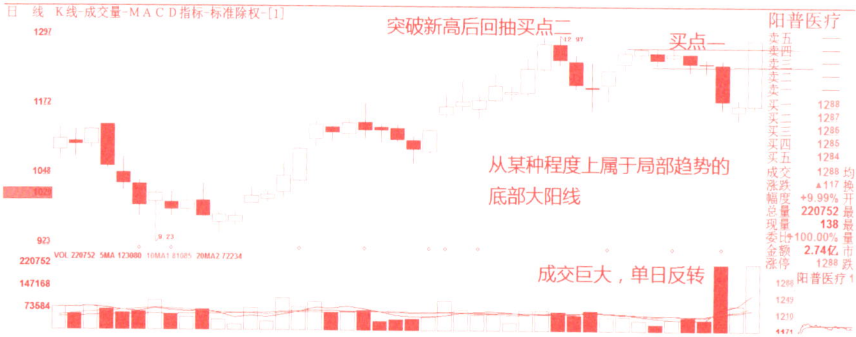

对于该股出现的情况，我们在盘中需要注意，当价格放量上攻至大阴线的 1/2 处时，根据支撑与阻力，你会发现趋势有强烈的修复迹象。一旦穿越短期压力线，则新的上升趋势形成，操作上出现当日买点，次日出现回抽，或者创新高后回抽两个买点。对于后市，则依据量价关系持股即可，预计保守理论升幅也将会有 20% 以上。

第十八节　浅谈单日转向类型（二）

单日转向类型分出三种技术形态：顶部单日反转、底部单日反转，和盘中局部趋势的单日反转。上节我们讲了盘中局部趋势转向的单日反转模式，本节接着谈。

一、顶部单日转向

单日转向如出现在顶部，称为“顶部单日转向”，通常在消耗性上升的末期出现。

当股价持续上升一段时间，呈现超买现象，但投资者仍情绪高涨，肯以市价买盘（甚至“跳价”）疯狂买货，将使股价在某个交易日不寻常地被推高。但在同日内，大量低位进货的投资者趁高沽货套现，就会令庞大沽压涌现，拖累股价，使股价在当天以全日最低价（甚或倒跌）

报收。结果当天波幅虽大，成交量亦很大，但当天的升幅可能完全没有。超买过后，加上庞大的沽压，将是中期或短期见顶的先兆。

以阴阳烛形态看，股价顶部将出现倒转锤头、长手十字星、射击之星、长手阴烛（或阳烛）等升势逆转的形态。若第二个交易日出现大阴烛、顶部三支阴阳烛，便有机会是黄昏之星的组合，见顶讯号更加明显。

二、底部单日转向

单日转向若出现在底部，称为“底部单日转向”，通常在恐慌性抛售的后期出现。

当股价持续下跌，投资者为减少亏损，大都会止蚀离场，形成庞大沽压。即使以市价沽盘挂牌，亦未必可将持仓脱手。此时投资者将会“跳价”沽出，令到跌势加剧，形成股价在某个交易日因疯狂抛售而大幅下跌。但在同日内，另一些投资者却认为股价已极度超卖，再下跌的空间有限，遂争相趁低进货，带动股价收复失地，使当天跌幅几乎全部消失，股价得以接近全日最高价或开市价报收。结果，股价全日波幅虽大，成交量亦很大，但当大部分获利盘已沽出，市场沽压便有限。超卖过后，多方反而可趁机作出反攻，因股价中期（或短期）走势将见底。

以阴阳烛形态看，股价底部将出现锤头、长脚十字星、长脚阴烛或阳烛等跌势逆转的形态。若第二个交易日出现大阳烛、底部三支阴阳烛，便有机会形成早晨之星的组合，见底讯号将更明确。

三、案例分析

三维丝（300056）2014 年 6 月 11 日的日线图，当日出现倒转 T 型，是顶部单日转向，预示后市看跌，打破前期低点后，跌势缓和并触底反弹，于 2014 年 6 月 19 日、20 日、23 日形成形似的早晨之星，出现底部单日转向，最终走势恢复上行。其后于 2014 年 7 月 14 日以光头光脚的大阳烛单日转向，以确认填权行情再度启动，后市将有确定性的上升趋势。

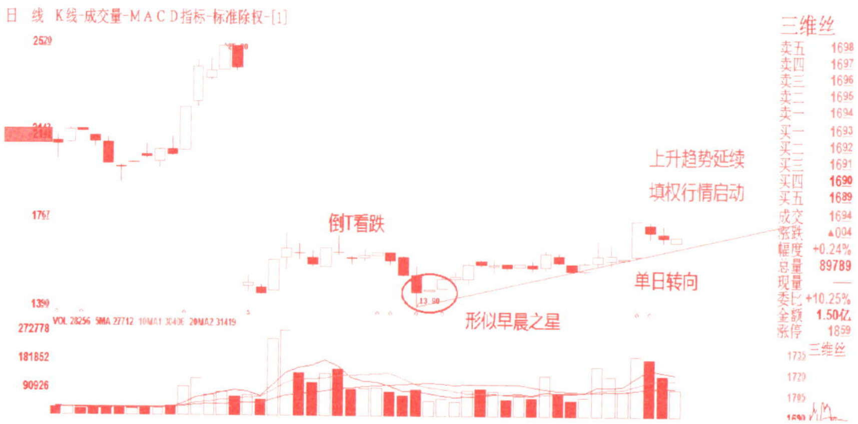

第十九节　视量主动追涨多方炮（一）

多方炮，是两阳夹一阴的组合，顾名思义就是多方胜出的炮。在多头的基础上，阳线放量，然后阴线缩量，再阳线放量，就是强炮。强炮打出以后，股价有望走强，就像是把打出去的拳头收回来，是为了更好地打第二拳。

判断多方炮不光从 K 线组合判断，还必须关注交易量。多方炮分四种类型，形态不同，显示强弱不同。

一、形态特征

1. 经过长期下跌后股价开始有底部抬高的迹象。

2. 第一天出现一根放量的大阳线。

3. 第二天出现一根阴线，成交量必须萎缩，阴线的成交量越萎缩越好。但收盘价未击破第一根阳线的低点，属于强势调整。

4. 第三天出现一根大阳线，且须比第一天放量大，但不可是巨量。这根阳线完全吞食第二根阴线，并且与第一根阳线高点持平甚至超出。

5. 后一根阳线实体越大越好，如果中间是一根星线，特别是红星，后面涨势能量更强。

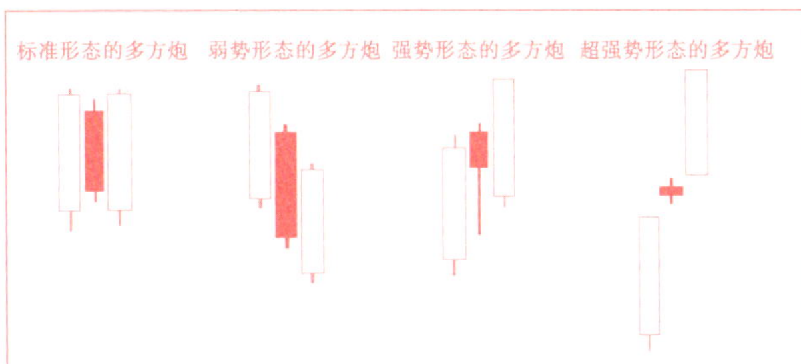

二、特性

在经过长期下跌后，底部有抬高的迹象，由于长期下跌或盘整，人心涣散，投资者习惯于稍涨即抛，上档压力较重。当出现第一根放量阳线突破时，第二天往往上升乏力，走出高开低走的阴线或带有较长的上影线，第三天多方继续发力使股价继续上升，有时甚至收出光头光脚的阳线。

在这三天中，股价走出了由低走高，第二天冲高再回落，第三天由低再走高的走势，虽然上升不多，但已初步稳定人心。第四天股价跳空而起，成交量继续放大，一轮涨势开始展开。第五天一部分先知先觉的股民已发现大势趋暖，加价加量买进，以至于股价再次跳空。

在这五天中，前三天的 K 线图组成了两阳夹一阴，被称为“多方炮”，具有向上攻击的能力。第四天、第五天的阳线被称为“多方开炮”，往往以跳空形式向上发展。

当多方炮形态出现后，股价未必一定上涨，而接下来的走势十分关键：如果接下来股价出现跳空上行或继续放量上攻的情形，表明多方炮的技术意义有效，这时称之为多方开炮，两阳夹一阴的 K 线组合亦称“炮台”，表明后市股价将有上升空间。

如果接下来股价没有出现跳空向上涨升或继续放量上攻的情形,（也就是说无法持续向上攻击的势头），多方炮将变成哑炮，形成多头陷阱，股价将回落到原来的整理区间继续盘整，甚至出现向下破位的情形。

所以，千万不要看见一个两阳夹一阴的组合就认为它是多方炮，因为哑炮很多!

三、操盘技巧

基本确认出现多方炮形态时，可在第二根阳线收盘买入，次日如果不能放量收阳线，及时止损，考虑出局。

此外，是否判断强势延续，也就是避免出现哑炮，关键看成交量的配合。如果后续成交温和且持续放大，则价格上升趋势延续的时间也将持久，这样后市仍可在上升途中买入持有。

四、知识扩展

特殊的三阳夹二阴称叠叠多方炮，或如下图中所示类型。

五、案例分析

本节仅举一例在上述形态中超强势的多方炮，譬如五矿稀土（000831）。2014 年 7 月 22 日、23 日、24 日三个交易日，该股形成“超强势形态多方炮”，于 25 日跳空上行，摆出“多方开炮”的阵势。后市该股上行，且挑战 28.95 元高点，操作逢低可适当增持。此外，该股周线图上也曾出现多方炮，也预示行情看好。

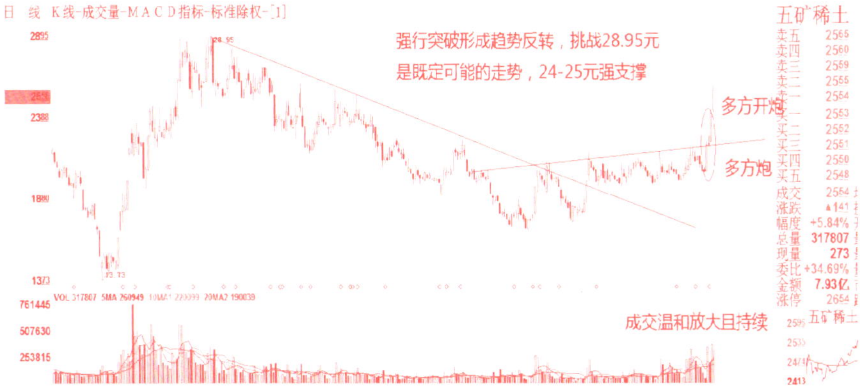

第二十节　视量主动追涨多方炮（二）

看了上节的分析，读者可能或许会想到这样的技术形态有点形似上升三部曲。的确如此，我们很多时候是需要将 K 线分开、重叠来分析，而不是唯一的呆板的技术形态。归根到底，是需要借助于阴阳烛来综合判断多空的持续性，以及在拿捏不准的时候，引用成交量来佐证。

关于多方炮的形态，上节提到有四种类型，后面将讲案例重点分析及如何制定交易策略。

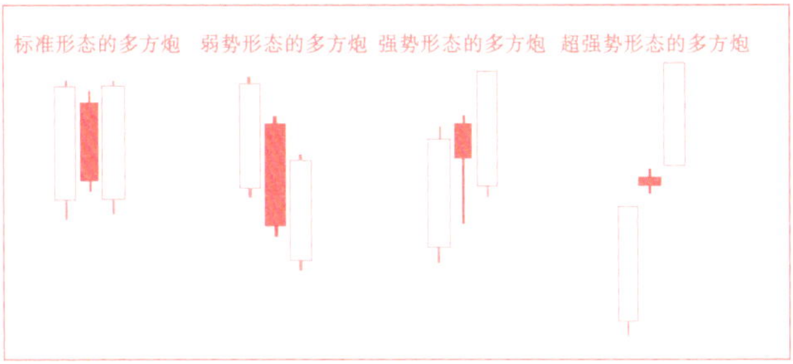

本节讲前两种：

第一种是标准形态下的多方炮，在教学中多用这种形态讲解；

第二种是弱势形态的多方炮，它的 K 线组合是向下排列的，股价一天比一天低。因该股盘子特别大，或者资金不足等特殊原因，上攻意愿太弱，这种多方炮不是我们追求的目标。

案例分析一：标准的多方炮

下图是上节举例的五矿稀土（000831）周线图。很显然，周线图上该股在上周呈现出强势多方炮形态，但追索过往，我们发现一年前的此时，也就是 2013 年 7 月 12 日那一周开始至 7 月 26 日结束的三周，周 K 线上呈现了标准的多方炮形态，后一周略微有所回调后，随即挑战了前期高点并试图突破。

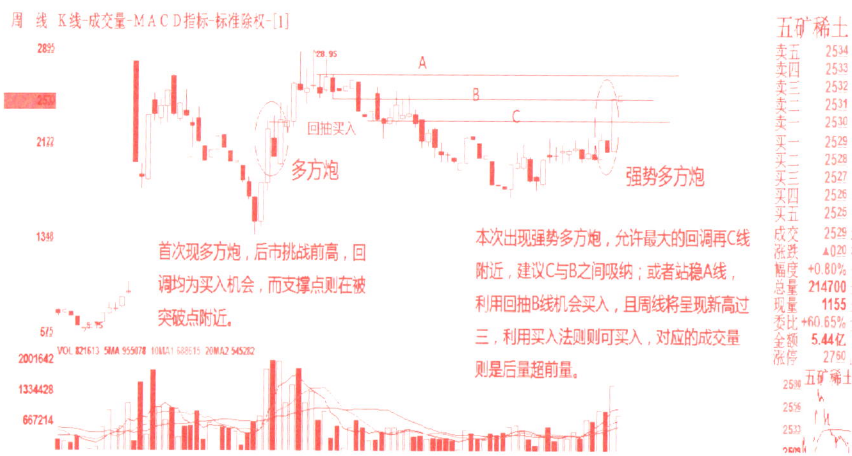

此外，如果日中阳线修复，周线呈现上攻 A 线的状态，则在突破 A 之后，利用回抽机会在 A 和 B 之间介入，也是理论上安全边际较高的介入点。

同样的例子不胜枚举。譬如 2014 年 7 月 18 日、21 日、22 日三日形成标准多方炮的潍柴动力（000338）等等，此后都是走出一波较好的走势。这类型往往出现在一波上攻后，经过短暂的调整随即被修复，则后市继续演绎多头行情。

案例分析二：弱势形态多方炮

对于第二种类型，需要注意的是，如果第三根 K 线低开高走有量，且无上影线，则看多，若有上影线，则下跌概率较大。譬如世纪鼎利（300050），2014 年 5 月 14 日、15 日、16 日形成弱势形态多方炮，但 16 日量能放大，收盘近似于最高价报收，后市则呈现 30% 以上的涨幅。

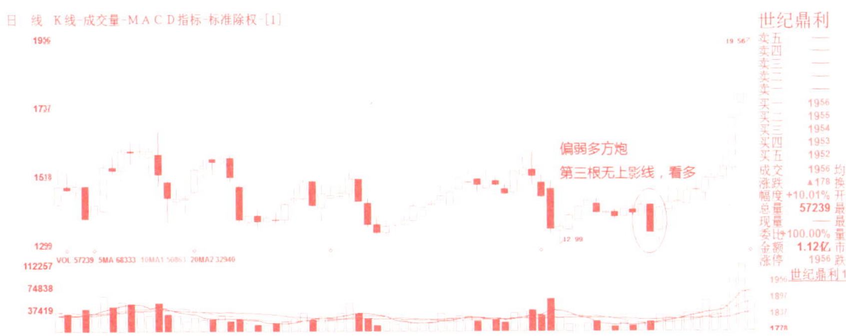

而开元仪器（300338）在 2014 年 7 月 8 日、9 日、10 日则形成第三日带上影线，此形态更加偏弱，后市走低，需要消化很长一段时间后方可重返升势。

从操作角度分析，若出现偏弱性多方炮，尽可能维持观望。若不慎盘中在第三根多方炮阶段买入，随即收出上影线，则后市考虑止损的问题，可于第四日若不能放量继续走高而卖出止损，以免出现不必要的损失。对于第三根偏弱的 K 线若是光头光脚的中场阳线，且成交量不太大，则尽可能地少量买入。第四日若继续放量则加大仓位，直至后市量价背离卖出。

第二十一节　视量主动追涨多方炮（三）

上节分析了标准形态的多方炮和偏弱性的多方炮，无论哪一种，我们均可以对应地理解为合三为一来分析多空，综合看是否有上影线。本节分析后两种多方炮。

四种形态：

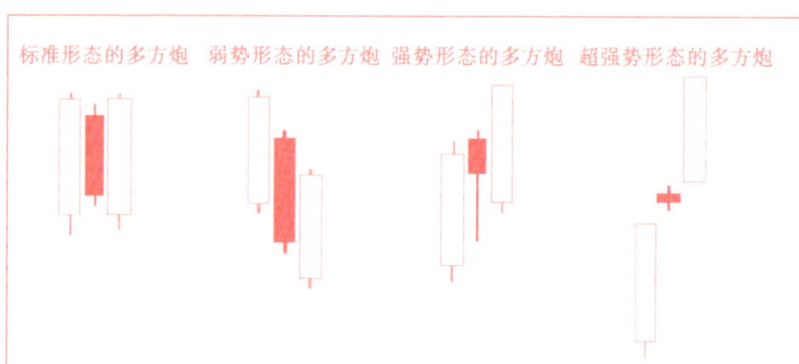

案例分析三：强势形态多方炮

第三种是一种强势的多方炮，它的K线组合是向上排列的，股价一天还比一天高。从微观上来分析，就是一种以涨代替调整的强势形态，而且这种组合的多方炮要求中间的阴线实体尽可能短，下影线长些。

下影线长说明该股收复能力强，当天盘中确实是根阴线，但收盘的时候又收上去了，这就是一种强势的表现，暴露了此股急于拉高的意图。这样的多方炮才是我们要关注的目标。

仅举一例上述形态中强势的多方炮，譬如五矿稀土（000831）于2014年7月22日、23日、24日三个交易日形成“强势形态多方炮”，于25日跳空上行，摆出“多方开炮”的阵势，操作上后市逢低可适当增持。

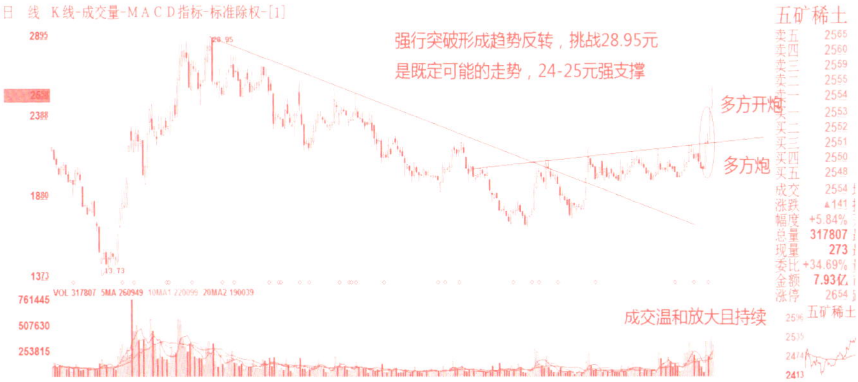

案例分析四：超强势形态多方炮

第四种是一种超级强势的多方炮，K 线组合中的阴线相对较小，可阴可阳，小阳线更显强势。第二根小 K 线和第一根阳线之间往往能留下一个跳空缺口，而第三根阳线和第二根小 K 线之间也留有跳空缺口。这种组合形态的多方炮充分反映了此股超强的做多意愿，对于这样的多方炮可不能轻易放弃！

譬如长城电脑（000066），该股于 2014 年 8 月 6 日、7 日、8 日就构造了一个强势形态多方炮。依据目前的理论，若获得成交量的配合，则上涨概率较大。该股此前也构造了多个多方炮，以及形似的多方炮。所以，有时候需要结合多根 K 线综合来看，当出现多方炮后，基本属于上涨。

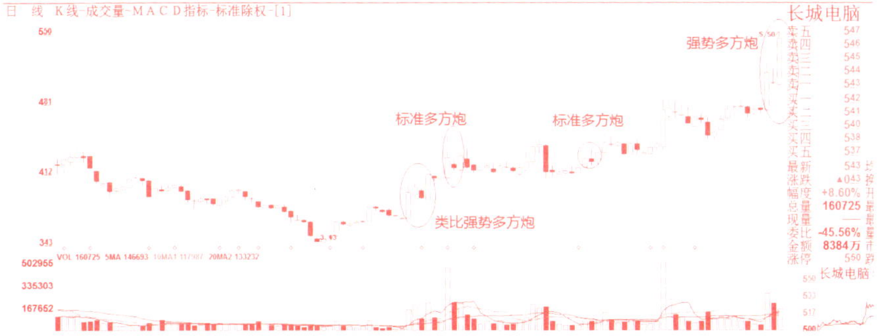

再譬如太平洋（601099），该股于2014年7月22日、23日、24日构造了一个超强势形态多方炮，此后该股出现较大幅度的上涨。同时，我们也注意到在上涨中，该股又构造了多个标准性多方炮，包括8月6、7、8日，预示股价后市仍将上涨。

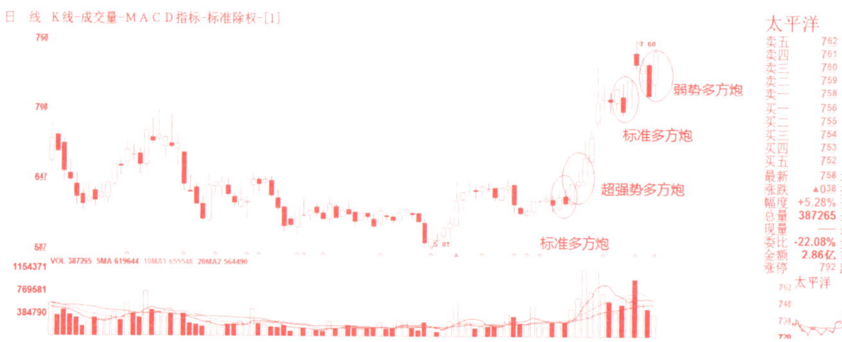

第二十二节　回避空方炮

熟悉K线多空后，对短期机会的把握极为有利。同样，出现非预期走势后，止损或者锁定利润也显得极为重要。本节讲述多方炮的反向形态之空方炮。

空方炮为两阴夹一阳的K线形态，由两根较长的阴线和一根较短的阳线组成。阳线夹在阴线之中，空方炮后短期下跌的可能性极大。

一、形态特征

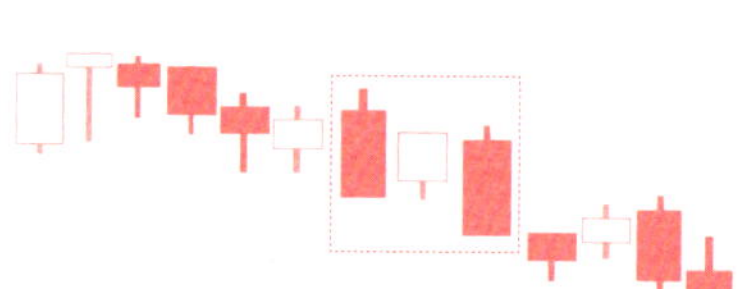
（图一）

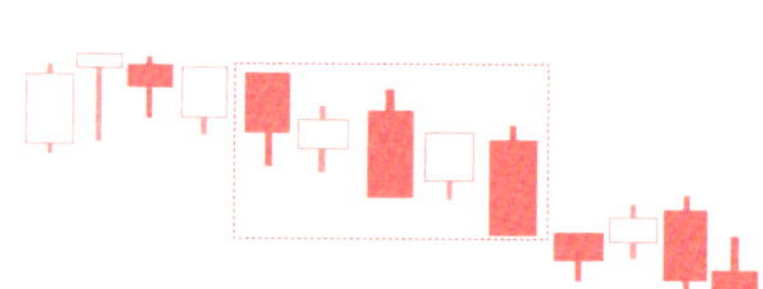
（图二）

通常情况下，股价在盘局或者上升趋势末端出现第一天股价下跌收阴线、第二天上升收阳线、第三天再度下跌收阴线，后市看跌概率较大。标准的两阴夹一阳，其三根 K 线的三个顶端是水平的，三个底端也是水平的。

走势强劲的两阴夹一阳特征是：三根 K 线呈下跌趋势，阴线的顶部尽量低，阳线的实体尽量短。

两阴夹一阳 K 线组合形态中的阳线也可以是“十”字小阳线。有时出现两根大阴线夹数根小阳线，且出现第二根阴线把前几根小阳线全部收复的 K 线组合形态时，同样具有看空意义。

二、特性

两阴夹一阳的 K 线组合图形在价格趋势的任何阶段都有可能出现，这种 K 线组合显示了多空力量已经朝有利于空方的方向发展了。

在涨势已持续很长时间或股价有了很大涨幅后，出现两阴夹一阳，就意味着头部的形成，股价即将下跌，或者在盘整的市道中延续很久，试图逐渐验证“久盘必跌”的股谚。

第一天阴线可能是获利的投资者大量抛出筹码，将股价压低，由于长期的上涨使人们逢低即买，第二天买入盘涌入后收阳线，第三天看空的投资者高价再次大量抛出筹码，再收阴线。这样，股价会在大量抛售的情况下继续往下跌。

两阴夹一阳出现在跌势中，可继续看跌。此时多方的力量已经十分微弱，下跌途中虽有反抗，但却改不了下跌的大局。

三、操盘技巧

股价在高位区域出现两阴夹一阳 K 线组合形态时，应立即卖出手中持股，以回避头部风险。在盘局中出现时，务必引起高度重视，可能出现反向走势。在空方炮出现后，也应该减仓应对风险。

稳健的交易策略是在两阴夹一阳图形的当天收盘前，及时卖出大部分仓位，或在两阴夹一阳图形的第二天开盘后不久，趁反弹全部卖出。

需要重点提示投资者的是，为避免错误交易，应该尽量引进趋势线，只有支撑线完全击破之后，反向趋势得到确认，后市将看空，止损或者止盈就成为必然事项。

四、知识拓展

还有一种“空方叠叠炮”，就是连续出现两组甚至三组的空方炮。一般出现这样走势的个股，说明空方掌握了绝对的话语权，步步为营，股价将可能长期下跌！

五、案例分析

现举例乐视网（300014），如下图。该股于 2014 年 5 月 27 日、28 日、29 日出现空方炮，但尚未完全击破上升趋势线，后市获得修正后创新高，这就是失败的空方炮，需要趋势线借助判断，对于如何确认趋势线是否破位，后期我们将专门讲述。而该股在 2014 年 7 月 7、8、10 日形成了空方炮，打破了盘局，此后大幅杀跌。在空方炮出现时，止损就显得极为必要。8 月 8 日、11 日、12 日该股走势又出现空方炮，意欲填补缺口，支撑线已经被盘离（指价格趋势逐渐在盘整中脱离）。为避免付出时间成本，投资者可以考虑逢高减持。

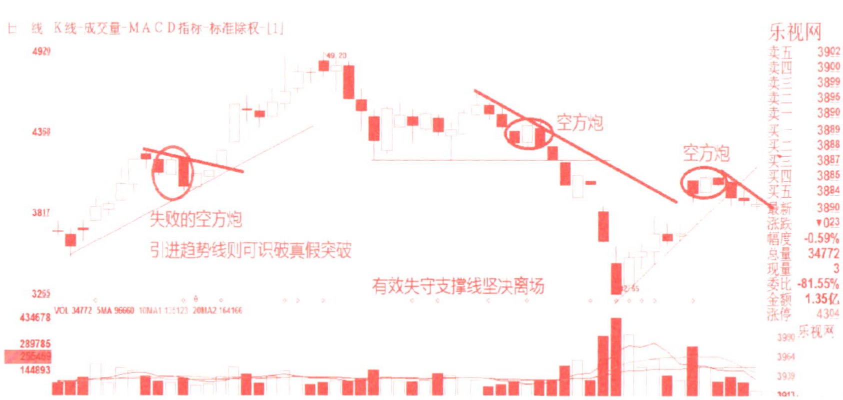

第二十三节　多方反攻莫杀跌 伺机补仓博短差

在跌势的底部，出现一阴一阳的两根 K 线组合，与曙光初现类似，但比曙光初现力度要弱。多方反攻组合也是见底信号，这个信号提示投资者不要再盲目割肉了。

一、形态特征

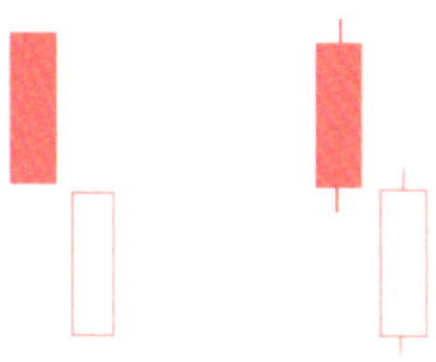

1. 出现在下跌途中，由两根 K 线组成。
2. 第一根 K 线是大阴或中阴线。
3. 第二根 K 线是大阳或中阳线。
4. 第二根阳线的收盘价与第一根阴线的收盘价相同或接近。

二、特性

在下跌趋势中，投资者已经形成了空头思维，形成多方反攻组合。第一天出现的中长阴线，造成投资者的恐慌，第二天大幅跳空低开，多方投资者看到做多机会，进场买入推高股价，当天以中长阳线报收。因向下跳空的跌幅基本完全收复，显示出多方的做多欲望，形成多方反攻形态。

但多方力度并不是十分强大，阳线的实体部分没有深入到或者刚刚触及阴线实体内，所以，多方反攻形态的见底信号强度没有曙光初现的见底信号强度大。

三、操盘技巧

多方反攻形态的见底信号并不是十分强，见到此形态，激进者只可在第二根 K 线收盘前试探性建仓，同时设置好第二根 K 线的最低价为止损价。多方反攻形态若呈现多头形态可建仓或加仓。

在这里更重要的意义在于，多方反攻形态出现时，被下跌趋势压抑很久的投资者请暂缓杀跌止损，因为多方反攻有可能演变为底部形态的构造。若多方反攻的低点并未被击破，则后市转向概率较大，这对研判中期趋势很重要。

同时，在局部趋势形成时，若出现分时图中的多方反攻，则考虑短线交易，或者做 T+0 交易。

四、案例分析

案例一：下图为法拉电子（600563）的日线图。该股于 2014 年 3 月 28 日、31 日形成多方反攻形态，经过次日上涨后进入调整，4 月 8 日出现锤头线，之后展开一波上涨，从 4 月 1 日开盘价算起到 5 月 7 日最高点，涨幅达 20.5%。可见多方反攻得到其他反转信号配合后更加可靠。

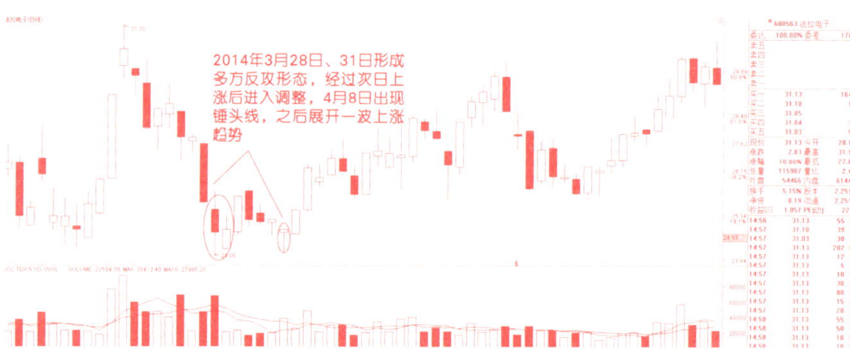

案例二：参考德赛电池（000049）2014 年 7 月 17 日、18 日的 K 线组合，就是形似好友反攻形态。该技术形态出现后，股价构造双底，此后也没有能够击破多方反攻的低点，双底夯实，后市震荡走高并突破。此时，投资者一方面可以研判股价杀跌接近尾声而不会盲目止损杀跌，一方面可以就双底构造确定信心，并考虑择机补仓摊低成本。

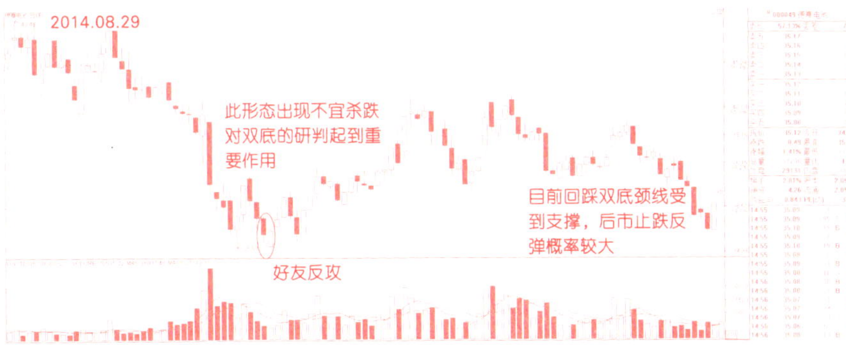

案例三：北玻股份（002613）2014 年 8 月 20 日见顶后，于 8 月 28 日、29 日在下跌趋势中出现多方反攻形态。当然，投资者要关注后市对应的成交量，以及对 H 线的突破有效与否，但至少有一点可以说明，近期买入被套的投资者没有必要在此时杀跌，而应该重点转入如何补仓摊低成本了。如果站稳 8 元且放量，可以少量补仓，而突破压力线上 8.3~8.5 元则继续加仓，9 元附近考虑逢高卖出。

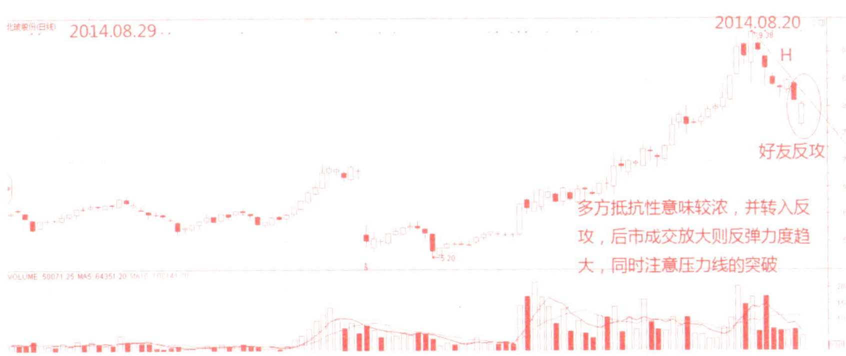

第二十四节　空方反攻莫追涨 减仓落袋是上策

多方反攻的转向形态则是空方反攻，趋势或者操作指向与之相反。

相对而言，空方反攻的反转效力是比较强大的，因此，当此形态出现后，短线交易者应该立即出场，不能有片刻犹豫。

关于空方反攻形态，市场有四句忠告：空方反攻，适宜做空，成交放大，注定下冲。

一、形态特征

1. 出现在上升途中，由两根 K 线组成。

2. 第一根 K 线是大阳或中阳线。

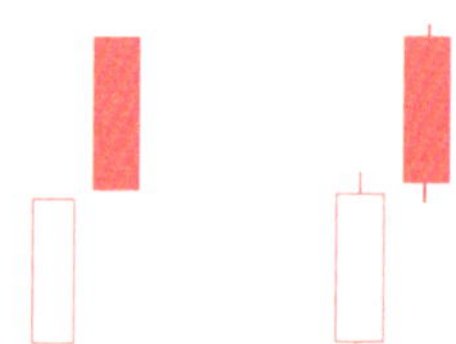

3. 第二根 K 线是跳空高开的大阴或中阴线，其实体部分没有深入到前一日阳线的实体内部。

4. 第二根 K 线的收盘价与第一根 K 线的收盘价相同或接近。

成交量：成交量如果显著放大，下跌动力甚至超过乌云盖顶。

二、特性

在上升趋势中，投资者已经形成了多头思维，空方反攻的第一天出现的中长阳线，使投资者做多热情高涨，追高买入，造成第二根 K 线在开盘时大幅跳空高开。但是在高开后，空方获利已高，抛出筹码，锁定利润，出现低走形态。当天的收盘价位与前一日收盘价接近，也就是说，第二天在开盘时大幅高开产生的利润空间在收盘时已经化为乌有，这就表明在市场的高位有强大的空头压力，股价由上涨转为下跌的可能性极大。若伴随成交量的放大，则说明抛压沉重，转跌信号更加强烈。

三、操盘技巧

根据可能存在的情形，做以下考虑：

1. 前期持有筹码的投资者，在看到第二根 K 线跳空高开却低走时，要减掉部分仓位。若高开低走时成交量放大明显，减持的仓位要大一些。

2. 第二根 K 线跳空高开后买入的投资者，当天无法卖出，看到收盘已形成空方反攻形态，次日继续跌势，则需果断做卖出处理，避免损失扩大。

3. 在大阳线当日买入者，跳空高开低走时为避免本金吞噬，可将大部分仓减仓处理，次日确定下跌后应果断清仓。

4. 前期持有筹码的投资者，可做清仓处理。

四、案例分析

下图为迪马股份（600565）的日线图。该股在 2014 年 3 月 4 日和 5 日形成了空方反攻形态。3 月 5 日跳空高开后放天量低走，空头势力强大，终止了几个交易日的上涨行情。如果交易者在该交易日没有卖出，以及在该交易日入场的交易者就会产生亏损，而亏损的原因就是不能根据信号及时出场造成的。此股于 3 月 28 日再次重现这种形态，如果交易者没能及时出场，又将造成损失。

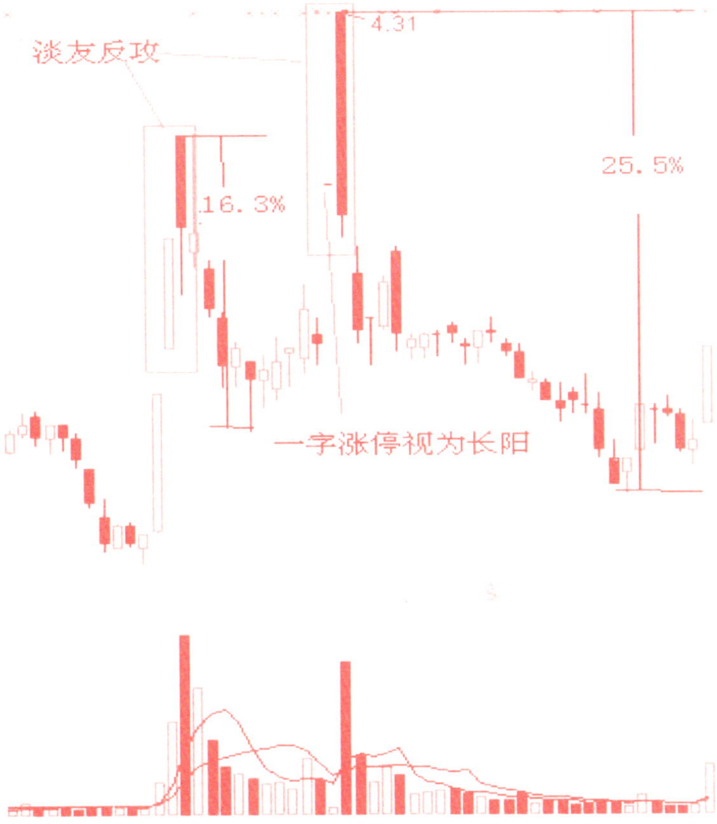

第二十五节　出水芙蓉 果断追涨

出水芙蓉是K线与均线结合的产物，经典K线口诀里有这样一句话：出水芙蓉真可爱，穿越三条均线带。后市方向理应涨，杀入收益定不赖。

一、形态特征

1. 出现一根大阳线。

2. 这根大阳线上穿三条均线。

成交量：出水芙蓉形态的成交量不能太少，成交量要明显放大。

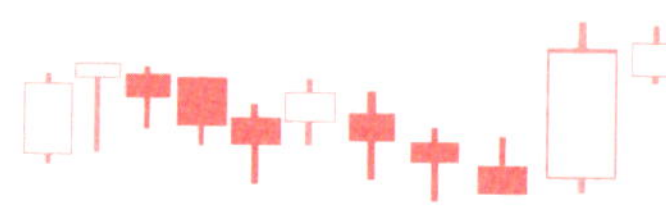

二、特性

在出现出水芙蓉形态之前，股价经历了长期下跌，或者长期的横向震荡，某日一根大阳线放量冲过三条均线。

大阳线一次突破三根以上的均线，表明多头上攻势头极为强劲。当股价在下跌末期出现此K线形态，说明股价见底，后市将回升，其上攻力度的强弱取决于成交量的大小。当股价在上涨途中出现此K线形态，说明多头休整充分，重新展开强势攻击，股价将加速上扬。投资者如果碰到这样的形态千万不要错过，应该积极抄底买入！

三、操盘技巧

1. 激进的投资者在出现出水芙蓉图形的当天收盘前积极买入。

2. 在出水芙蓉出现后，几天内大多数股票都会进行回档蓄势，在回档大阳的半分位，就可以坚决买进。有的回档幅度比较小，投资者则需要根据盘面特征灵活操作。次日价格上冲，则可少量买入持有。

3. 稳健的投资者在回档时分批买入持有。

如果出水芙蓉形态出现后，周线形态不好或成交量并没有有效放大，投资者应保持警惕。如后期股价跌破大阳线的起始点，可止损出局。

四、案例分析

如下图，浦发银行（600000）在 2014 年 7 月 22 日出现一根中阳线，是在除权后首次上穿三条均线的“出水芙蓉”，随后股价接连走高。投资者如果及时发现，即可获利。9 月 18 日，该股再度发出“出水芙蓉”信号，9 月 19 日再度上涨。观其本质，对于三条均线的上穿，其实质就是图中标记的对压力线的突破。如果喜好均线的投资者，引进趋势线和成交量，则可大胆据此交易，后市持有到前期阻力受阻回落后卖出。

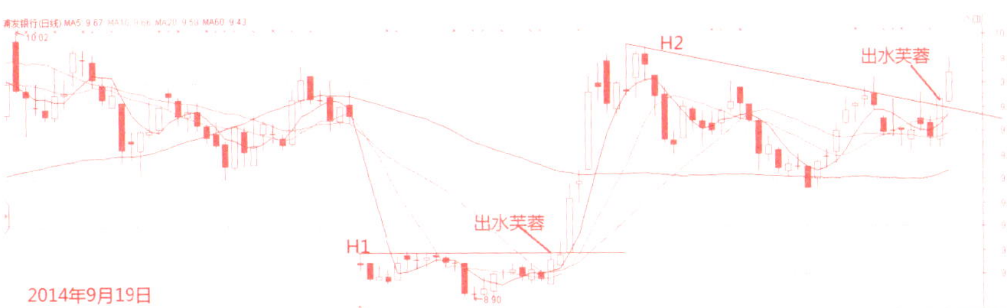

对于第二次“出水芙蓉”，股价在前期高点 9.96 元消化后，有望继续走高，挑战 10.5 元以上的阻力。投资者可以根据操盘技巧回抽买入持有。

第二十六节　断头铡刀 逃之夭夭

与出水芙蓉相对应的是断头铡刀，听名字就知道它是一种顶部形态，是指股价连续上涨后，在高位收出一根大阴线，这根大阴线同时跌破三根均线，预示股价后市将见顶回落。

一、形态特征

1. 股价在高位盘整后渐渐下滑。

2. 出现一根阴线跌破三条均线形成一阴断三线的长阴线，则应警惕有一轮跌势。

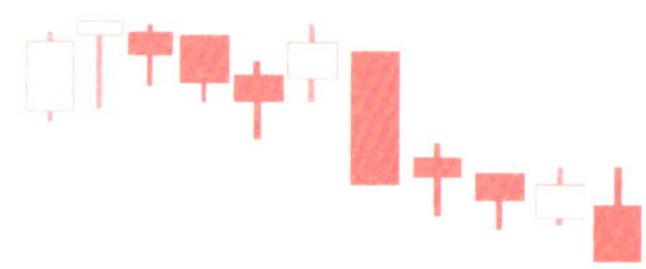

成交量：阴线对应的成交量越大，则下跌的概率越大，且可能加速下跌。

二、特性

股价已有较长时间维持横向震荡，多方发现无论早买或迟买股票一样都无可盈利，购买股票的迫切性降低。空方已明显感到购买力降低，愿意用更低的价格出售股票。于是，有一天空方突然用低于三条均线的价格大量卖出，当日收盘价跌破三条均线，形成“断头铡刀”。

前几日内买进股票的人突然发现已被套牢，部分投资者在第二天行情中愿意用比“断头铡刀”这根阴线收盘价更低的价格沽出，于是踩踏效应出现，发生空轧空行情。此时股票供应量急骤增加，而股票需求量急骤减少，终于诱发一轮跌势。股谚有云，久盘必跌，“断头铡刀”就属于这类型。

“断头铡刀”如出现在上涨行情的末端，则股价的抛压将十分沉重；“断头铡刀”如出现在下跌途中或抵抗性反弹之后，下跌动能也相当大，预示着新一轮下跌的开始。

三、操盘技巧

1. 在发现股价在顶部盘整多日，股价渐渐下滑时，若依据笔者量价关系体系中的价平量缩阶段特征，则需警惕变盘。某日股价跌破三条均线时，及时抛出筹码出局。

2. 如未能及时出局者，在“断头铡刀”次日抛出筹码出局观望为好。

3. 若错过及时出局时机，考虑在大幅回落后，依据成交量价平量增的阶段考虑回补，或者某日急跌中回补，待日后反弹接近“断头铡刀”破位处再行减仓。

四、案例分析

青岛海尔（606090）于 2014 年 2 月 21 日、8 月 6 日出现“断头铡刀”

形态，随后都出现不同程度的下跌，但 6 月 4 日、9 月 22 日两次出现的“断头铡刀”形态，股价随后却是反向走高。这里投资者需要注意的是，当大阴线出现在高位震荡阶段，需要注意大幅杀跌风险，而出现在反弹走势中，则可能考虑属于诱空，需要结合成交量和支撑区间具体判断。但不管怎样，次日减仓可依据量价关系进行判断，对于高位或者上涨一定阶段出现的“断头铡刀”，应该在当日坚决减仓。

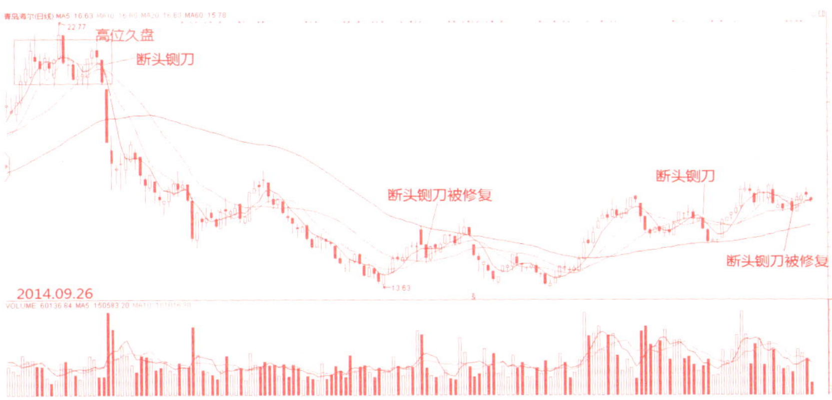

第二十七节　具有诱多与诱空双重身份的黑太阳

黑太阳，顾名思义就是黑色的太阳，阴线高悬于头上，恐怖、瘆人但又暗藏暴利。该形态常给人一种出货的感觉，但只要这种“黑太阳”升起来，后面就能收获利润的光芒。

一、形态特征

1. 股价处在阶段性拉升波段中期和大调整阶段的中期底部。

2. 由两根 K 线组成：第一根为涨停阳线，第二根为跳空高开的中阴或大阴线，若为中阴线则实体要较大，下影较短。

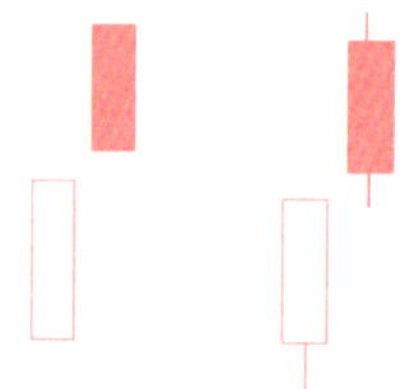

3. 第二根阴线收盘时阴线幅度不能跌破前一涨停板的中心值，且成交放出巨量。

成交量：成交量在几天内要充沛、均衡。

二、特性

在黑太阳形态中，第一天涨停板，尽显多头强烈上攻气势，第二天跳空高开放巨量收阴，造成恐慌气氛，其目的为盘中洗盘，为后市创新高扫除障碍。因阴线意在洗盘，跌幅不应过大。如果高开低走，收盘时下跌至第一根阳线中心值之下，则不属于黑太阳特征。

黑太阳次日盘面若稍高开，成功率会高，若低开较多，则成功率很低。前者属于洗盘，后者是假戏真做。

如果黑太阳次日低开，则不属于主力洗盘行为，后市可能转入调整。一旦确认次日即破涨停阳线的 1/2 处，则后市将全部回吐涨停利润，且有可能转入深度调整。此时的黑太阳就形成诱多形态，需要投资者高度注意。

三、操盘技巧

由于黑太阳有次日高开或者低开的两种可能性，那么交易技巧也就需要考量两种可能性。

1. 黑太阳次日盘面若稍高开，成功率会高，有形成多方炮的可能。激进者可于黑太阳次日高开后介入，次日当股价强势突破黑太阳阴线开盘价时加仓。此方法因介入位置通常较高，所以须慎重，一旦不符合预期，有 5% 的亏损，则第一时间止损。同时，仓位也需要控制好，不宜超过 20% 的配置。

2. 稳健者可于黑太阳次日高开后、股价强势突破黑太阳阴线开盘价时介入。

3. 如果黑太阳次日低开，将涨停阳线的 1/2 处设为止损处。

4. 基于两种可能性，稳健者也可以于黑太阳出现当日的阴线时，适当逢高减仓，待次日确定是否高开还是低开再顺势操作，避免诱多形态导致更大的损失或者利润缩小的情况出现。

四、案例分析

下图为佐力药业（300181）日线图。该股于 2014 年 7 月 7 日跳空涨停，8 日再次跳空高开，上攻未果后回落收中阴线，且成交量放大，两日形成了黑太阳组合。9 日低开低走，出现调整走势，此后近三个月未能修复，这是属于失败的黑太阳，需要投资者及时止损止盈。

9 月 23 日，该股再度涨停，24 日高开低走，形成黑太阳，成交异常放大。25 日，尽管未能高开，但修复明显，以至于 26 日强势攻击涨停，为后市上扬打下夯实基础。

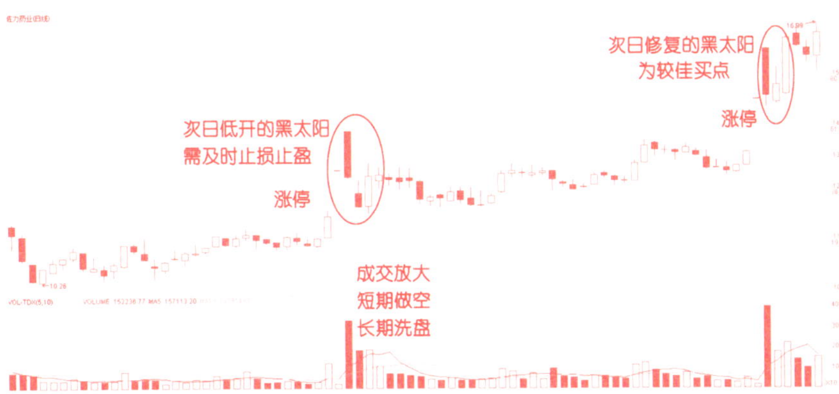

由此可见，两次出现不同的黑太阳，考虑到次日不同的走势和量价关系，其后走势也出现不同的趋势。投资者需要理性看待，需要多观察而非鲁莽行事，做好自己的交易计划。

第二十八节　冷静对待黑三兵的恐惧

前面的章节讲过红三兵、白三鹤，本节讲述的黑三兵又名三只乌鸦，则正好相反，三根K线呈小阴线状态，最低价一根比一根低。

黑三兵通常说明空头逐渐占据优势，是卖出信号，后市继续下跌的可能性大。空头虽然没展露强大的动能，但趋势已经形成，多头要扭转不是易事。

一、形态特征

1. 在上升趋势中连续三天出现（长）小阴线。

2. 每根阴线的收盘价低于前一天的最低价，开盘价在前一天的实体之内，收盘价等于或接近当天的最低价，随后两日均是高开低走。

3. 如果每一根阴线都比较长、且几乎没有上下影线，就称之为“三只乌鸦”，表示后市下跌意义更大。

成交量：三根小阴线且放量，可视为一根带量的大阴线，预期后市看跌。

二、特性

黑三兵虽然跌幅不大，但连续的下挫也足以威慑持股者的心理。如果在高位区，或升势已持续较长的时间之后出现，三只乌鸦则是一种看空的转向蜡烛图。

由于升势已延续一段时间，且价格也处于一个相对较高的区域，因而劳顿的多方随着战线的拉长已日渐露出疲态。某日，终于被空方抓住机会，试探性地来了一个低开低走。然后，得逞的空方见多方抵抗无力，于是接连两日下重兵，毫不留情地撕破了多方的防线，随后两日高开低走后，蜡烛图出现连续三根阴线，形如三只乌鸦，多方彻底被击溃，升势也就宣告结束。

值得注意的是，“三只乌鸦”相对应的成交量要依次增大，而且成交量愈大，其转向的可靠性也愈大。

三、操盘技巧

如果图形上出现两只乌鸦，投资者就要引起警觉了，激进者可空仓，对跌势尚存疑虑的投资者也可先出掉 3/4 仓位。但当第三只乌鸦现形后，投资者应果断清仓，以免后来的跌势导致手中的利润化为乌有。

趋势投资者需要注意，如果分别把第一只乌鸦及前日的高点连续起来，就得到一条压力线，没逃离的朋友可趁反弹近此线时再离场。而且，后市只要不有效上破该线，离场后就绝不要再介入。

从某种意义上看，上述技巧基本属于左侧交易。按照右侧交易方法，黑三兵的形态完成后，则于后市根据压力线在反弹中减仓，或者需要借助于分时图，在黑三兵形成之日适当减少仓位。如果后市股价下跌，则可逐渐做 T 摊低成本，逢反弹考虑减仓，这样的交易较为务实。此外，如果出现在下降趋势中，则更需要考虑等待第 4 日的反弹再减仓。

四、案例分析

朗玛信息（300288）于 2014 年 2 月 18 日、19 日、20 日以及 10 月 10 日、13 日、14 日出现过黑三兵，此后均出现反弹，随后才下跌。因此，需要高度注意，在连续杀跌之后，谨慎继续做空。

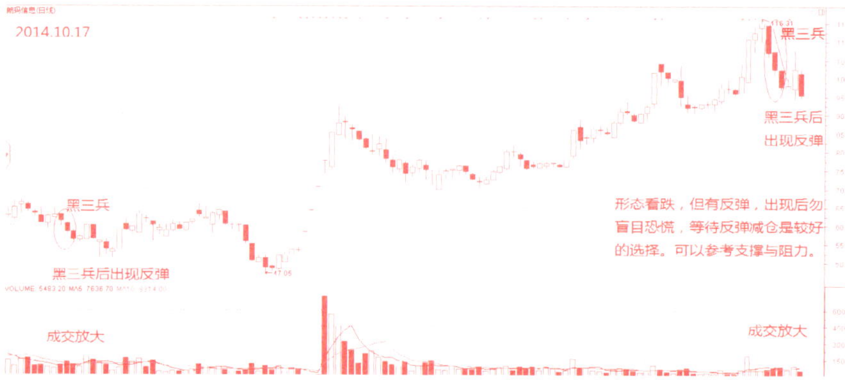

只是投资者需要明白，这样的走势可能彻底改变了之前的趋势，需要后市慢慢扭转。在对待亏损中，不要急于在杀跌中杀跌，避免多翻空的踩踏效应出现。依据可能形成的压力线，在神奇数字“3”的作用下，耐心等待反弹，在反弹中找寻卖出或者减仓做T的机会。

第二十九节　旭日东升 短线看好

旭日东升指一阴一阳两根K线的组合，前日一根是中阴线或大阴线，次日股价在前日阴线内部高开，走出一根中阳线或大阳线，收盘价高于前日阴线的开盘价。

通常这个形态表示多头强力反击，犹如一轮红日从海平面徐徐升起，股价反转，后市看好，投资者可在盘中抢进。

一、形态特征

1. 出现在下跌趋势中，由一阴一阳两根蜡烛组成。

2. 在连续下跌的行情中，先出现一根大阴（或中阴线），随后又出现一根高开高收的大阳（或中阳线），阳线的收盘价已高于前一根阴线的开盘价。

3. 第二根阳烛的实体长度不能小于第一根阴烛的实体长度，两根线的实体长度相差不能过于明显。

4. 阳线实体高出阴线实体部分越多，转势信号越强。

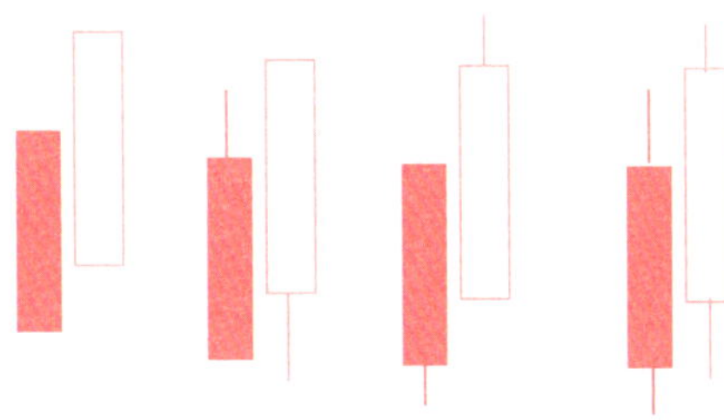

成交量：前期下跌中成交量出现萎缩，旭日东升阳烛的成交量未必明显放大，关键是后面的成交量要增长。

二、特性

当股价形成下跌趋势出现连连暴跌时，通常会低开低走，甚至连续收阴，在某个长阴的次日，出现一根高开高走的大阳线或中阳线，阳线收盘价已高于前一根阴线的开盘价，这说明股价经过连续下挫，空方能量已释放殆尽。在空方无力再继续打压时，多方奋起反抗，并旗开得胜，股价高开高走，前景又光明起来。

投资者见到旭日东升组合图形，不宜继续看空做空，而要转变思维，逢低吸纳筹码，适时做多。下跌趋势中出现旭日东升形态，表示短线见底，后市看涨。不过，见底不意味着马上涨，只是跌不下去的意思，一般出现这种形态，短线出现反弹的概率较大。

对上升途中出现的旭日东升形态，要留意之后的走势，避免因盘中诱多而造成损失。

三、操盘技巧

A 激进者：激进投资者可在见到旭日东升当天收盘前 10 分钟买入，利用尾盘多头惯性博取次日短差；

B 稳健者：稳健投资者可在出现旭日东升后次日回档时买入，最好是根据分时图中突破大阴线时回抽分时图压力线时买入，此后成交量放大，则可耐心持有，等待趋势的改变。

止损：如果旭日东升形态完成后，股价再次下跌，跌破了阴线最低点，则表示形态失败，投资者应果断卖出股票。

四、案例分析

北方创业（600967）于2014年10月15日、16日形成第一个旭日东升的K线组合。由于16日收出较长上影线，且成交较大，以至于后期上涨动能不足，只能是当日买入，次日惯性高开了结。若采用稳健的交易策略于次日回抽买入，则在击破15日大阴线时需要离场。其后，10月27日、28日，再度形成旭日东升，这一次，28日是强势突破下降压力线，且封住涨停。按照激进买入法则，则可追涨，次日高开离场。稳健者可以在次日或者后期回调买入，尽管尚未获利，但只要未达到止损线，仍可耐心持有，等待企稳放量反弹修正走势，以确认27日见底。

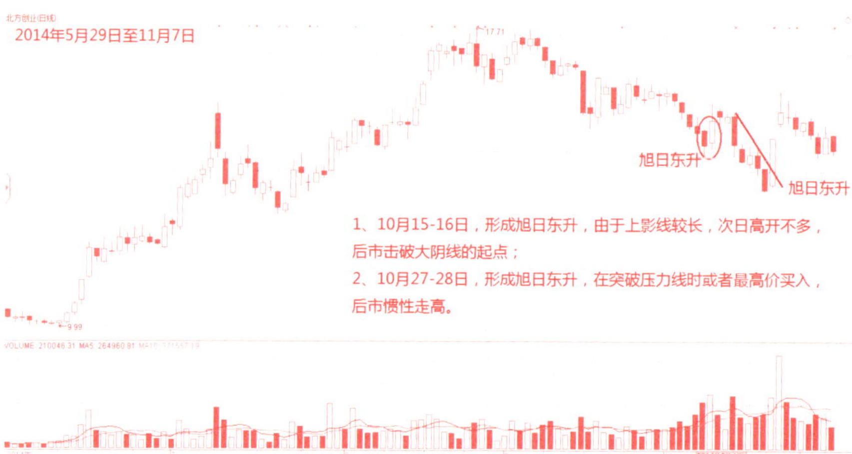

总的来讲，旭日东升适合短线交易者的偏好，即使被套也基本套不住，后期仍旧会有较大的中线涨升机会。

第三十节 缺口的交易艺术（一）：意义及分类

我们经常会看到在一些热点的刺激下，不少个股会出现缺口，走势酣畅淋漓，涨幅不小。若能把握缺口及其操作技巧，则在相对强势的市场中盈利还是很可观且确定的。我们需要认真理性地读懂缺口及其意义，以及由此掌握缺口的操盘艺术，这样才能尽可能地提高我们交易的准确性。

在经典的 K 线分析图中，经常可以看到跳空缺口。缺口，通俗地说，是在某个价格区域没有发生交易，在 K 线图上表现为相邻两条线高低价位之间的空白，通常又称为跳空。

缺口是开高盘或开低盘的结果，而开高盘或开低盘在图形上并不一定显示缺口。虽然开盘价较前一日之开盘价高，或是较前一日收盘价低，但彼此影线相连，这并不是缺口。

缺口与跳空的区别就在于连续两根 K 线之间没有重合点，存在价格空档的现象。当股价出现缺口，经过几天甚至更长时间的变动，然后反转过来，回到原来缺口的价位时，将缺口位置留下的价格空档完全封闭，称为缺口封闭，又称补空或回补。

一、缺口的意义

缺口的形成，往往是由于突发因素，使得特定条件下市场的供需平衡无法维持，从而出现一边倒的情况，是投资者对日后行情极端看好或看淡在K线上的表现。因此，参考其出现的位置，往往对于后期操作会有重大意义，通常后市将顺着缺口方向运行。

缺口表明突破的方向和力度：向上跳空，说明涨势；向下跳空，表示跌势。缺口的大小，决定涨、跌力度的大小。周线的跳空缺口，比较多的是形态突破以后，出现了波段上涨行情，持续的时间长，涨幅大。其中，月线缺口出现次数极少，但对趋势指导意义巨大。

缺口在实际交易中有着非常重要的地位和作用。及时发现缺口，既可以让你在交易当中发现投资机会，赚取更多的利润，也可以让你在交易中及时止损，以免受到更大损失。

在股价发生回调时，向上跳空缺口的位置通常是明显的支撑；在股价发生反弹时，向下跳空缺口的位置通常是明显的阻力。如果形成缺口的K线伴随着较大的成交量，则在此缺口处形成的支撑或阻力也就越强。

形成向上跳空缺口的K线如果没有成交量支撑，此缺口比较容易被回补，而形成向下跳空缺口的K线如果没有成交量支持，该缺口并不一定很快被回补。缺口被回补之后，股价通常仍按原方向继续运行。

在中国股市当中，大多数的缺口都会以实体或影线的方式进行回补。所以，市场中关于缺口流行着这样一句话：逢缺必补，即“跳空总会被填回”，但有些跳空缺口永远也不会被回补，有些缺口是一年或几年才会被封闭的。

实战中要判断缺口的性质。向上跳空缺口出现在盘局突破时，是进攻的开始。缺口越大，说明主力决心越大。成交量越大，表示主力实力越雄厚。如果缺口出现在高位向下的跳空缺口，其意义刚好相反，那是出货逃命的信号。

二、缺口的方式与分类

从趋势上讲，缺口又有上升缺口和下降缺口之分。这种分法较为笼统，还可根据缺口的性质和意义，将其分为普通缺口、突破缺口、持续缺口、衰竭缺口。此外，还有因国家政策或某种消息造成的缺口，这种缺口往往只能改变股价的短期波动，而不能影响股价的长期趋势，因此政策型缺口往往会进行回补。还有由于上市公司分红、送配、送股等原因，造成在股价走势中留下缺口，这类缺口不具备分析意义。下面我们将重点逐一讲述上述相关缺口。

第三十一节　缺口的交易艺术（二）：普通缺口

情绪化促成了缺口。缺口性质不一样，导致趋势延续的方向也不一样。自然，缺口利于我们对交易的判断，或者更精准地说，是对买卖点的研判。而做股票除了策略之外，就是要解决技战术的买卖点之道。

一、形态特征

普通缺口的预测作用较小，通常发生在非常冷淡的市场中，或者出现在一个交易频繁的水平交易区中间。它的特征是出现跳空现象，但并未导致股价脱离形态而上升或下降，短期内走势仍是盘局，缺口短期内亦被填补。

短线操作者如果能预测这种发展迹象，则可在此价格区域内高出低进，赚取差价。普通缺口由于很容易被封闭，在多空争斗里亦不代表某一方取得主动。因而，此缺口的突破力度和持续时间都较有限。

而且，在经过并不大的运行空间和不长的运作时间之后，极有可能被与其突破方向相反的力量所填补。但是，如果该缺口在跳空后 3~5 日内不被回补，则表明市势仍将维持突破后的趋势。

二、特性

缺口属于普通的情绪释放，但若顺应市场，或者引导市场的热点，则可能因此形成催化剂。很多强势品种均是从普通缺口开始启动。若在短期内快速回补，则走势偏慢，中线对待。若不被回补，则后市股价加速上行概率较大，对于短线投资者来讲均好把握。

三、操盘技巧

缺口的出现，表明市势极有可能由此发生转向，因此在操作上，短线一般采取追涨杀跌的策略。

如果在上升趋势中出现上述缺口，激进型投资者可于当日以 1/3 仓量抢进，待次日趋势肯定后再适量回码；稳健型投资者，于次日市势明朗后跟进，若 3 日不被回补，再考虑加码。追求的利润应以 5% 为短线目标或止赚原则。如果在下降趋势中，应以短期支持线为操作依据，以关键点位为止损位。当然，中短期的趋势线仍旧起到非常重要的作用，并作为交易的参考依据。

四、案例分析

东华软件（002065）于 2014 年 11 月 18 日复牌后出现向上跳空缺口，就当天表现以及突破压力线 H 看，属于突破缺口，但随后两个交易日缺口被回补，则应归为普通缺口。在完全回补之后，21 日放量反弹，形成支撑线 L，成交放大，显示低位回补资金明显且较多，技术上一旦站稳 18 元，且后市继续放量，则考虑分批于 L 线附近买入持有。后市果然如期上涨，突破缺口当天的最高价 18.85 元后，向除权后高点之上的 22 元附近摸去。

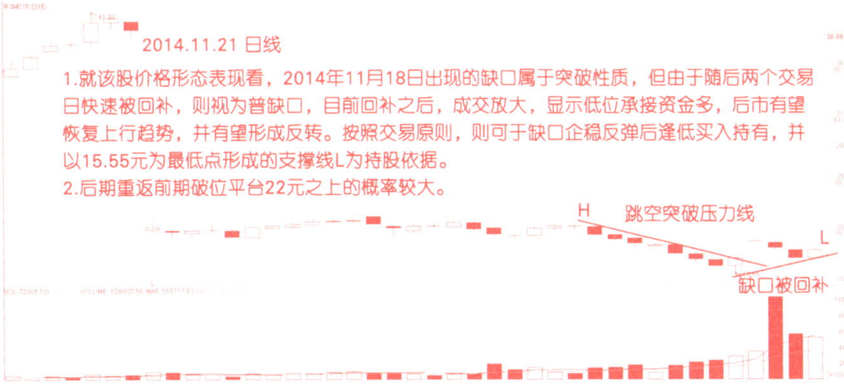

第三十二节　缺口的交易艺术（三）：突破缺口

与普通缺口相比，什么是突破缺口呢？

一、形态特征

当形态确立后，股价以一个缺口跳空上升或下降远离形态，突破盘局，此缺口就是表示真正的突破已经形成，行情将顺着股价趋势行进下去。也就是说，股价向形态上端突破，整理区域便成为支撑区，将有一段上升行情出现；股价向形态下端突破，整理区域就成为阻力区，将有一段下跌行情出现。

这一缺口通常发生在重要的形态完成之后，或者重要的趋势线被突破之后，表示新的、重要的价格运动即将开始。因此，这种缺口留存的时间往往是较长的，而且支持力度也很大，一般不易被回补。

二、特性

通常形成突破缺口的 K 线是强而有力的长阴线或长阳线，表示一方的力量在进攻，另一方则败退。同时，缺口也表示突破的有效性。突破缺口的距离（或宽度）越大，表明其支持力越强。成交量的配合则扮演重要的角色，突破缺口常常伴随着巨大的成交量。一般，与之对应的成交量愈大，表明缺口被回补的可能性愈小。如果发生缺口前成交量大，突破后成交量未扩大，或随价位波动而相应减少，表示突破后并没有大换手，行情变动一段后，由于获利者回吐承接力量不强，便会回头填补缺口。

如果缺口留存不到 3 日，即被完全回补，则表示很有可能是假的突破跳空。这样，上升的跳空价位就形成反弹的阻力位；反之，则为支持位。如果突破缺口发生后，成交量不但没有减少，反而扩大，则此缺口意义深远。一般，与之对应的成交量愈大，表明缺口被回补的可能性愈小，或短期内将不会回补。与突破形态一样，下跌突破缺口并不一定出现大成交量，但仍有效。

三、操盘技巧

突破缺口蕴含着极强的动能，向上突破缺口型态确认以后，投资者可大胆买入，短线亦可采取追涨杀跌的策略。如果在上升趋势中出现上述缺口，激进型投资者可于当日以 1/3 仓量抢进，待次日趋势肯定后再适量回码；稳健型投资者于次日市势明朗后跟进，若 3 日不被回补，再考虑加码。追求的利润应以 5% 为短线目标或止赚原则。如果在下降趋势中，应以短期支持线为操作依据，以关键点位为止损位。当然，中短期的趋势线仍旧起到非常重要的作用，并作为交易的参考依据

四、案例分析

如下图所示，盛路通信（002446）在 2014 年 11 月的日线图中，普通缺口和突破缺口一览无遗且区别显现。与之对应的成交量决定了价格趋势延续的时间以及强弱。如果压量上涨，则预示后期依旧震荡走高。

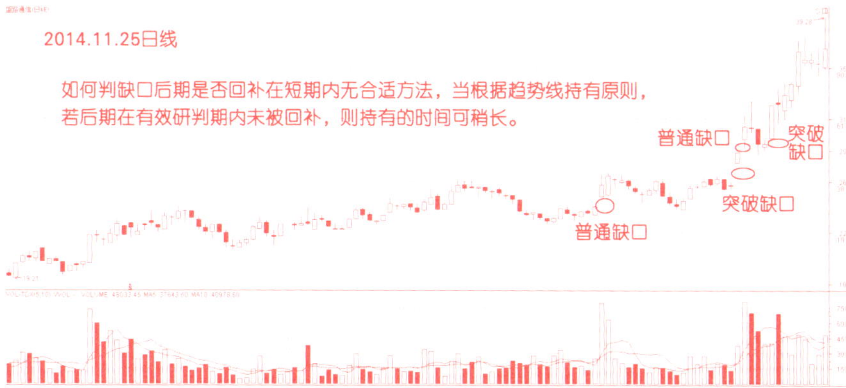

第三十三节　缺口的交易艺术（四）：持续缺口

本节继续讲另外一种缺口，即持续缺口。

一、形态特征

持续缺口又称为中途缺口、中继缺口等等，通常产生在突破缺口的基础上。常在股价剧烈波动的开始与结束之间的一段时间内形成。

随着趋势的发展，尚未甘心失败的一方见抵抗已是徒劳，行情不能马上回转，于是又有一部分失败方忍痛割爱；而获胜方又对其雪上加霜，痛打落水狗，从而使行情又一次凝聚爆发力，产生了持续性缺口。

一般当市势发展至此时，如果该缺口未被马上回补，则后市极有可能以此为中点，顺着原趋势方向运行，其幅度约等于从突破缺口以前的起点到持续缺口距离的绝对值。因此，此缺口又称为测量缺口。

二、特性

在上升趋势中，持续缺口的出现表明市场坚挺；而在下降趋势中，则显示市场疲软。

持续缺口在此后的市场调整中将构成支撑区，它们通常也不会被填回，而一旦价格重新回到持续缺口之下，那就是对上升趋势的不利信号。

三、操作技巧

持续缺口出现后，仍以追涨杀跌的顺向思维操作为好。若追涨，其目标位以测量幅度为准。此外，对于持续性缺口出现之后 2~3 个交易日不被回补，则可以加大仓位，后市仍有可能加速上扬，等待放大利润后更高的卖出机会，且参考突破缺口起点至持续缺口之间的量度升幅位。

通常情况下，考虑追涨的风险性，对于出现持续性缺口的当日以少量仓位介入，在 2~3 天内，若有盘整且不回补缺口，则考虑加大仓位，总体仓位控制在 1/3 以内。

止损则是以完全填补持续性缺口下沿为止损线。

四、案例分析

如下图所示。辉丰股份（002496）在 2014 年 11 月 25 日后，先后出现普通缺口、突破缺口、持续性缺口，以及下节要讲的衰竭缺口。可以在 11 月 28 日适量买入，在随后两个交易日未能完全回补后，继续逢低加仓持有，直至出现冲高回落上涨乏力的情形考虑卖出。

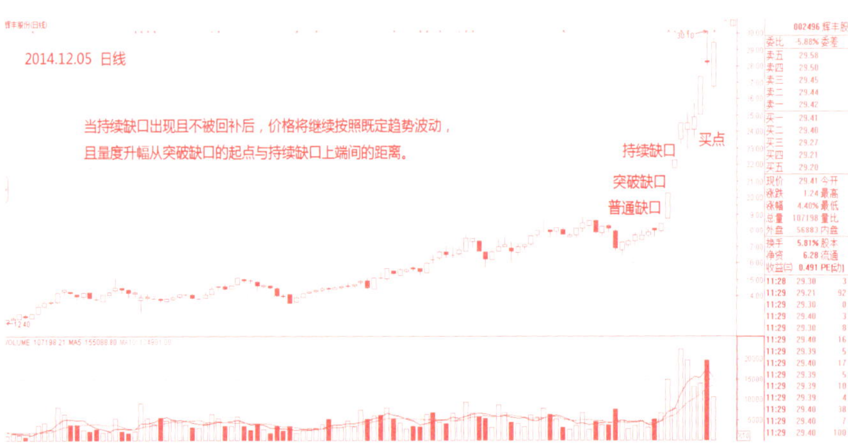

第三十四节　缺口的交易艺术（五）：衰竭缺口

如果说普通缺口、突破缺口、持续缺口都属于买入信号的话，那么衰竭缺口则是投资者从持有到卖出、等待价格走势出现卖出信号的一个研判标准。会买了，也要会卖。

一、形态特征

衰竭，顾名思义指盛极而衰。春秋时著名的曹刿论战在历代传为佳话。就其掌握两军锐气消长规律讲，富有辩证法气息，尤其是“盈”与“竭”之间的转换，足以启发人更深入地思考。

就股市来说，我们不妨认为突破性缺口是“一次鼓”，持续性缺口是“二次鼓”，上升过程中出现衰竭性缺口，则意味着升势即将结束，下跌过程中出现衰竭性缺口，则意味着即将止跌企稳。

在市势的尾声，疯狂的行情已使大多数投资者失去理性，而失败方的最后坚持者也悲壮地投降告退，以至于获胜方趁着余威，造成又一缺口——衰竭缺口。然而，最后的疯狂好景不长，在随后的几天里价格马上开始下滑。

通常，此缺口被回补的概率较大。在上升趋势中，如果跳空被填回，则通常具有疲弱的意味。衰竭缺口的分析意义是原有的趋势力量已经减弱，表明市势即将终止原来的趋势，股价即将进入整理或反转形态。

二、特性

成交量在该缺口的研判中起到非常重要的作用。缺口发生交易日或次日的成交量若比过去交易日显得特别庞大，而预期将来一段时间内不可能出现比此更大成交量时，极可能就是衰竭性缺口。如果缺口出现后的隔一天行情有当日反转情形，而收盘价停在缺口边缘，就更加肯定是衰竭缺口。

同理，下跌结束前出现向下跳空 K 线，成交量萎缩，此缺口亦是衰竭性缺口，投资者需要做的是找到空头市场中的衰竭性缺口，这是即将转势的信号。

三、操作技巧

出现衰竭缺口时，在操作上与前述缺口有别，即观望为上，顺势获利为安或逢低吸纳。不过，此时准确研判趋势的方向才是关键。另外，还要密切关注成交量的变化。成交量愈大，趋势延续缺口方向的概率也就愈大，投资者可以顺势操作。

通常情况下，在缺口被回补时且伴随成交量放大，可考虑减仓，完全回补则全部出局，切忌在填补缺口后买入。

四、案例分析

如下图所示，券商龙头股海通证券（600837）在 2014 年 12 月的日线图出现了多种类型的缺口。缺口越多，说明情绪化和趋势越明显，后市越值得参与。

在 2014 年 12 月 8 日、9 日出现跳空缺口之后，盘中一度被回补，

但 10 日再度创新高，对于享受到主升浪的投资者或者场外投资者而言，可能仍旧认为需要拿住。殊不知，在巨大的成交量下，股价逐渐失去了短期上升动能，并非填补缺口就能再度恢复上行趋势。

因此，对于当时出现的反弹，依据衰竭缺口的研判，可以认为是短期内的一次逃命机会，预计将相继填补持续缺口直至企稳。可以回避短线风险，等待企稳后再度进场的机会。

第三十五节　缺口的交易艺术（六）：岛形反转顺势交易

在研究缺口时，很多时候会发现蜡烛图中的组合明显分成了两块，中间被左右两个缺口隔开，部分蜡烛（K 线）像漂离海岸的岛屿一般，(有时候这个岛屿也可能由一根 K 线或几根 K 线组成)，技术派称之为岛形。

研究发现，这种形态出现之后，股票走势往往会转向相反方向，即归为反转的技术形态。通常而言，岛形反转分为顶部岛形反转和底部岛形反转。

一、形态特征

1. 岛形的左侧为衰竭缺口，右侧为突破缺口，以缺口填补缺口。这两个缺口间隔时间比较短，说明市场情绪化特征明显。

2. 前后两个缺口基本处在同一价位区域，岛形反转时常伴随着很大的成交量。

3. 缺口形成“岛形”的时间可长达数周，也可短至数天，最短可能只有一个交易日。在此情形下也可称作“单日反转”。

4. “岛形”也可能在一些形态如“头肩形”、“三角形”或“长方形”等形成的过程中出现。

（顶部岛形反转）　　（底部岛形反转）

二、特性

岛型反转形成的时间比较短，不足以代表主要趋势的意义，不过它通常是一个小趋势的折返点。前一个跳空发生后，不久便发生反向跳空，说明原来既有的趋势在过度预期后，发生后继无力的现象。既有趋势的力道在后继无力下突然间消失，因此反向势力便乘势而起，发生反向跳空，这是多空势力在短时间内鲜明的消长结果。

所以，当反向缺口没有马上被填补时，便代表多空势力消长确立，成为趋势的反转讯号。

三、操作技巧

底部岛形反转时常会伴随着很大的成交量。如果成交量很小，这个底部岛形反转图形就很难成立。

对于出现底部岛形反转的个股，表明形势可能已经开始逆转，不可再看空了。激进的投资者可在岛形反转后向上跳空缺口的上方处买进，稳健的投资者可在股价急速上冲回探向上跳空缺口，获得支撑后再买进。当然如果股价回探封闭了向上跳空缺口则不要买进，应密切观望。

顶部岛形反转一旦确立，说明近期股价下跌已成定局，要快刀斩乱麻，坚决做多或做空，不要迟疑。如果继续持股，必将受更大的损失。

当然，这里依旧需要引进趋势线原理，操作依据结合成交量的同时，借助于趋势线的突破与否。

四、案例分析

案例一：如下图所示。徐工科技（000425）在2014年12月的日线图，属于相对成功的岛形趋势延续，该形态出现之后，后市上涨幅度惊人。

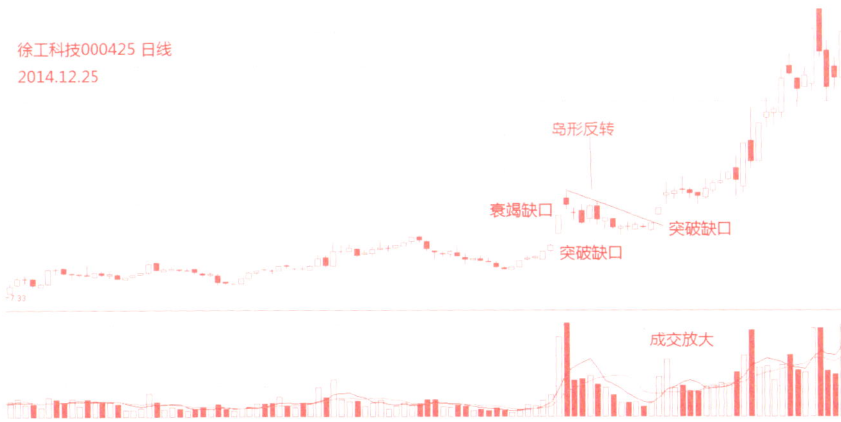

案例二：联建光电（300296）在 2014 年 12 月的日线图，在 12 月 25 日出现了岛形反转，相对应的成交量巨大，对于压力线属于突破性的突破，后市略微回抽确认后继续走高。操作上，则可参考交易技巧顺势交易。

第三十六节　辨识转势长十字线的机会与风险（一）：长十字线

长十字线构成重要的警告信号，即原趋势的停顿或反转。出现在大幅持续上升或下跌之末行情的概率较大，盘整区间出现的机率不多见。出现在大幅持续上升或下跌途中往往意味着行情的转势，是“逃顶”与“抄底”的重要参考信号。

一、形态特征

开盘价与收盘价相同，成为“一”字，但最高价与最低价拉得很开，因此与普通十字线相比，上下影线都很长。

二、特性

长十字线信号的可靠性要远远高于一般十字星，特别是处在顶部或底部的转向状态下。

长十字线虽然表示多空双方势均力敌，但其巨大振幅显示出市场将发生新的变化，趋势将发生改变，特别是在高位和低位的时候容易反转。当不经常出现十字星的时候突然出现长十字星，转势的可能性加大。有时候在行情途中出现长十字线，但须后市确认。

1. 在高位出现，显示较强的见顶信号。在涨势中出现长十字线，尤其是股价有了一段较大涨幅之后出现，有长上、下影，则意味着多空战斗非常激烈却未分胜负，即多空平衡，这种平衡极易被打破。在涨势中出现长十字线，预示股价见顶回落的可能性极大。

2. 在低位出现，显示较强的见底信号。在长期下跌势末端中出现长十字线，尤其是股价有了一段较大跌幅之后，出现有长上、下影线的长十字线，则意味着多空双方犹豫不决，见底反转上升的可能性较大。若伴有量能的放大，见底的可能性较为可靠。因此，底部见到长十字线不适宜再斩仓。由于跌势途中套牢筹码堆积，沉重如山，大跌初止，一时难以强劲上攻，还须观察行情走势，故不必急于抢进。

3. 行情途中出现。在升势之初上涨幅度不是很大的上涨途中出现，虽然容易引发短暂调整，但应继续看涨，可视为上涨中继信号；在下跌途中出现，持仓者寻机抛出筹码心理较重，心态失稳，继续看跌，为下跌中继信号。究竟是中继还是变盘，可由后面几个交易日的 K 线走势加以确认。

需要注意的是，经研究发现，在长十字线出现当日，如果成交量巨大，则短期转势的概率较大。反之，可能需要后市走势的进一步确认，股价或许存在反复的可能性。即使转势，在一个强势的趋势中，股价可能在后市被修正。

三、操作技巧

上涨趋势出现“长十字线”，见顶回落之兆比较可靠。大幅上涨行情末端出现“长十字线”，获利筹码伴以巨量倾巢而出，可在当日随之出局，落袋为安，否则下跌中损失巨大。

在下跌趋势中的反弹高点出现“长十字线”，股价之上密布的套牢筹码正寻机出逃，应及时控制风险或止损离场。在大幅下跌行情末端，再次急挫之后出现“长十字线”，伴以量能的放大，见底含义比较可靠，此时不宜斩仓，抄底抢反弹者三思而行。激进者可试探性建仓，稳健者仍宜观望，等待后面更清晰的信号出现时入场。在上升行情调整中低点出现“长十字线”，若没有量能的配合，继续观望为宜。

四、案例分析

案例一：如下图所示。中国铁建（601186）于 2014 年 12 月 23 日当日打开涨停板，低开高走，随后大幅杀跌，尾盘接近开盘价报收，形成长十字线，重要的是对应的成交量巨大，显示多空分歧加大，预示后市看跌，次日跌停。若在低开高走随后回落时，则需要警惕，考虑减仓以避免次日的跌停。但大跌之后，由于多头坚决，25 日随即止跌反击，成交放大，穿头破脚的走势出现，短线局部由下跌转为上升，迎来新一轮机会。

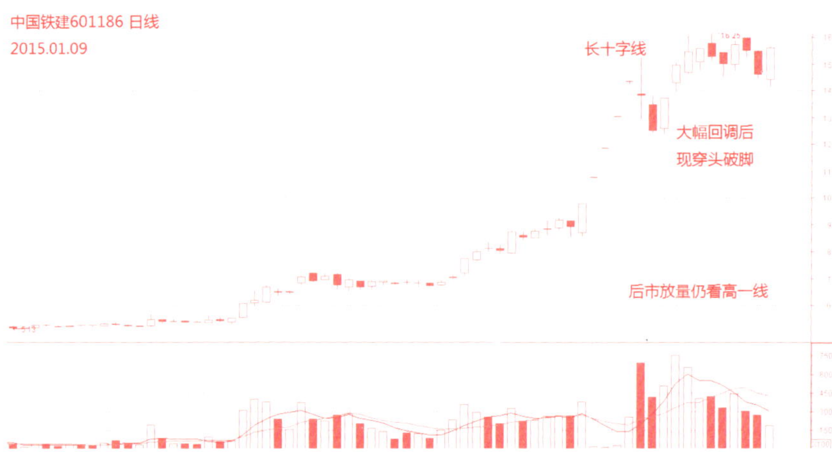

案例二：如下图所示。中国交建（601800）在 2015 年 1 月的日线图中就出现了十字星和长十字线。若出现的位置不一样，则结果不一样。十字星与十字线的区别在于上下影线的长短，越长且呈单边走势，则转势的信号越强，否则需要后市 K 线进一步确认。

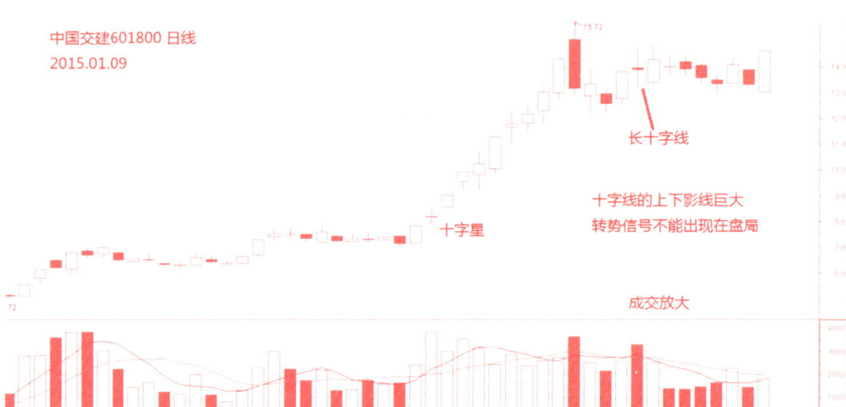

第三十七节　辨识转势长十字线的机会与风险（二）：螺旋桨

长十字线出现的位置不同，其多空意义也不一样。此外，长十字线的星体可能会变形，其阴阳及星体的长短不同，又有不同的多空研判意义，而其中的螺旋桨则在操作上有更强的多空信号。

一、形态特征

K 线实体较短，上方和下方均有较长上下影线的小阴或小阳线，这种 K 线形状因形似飞机的“螺旋桨”，因此被称为“螺旋桨”。

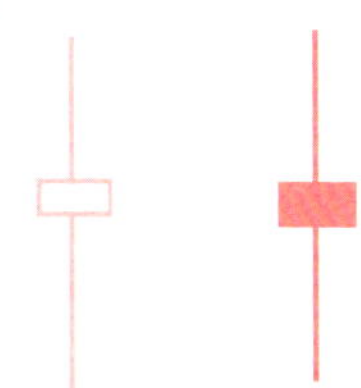

开盘价、收盘价相近，K 线实体 (可阳可阴) 很小，但最高价与最低价拉得很开，因此上下影线都很长。

螺旋桨和长十字线技术含义相同，都是一种转势信号。螺旋桨的转势信号比长十字线表现得更为强烈。

二、特性

结合之前的蜡烛图或者阴阳 K 线，对比螺旋桨，你会发现射击之星、锤头，揉搓线、及螺旋桨的组合等等，综合起来研判多空意义会更有深度，或者其可靠性更强。加之笔者体系中的量价关系，研判多空的准确率会更高。

长十字线如果出现在上升趋势中，只要成交量非异常放大，则属于看涨的多头信号，即使你不买入，但至少可以观望不卖出。有时候持有也是一种正确的策略。此外，这时候的分时图及对应的成交量就成为重要的研判依据。

从多空意义上讲，既然十字星表明多空势均力敌，阴阳实体则表明多空态度。阳烛看涨信号相对而言强于阴烛，对应的成交量不宜过大，维持温和状态较好。若过大，则看跌意味较浓，空方次日反击的概率较大，且往往也伴随着较大的成交量。

若长十字线出现在下降趋势中，则属于抵抗性的意味较浓，多头在温和成交量的配合下，次日反攻概率较大。若过大，则无论阴烛或阳烛，次日也会下跌。

三、操作技巧

依据笔者多年经验及大量实战案例，分以下两种情况：

1. 下跌中出现螺旋桨，意味着下跌空间有限，若成交量温和，则更为可靠，此时结合分时图观望；若为阳线实体则可做多。次日信号确定后，考虑加仓。

2. 上升趋势中出现螺旋桨盘整或者强势震荡，构造假头部的概率较大，多为洗盘。若成交温和，且非量价背离，则可积极做多，反之卖出。稳健者，次日决定策略。

四、案例分析

如下图所示。中国平安（601318）2014 年 11 月 27 日的 K 线则属于长十字星，成交温和放大后，上升趋势延续，次日回撤构成重要买入机会。2014 年 12 月 29 日、2015 年 1 月 6 日均属于螺旋桨技术形态，前者实体为阳线，后者为阴线。前者出现在突破上涨乏力后回撤，依照被突破后一般有回抽确认过程，且被突破点为重要支撑点，随后多头反击上攻，次日温和放量，则趋势延续，此为突破买入信号。后者则是见高回落后次日出现，回抽中处于抵抗性反弹，成交温和放大，多头转入反攻。尽管其后有一定程度的下跌，但幅度有限，最终多头取胜。

后一个螺旋桨出现时，至少是观望，不构成卖出信号，表明多头在下跌中一路抵抗，一旦企稳，则是很好的介入机会。1 月 15 日，多头长阳线突破，1 月 6 日抵抗性多头的成果得以确认，后市将延续震荡走高趋势，投资者可以逢低买入持有。

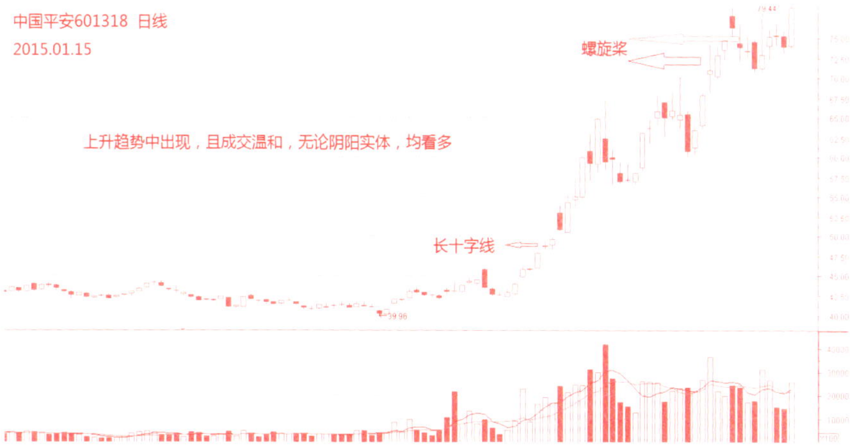

第三十八节　否极泰来尽头线（一）：底部尽头线

尽头线，顾名思义是多空到头的意思，意即否极泰来，行情往往反转。它在上涨行情中出现，预示股价要下跌；在下跌趋行情中出现，预示着股价要上涨。根据形态形成，通常分为底部尽头线和顶部尽头线两种。本节先讲底部尽头线的多空秘密。

一、形态特征

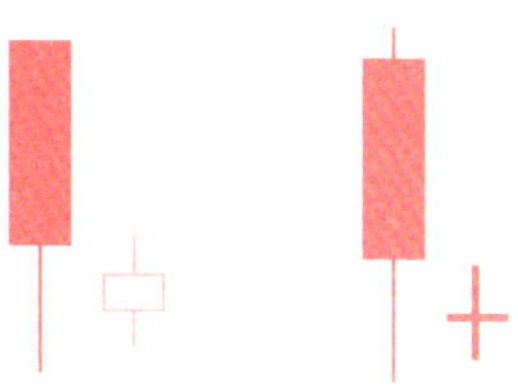

1. 下跌和上升趋势中均可能出现，由两根一大一小 K 线组成，或者准确地讲，属于局部下降趋势必然形成中出现。

2. 第一根 K 线为大阴线或中阴线，并留有一根下影线。

3. 第二根 K 线为小十字线或小阳小阴线，依附在第一根 K 线的下影线之内。

通常而言，标准尽头线出现的机会并不多，大多数情况下出现的都是不太标准的尽头线（如第二根K线的上下影线较长，但只要它的实体较短，且完全被第一根K线的影线所包容，也可以看作是尽头线）。这种不太标准的尽头线所发出的股价转向信号，一样具有参考价值。因此只要是尽头线，不论是否标准，投资者都要密切关注。

二、特性

如果两根K线合二为一，则是收盘价下移，空头继续占优，因此底部尽头线并非简单意义上的见底反弹或者确认底部，而是要根据两根K线在行程中出现的位置来定义。

若在下跌趋势的末端出现尽头线，预示空头力竭，买方即将展开反攻，投资者不应盲目看空，第二根K线越小（如小十字星），则信号越强。若在上升趋势中出现，则可能预示多头上攻乏力，空方随时反击，则需要注意调整。

三、操作技巧

尽头线出现的位置不同，其操作策略也不一样。

在下跌趋势的末端出现底部尽头线，投资者不应再盲目看空，此时股价可能反转，但信号尚未确认。稳健者需注意次日量价关系是否进一步配合，或者出现量增价升或者量增价平有变盘的迹象。若符合，则可果断买入。反之，可能还需要观察突破下降趋势线后，方可买入。

在上升趋势中出现底部尽头线，投资者勿盲目乐观，此时可能空方还将继续出击。稳健者应该果断减仓，避免次日股价下跌。激进者当日逢高全部出局。

四、案例分析

如下图所示。以金地集团（600383）2014年年底至2015年年初的日线图为例。图中出现两次看跌的底部尽头线，均出现在上升趋势中，唯有出现在下降趋势中的底部尽头线出现了上涨。所以，底部尽头线的组合出现在价格波动趋势中的位置很重要，上升趋势中多数看跌，下降趋势中大概率看涨。

第三十九节　否极泰来尽头线（二）：顶部尽头线

事物都是相对的，有底部就有顶部。既然底部尽头线不一定就是见底，那么顶部尽头线也不一定是见顶。如何研判顶部尽头线的多空意义？关键还是形态出现的位置及相对应的成交量。

一、形态特征

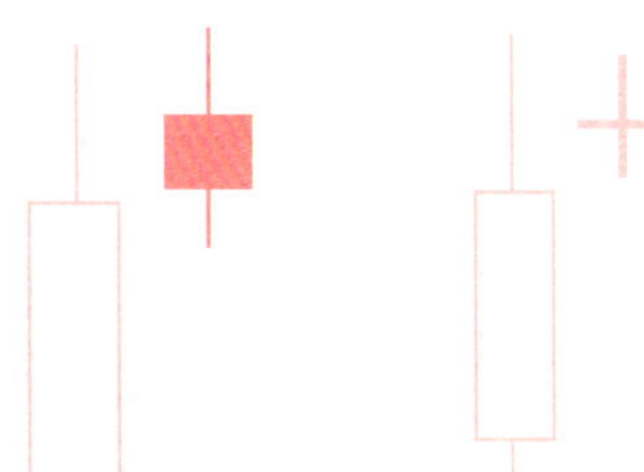

1. 出现在上涨趋势中，由两根一大一小的 K 线组成。

2. 第一根 K 线为大阳线或中阳线，并留有一根上影线。

3. 第二根 K 线为小十字线或小阳小阴线，依附在第一根 K 线的上影线之内。

二、特性

在上升趋势的末端出现尽头线，说明上升动力不足，预示股价要下跌。如果成交量急剧放大，则下跌的可能性更大，应果断出局。第二根 K 线越小（如小十字星或射击之星），则信号越强。

如果出现在下降趋势中，局部出现多头抵抗性的反弹，呈现上述 K 线组合形态，那么此时可能预示着股价向好，可以理解为空头释放接近尾声，多头否极泰来。此时，多头转势信号将强于空头的攻击信号，可以考虑逢低介入。

三、操作技巧

依据特性，对于顶部尽头线在交易中还是要区别对待。在上升趋势末端出现，见顶意味浓，无疑应该卖出。如何研判？关键点是需要后市的进一步确认方可。而在形态形成之后，日线图很难给出准确的操作提示，应该结合分时图和次日的形态加以确认。

分时图中，对于首日大阳线的带上影线的高点，屡次冲击未果，且成交放大，则考虑减仓；日线图中，如果在十字星出现之后的次日上涨继续乏力，出现高开低走或者低开低走，且成交放大，均宜短线卖出。对于稳健者，该形态出现时，注意分批逐渐降低仓位，激进者据分时图卖出即可。

如果出现在下降趋势末端，则属于多头抵抗性反弹形态的构造，此时注意切忌盲目杀跌。大阳线显示低开高走，十字星是中途休整，如果对应的成交量逐渐放大，则属于多头建仓信号；若缩量则可能需要盘整。只要不是局部顶部，投资者就应该耐心观察。

这两种情况的出现，若能结合趋势线、十字星突破或者盘离（指价格趋势逐渐在盘整中脱离趋势）下降压力线，则均可视为短期变盘信号的确认。稳健者在当日十字星少量买入，次日再决定是否加仓，并将大阳线的开盘价设为止损价。

四、案例分析

如上图所示。以杰瑞股份（002353）为例。该股在除权后的2014

年 6 月 10 日，下跌趋势中出现大阳线，且带上影线，预示局部转强，次日收出孕育其中的十字星，多空试探性的转换，直到第 4 日之后，价平量增酝酿变盘，多头才决定小幅度的反击，此形态属于看涨尽头线，投资者需要注意其中的量价关系综合研判。2014 年 9 月、10 月，属于上涨趋势中的标准看跌顶部尽头线，2014 年 11 月 20 日、21 日中属于看涨顶部尽头线。若能及时卖出，则可以避免长达 3 个月的下跌。

第四十节　倾盆大雨　必逃无疑

倾盆大雨也叫一泻千里，从字眼中可以看出它的力度之大。它比乌云盖顶更具有实战意义。

在股票市场中流传着这样一句话“乌云盖顶狂风吹，乌云压城城欲摧。倾盆大雨太毒辣，下跌趋势人人怕。”的确如此，倾盆大雨形态的杀伤力要大于乌云盖顶，特别是伴随成交量放大的倾盆大雨形态，跌势更加猛烈。

一、形态特征

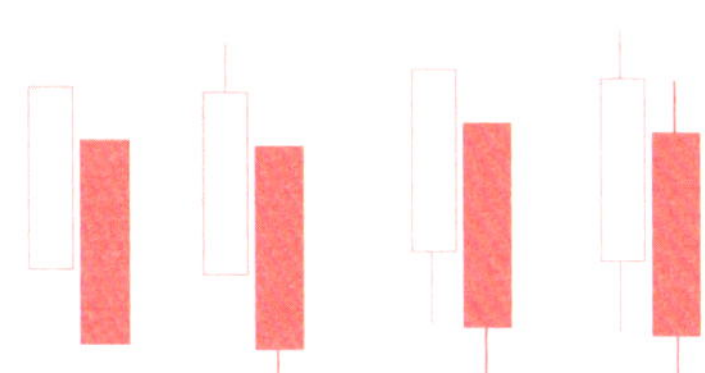

1. 在高价区出现。
2. 由两根 K 线组成。
3. 第一根 K 线为中阳线或大阳线。
4. 第二根 K 线为低开低走低收的中阴线或大阴线。收盘价比前一天阳线开盘价要低。

成交量：需要说明的是，顶部倾盆大雨杀伤力要大于乌云盖顶，特别是成交量如果同时急剧放大，跌势更加猛烈。

二、特性

当出现倾盆大雨形态时，形势对多方极为不利！

在一个上涨趋势的高价区域，先收出一根中阳或长阳线，说明多头市场的持续，但次日并没有延续上涨走势，价格跳空低至该阳线的实体内开盘，低开低走，收盘价低于前一日阳线的开盘价，这根低开低收的阴线使多方信心受到了极大的打击。

低开，说明人们已不敢追高，而想低价出售股票的投资者却大有人在。低收，更是明明白白反映了市场看淡该股的大众心理。此时前一根阳线追涨者悉数被套，第一日阳烛买进的投资者在第二日阴烛出现时，很像在艳阳天时突然遇到雷阵雨，且是倾盆大雨，防不胜防，受到难以避免的损失。热情高涨的投资者失望至极、愤怒至极，后面所做的事情就是割肉离场，伴随着大量抛售，这个时候市场出现恐怖的下跌，致使行情转势，一泻千里。这种形态出现时如伴有大成交量，反映出多头出逃更加迫切，跌势更加猛烈。

当然，在某个凶悍的主升浪中，此形态往往带有强烈的洗盘意味。低开往往代表一种情绪化的宣泄，主力借此低开压盘引发恐慌，伺机逢低捡回筹码，以便于日后拉升。但研判的重要依据不是此形态出现的当天，而是其后。如果放量修复调整走势，则上升趋势将会延续。反之，次日并未出现预期中的上涨，则后市还将转入下跌。

尤其需要注意的是，顶部倾盆大雨杀伤力十分巨大，特别是周K线的顶部倾盆大雨杀伤力更强大，下跌时间可能达半年或者一年以上。

三、操作技巧

倾盆大雨形态基本不给第一根阳烛追涨者任何逃跑的机会，为获利丰厚的投资者嗅到市场潜在的风险而仓皇出逃所致。后面常常伴随着快速的杀跌，所以在连续上涨的高位出现这种形态形成头部的概率比较大。投资者遇到此种形态一定要谨慎。

激进者首先做的就是大幅减仓，及时抛出筹码，避免损失扩大。如果次日仍无反抽，则应坚决抛出剩余筹码而离场。或者在第二日价格跳空低至该阳线的实体内开盘低开低走时，抛出大部分筹码，在收盘前基本确认倾盆大雨形态成立，且放量时抛出剩余筹码。稳健投资者在第二日基本确认倾盆大雨形态成立收盘前抛出大部分筹码，次日继续跌势时抛出剩余筹码。

四、案例分析

如下图所示。以华昌达（300278）2014 年 5 月 –2015 年 3 月的日线图为例，图中所示，倾盆大雨的下跌与洗盘两种情况均有出现，如何辨识？还是依据前文所述的第二天确认。所以很多时候，我们需要理性判断 K 线形态，忌讳在大涨大跌中茫然不知所措的交易。大阴线出现时，倾盆大雨成功的概率也仅仅只是 50%，很多时候，理性的投资者是顺势减仓，而不是顺势全部止损或者止盈，否则，类似于华昌达可能错失后面 50% 以上的涨幅。而且即使出现倾盆大雨的下跌走势，后面利用反弹机会也可以减仓。

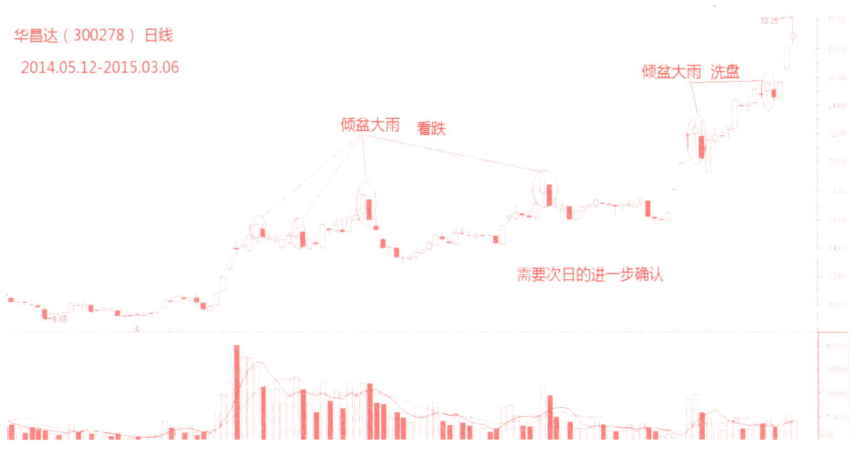

这个案例再度告诉我们，止损也是有技巧的，不可盲目止损。

第四十一节　K 线的秘密：多空的语言

在《K 线的秘密》这一章节中，我们在大众认知的基础上，辅之以量价关系，从构造特征和特性来分析，最终探究盘口给出的多空语言信息，借此做出买卖的交易抉择。

本节我们再继续前人总结之经验，进行最后的小结，以便于大家更好地理解记忆。

一、24 条记忆顺口溜

1. 十字孕线，涨跌互换。
2. 双飞乌鸦，不跑傻瓜。
3. 剧涨并排红，上涨在途中。
4. 骤跌并排红，此股继续熊。
5. 连续下跌 T 线见，马上进场抢反弹。
6. 连续上涨长上影，抛出筹码不要等。
7. 多方炮，最有料，后市看涨最可靠。
8. 空方炮，跌信号，此时不跑就挨套。
9. 光头阳线看大小，越大上攻越可靠。
10. 光头阴线看大小，大阴下跌赶快跑。
11. 接连三个十字线，后市马上就变盘。
12. 三只乌鸦呱呱叫，此刻不走就挨套。
13. 上升三法，细看说明，仔细判断，涨跌弄清。
14. 下降三法，判明最佳，一旦确认，抛出筹码。
15. 前进红三兵，主力要上攻，短线杀进去，稳定获利丰。
16. 缩量红三兵，警惕别放松，时刻准备走，变盘赶快扔。

17. 十字星，不一般，后期走势细研判，股价高位防下跌，股价低位抢反弹。

18. 长下影，有门道，仔细分析最重要，升势出现要见顶，跌势出现底在抄。

19. 出水芙蓉最可爱，穿越三条均线带，后市方向理应涨，杀入收益定不赖。

20. 断头铡，好可怕，大阴连切均线仨，此刻快走莫犹豫，清仓甩卖不计价。

21. 升势拉出大阳线，可作提速来研判，追涨介入机会好，收益丰厚金不换。

22. 升途来个大阴线，后市下跌马上见，此时如果再不跑，资金损失肯定惨。

23. 升势遇到吊颈线，次日低开准完蛋，如果跳空缺口大，抛出筹码莫迟延。

24. 跌势遇到倒锤线，后期走势要判断，跳空超锤是标准，小心介入把涨盼。

二、看涨看跌的归纳

1. 单根看涨 K 线：长十字线、螺旋桨、底部锤头、底部 T 字线、底部倒转锤头、底部倒转 T 字线、仙人指路、底部大阳线、出水芙蓉。

2. 单根看跌 K 线：长十字线、螺旋桨、吊颈线、顶部 T 字线、射击之星、顶部倒 T 字线、顶部大阴线、断头铡刀。

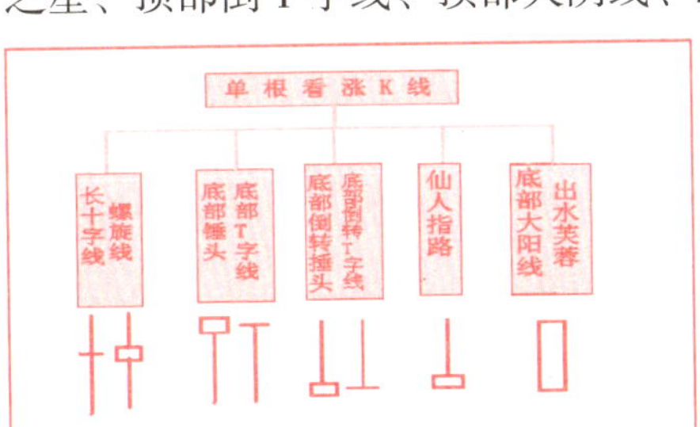

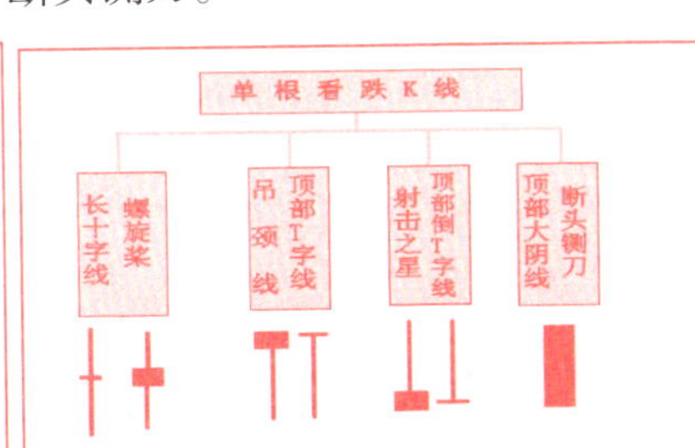

3. 双根看涨 K 线：穿头破脚、旭日东升、曙光初现、好友反攻、底部尽头线、揉搓线、黑太阳。

4. 双根看跌 K 线：穿头破脚、倾盆大雨、乌云盖顶、淡友反攻、顶部尽头线、揉搓线。

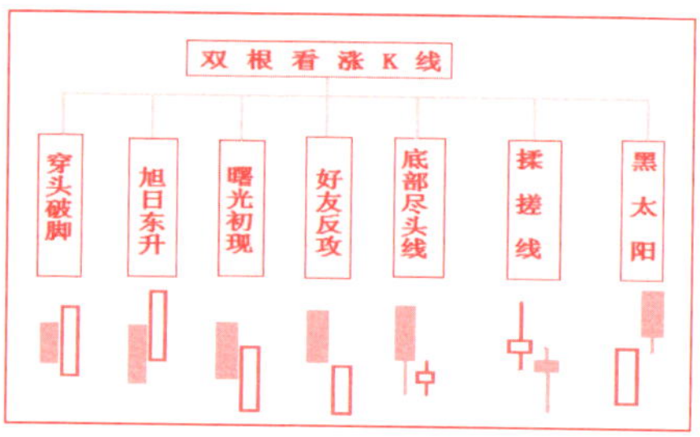

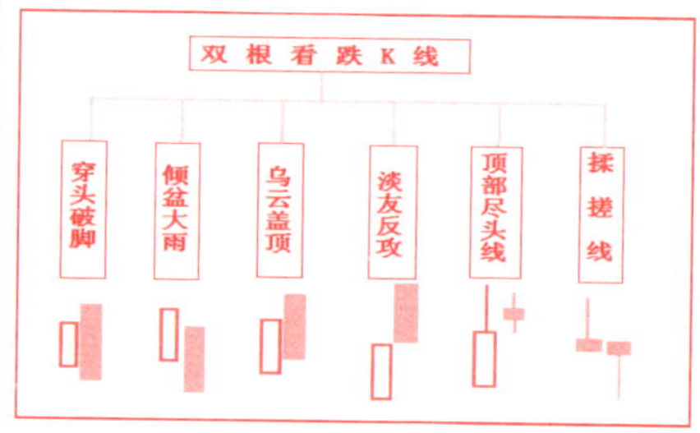

5. 三根看涨 K 线：早晨之星、三个红小兵、多方炮。

6. 三根看跌 K 线：黄昏之星、白三鹤、三只乌鸦、空方跑。

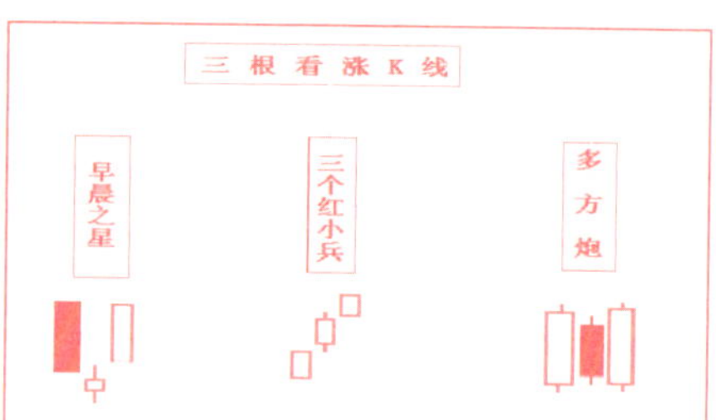

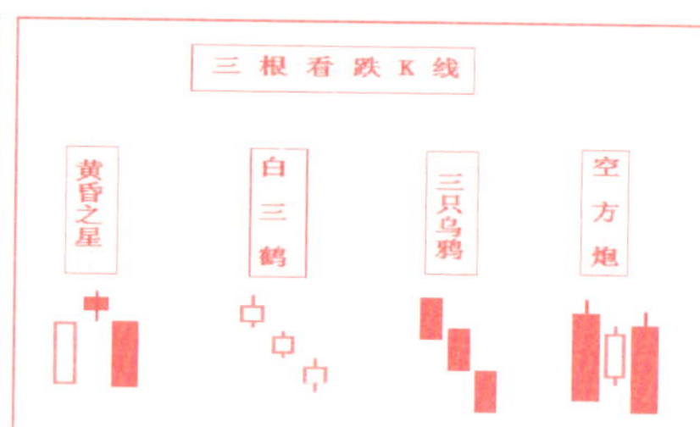

7. 多根看涨 K 线：上升三部曲

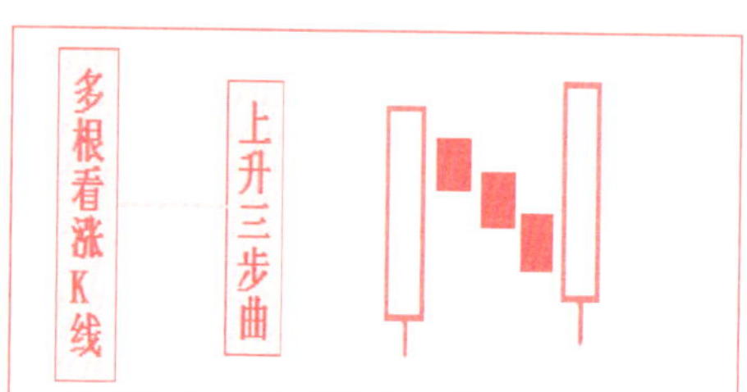

总之，在实际运用中，很多时候我们会发现，这些大概率相对准确的 K 线，还是有些许缺陷，并不能达到 100% 的准确率。于是笔者引进了成交量，借用量价关系分析，准确率又提高不少。

在下一章节中，我将多年来从实战中得来的经验之核心的量价关系奉献给大家，如果掌握其精髓后，你将在股海生涯中受益匪浅。

第 4 章

核心量价关系

不管主力如何运作，量价关系永远骗不了一个成熟而专业的投资者。

第一节　八边八卦　买卖自如

很多时候，成交量对蜡烛图或者K线的意义非常明显。可是，很多人认为成交量和价格多数是主力画图、画量来骗人的，其实这是一种认识的误区，持这种观点的人，应该基本不懂量价关系。

就我从业15年的看盘和实战经验看，如果在分析K线或者蜡烛图时，引进成交量的技术指标，将量价结合起来分析极为重要。不管主力如何运作，量价关系永远骗不了一个成熟而专业的投资者。只是市面上关于量价关系研究的书籍鱼龙混杂，对普通投资者而言，如何做到简单直观地洞悉量价关系，我觉得对于接下来的剖析，投资者很有必要仔细而认真的理解并记忆。

我将量价关系总结为八边形或者八卦图，有人称之为逆时钟曲线。对这套理论，试图诠释的人很多，解释得云里雾里的也极多，至于有多少能让你看懂就不得而知。

我重新定义并剖析，简单明了，极容易记忆，也容易理解。如下图所示，其应用原则有八个阶段，本节先讲四个阶段。

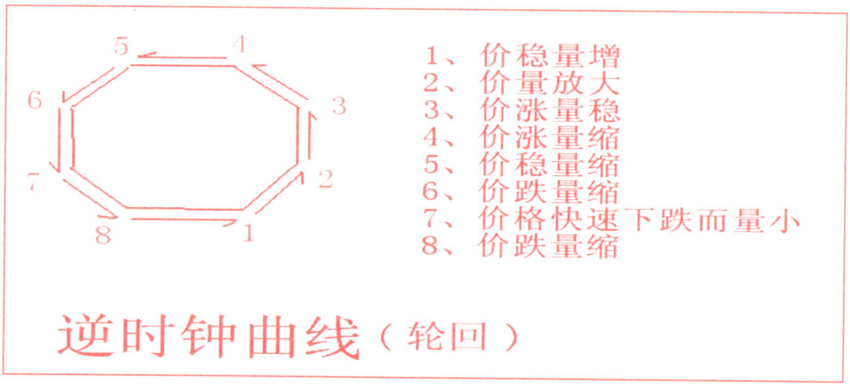

1. 价稳（平）量增，变盘

从图中标记的 8 开始，由 8 到 1 阶段。股价经过一段跌势后，下跌幅度缩小，甚至止跌企稳，波动逐渐收窄，在低位盘整，直至趋平。其主要原因是空方认为价格下跌到一定阶段后，跌无可跌，投资者惜售心理明显，再做空已经无人响应，且此后空方逐渐空翻多，转而逢低慢慢吸取筹码，或者在一个相对窄幅波动的价格区间里收集筹码，最后越来越多，反映出来的成交量也越来越大。

这时成交量明显由萎缩而递增，这个阶段后，多空转换可能出现重大变化，价格的趋势可能因此出现变盘的概率极大。

技术意义为：表明在低位，多空双方分歧开始加大，多方已不同意看空趋势，此为变盘阳转信号。

2. 价量放大，果断买入

图中标记的 1 到 2 阶段。在成交量持续放大的情况下，表明多头逐渐进场，推动价格走高，此时量价呈现同步，空方且战且退，多头步步紧逼，逆时钟曲线由平转上或由左下方向右转动时，进入多头位置，为最佳买进时机。这表明多方已转入反攻阶段，趋势持续向好，此阶段的操作策略是果断买入为主。

3. 价涨量稳，持续买入

图中标记的 2 到 3 阶段。成交量放大至较高水准后，且连续维持于高档后，相对而言并不再急剧放大，呈现温和状态，或者说控制成交量的释放程度较好，与之对应的股价仍继续上涨，这表明多方对趋势仍然持续看好，空方的撤退呈现正常的速率，多头稳扎稳打，保持均衡的力道推进。此阶段的操作策略应以逢价格回档加码买进为主，适时追涨也可取。

4. 价涨量缩，谨慎观望

图中标记 3 到 4 阶段。价格继续上涨，是多头的惯性所在，空方的撤退也形成惯性，但总体而言，涨势渐趋缓，不如此前急促，成交量不再继续放大，且有缩小的迹象，似现量价背离迹象，表明价格已出现在一个相对高位后，尽管空方尚未占据优势，但多方进逼程度已经转弱，空方可能随时反扑。此阶段的操作宜持股观望，不宜再追高抢涨。

案例分析 1：

严格遵循量价关系分析的东华软件（002065）

现举例东华软件（002065）。该股是我和我的团队交易的一个经典案例，判断的理由就是量价关系。

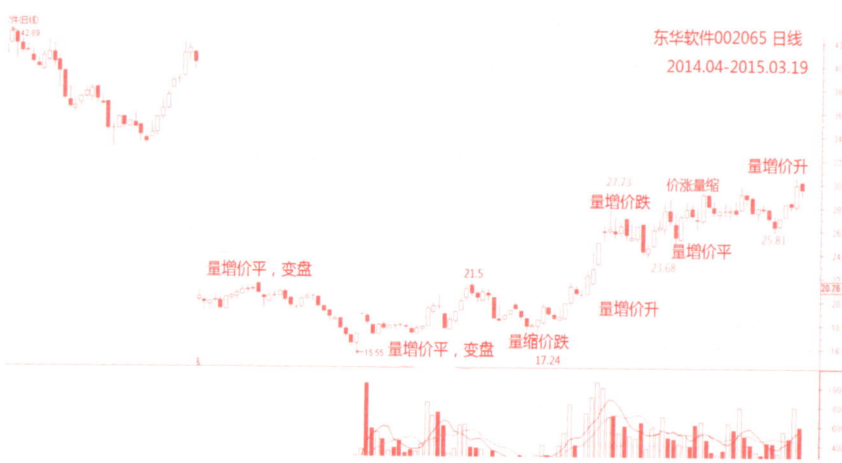

该股在 2014 年除权伊始，价格稳步攀升，但幅度不大，可以说是窄幅波动，但成交放大，当价格随着成交量的放大而不能成正比，在价平量增时，则变盘概率较大，只是此时背离后，价格选择了下行，后市跌幅巨大。

至 15.55 元附近止跌反弹后，回抽至被突破的下降趋势中，价格又持续稳定在 17~18 元之间波动，与此同时成交持续放大，此阶段意味着多方缓慢吸筹，但不肯付出较大的代价，于是僵持一段时间。随着成交越来越大，多头最终反击，此阶段是八边形中的 8 至 1，明显为买点，而也就是在此时，我们的客户大量开始建仓。

此后量增价升，趋势持续，八边形的 1 至 2 为买入加码阶段。随后攻击至 21.5 元后，成交较之此前 20 元附近相比量能不足，缩量后呈现量价背离，股价出现回调，直至成交重新放大，继续演绎量增价平后，价格再度启动。

此后出现八边形中的 2 到 3 阶段，直至 27.73 元附近，价涨量缩出现，则表明股价盘整，投资者可以退出观望。

案例分析 2：

盘中敢于实盘交易的均胜电子（600699）

在大盘连续快速上攻中，个股轮番普涨，但如何把握既不盲目追高，又能稳健获利且空间巨大的潜力品种，除了该股处于风口外，还要有良好的量价关系。

譬如，2014 年 3 月，我曾在一次北京实战演练中，重点出击过均胜电子（600699）。为何选择它？请看图。

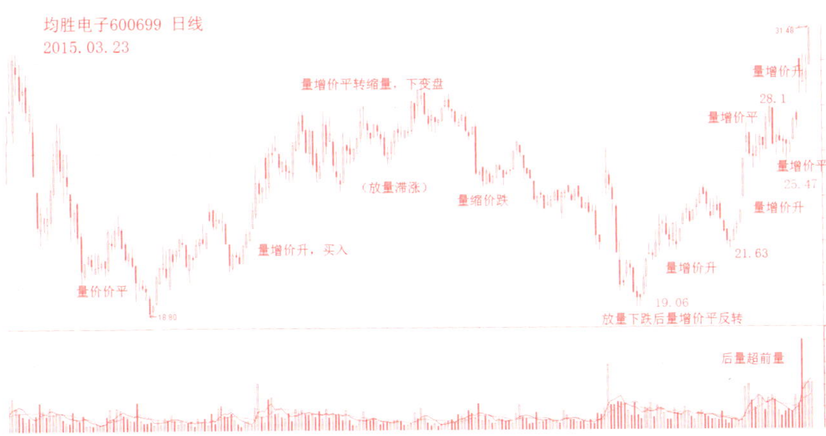

从量价关系上分析，该股从底部 19.06 元启动，成交一直未能急剧性放大，中间符合量增价升、量缩价跌的情形。当在上攻 28.1 元的途中，量增价升无以持续时，转入量增价平阶段，出现变盘向下。随后成交萎缩跌势止住，又出现价平量增，股价继续走高，直至再度跳空上行重返

30 元，选择了价平量增。

由于此前属于惯性上冲阶段，缺口的影响较大，属于突破性缺口。当周一早盘拒绝回调转而温和放量上攻时，有继续新高的可能，那么，量增价升在突破旗形时就是一个买点。于是我指导客户果断出击买入。且做出后市交易计划：温和放量继续加仓，缩量回调至突破点再度加仓，创新高继续加仓。

随后该股的市场走势基本符合预期，后市仍有较大的上涨空间。

案例分析 3：

意外短期翻倍的延华智能（002178）

该股是我们曾经指导客户的一个经典品种，发现延华智能（002178）也是因为量价关系。虽然该股短期翻倍我们不曾想到，但良好的量价关系，可以让客户长期持有底仓，让利润奔跑。

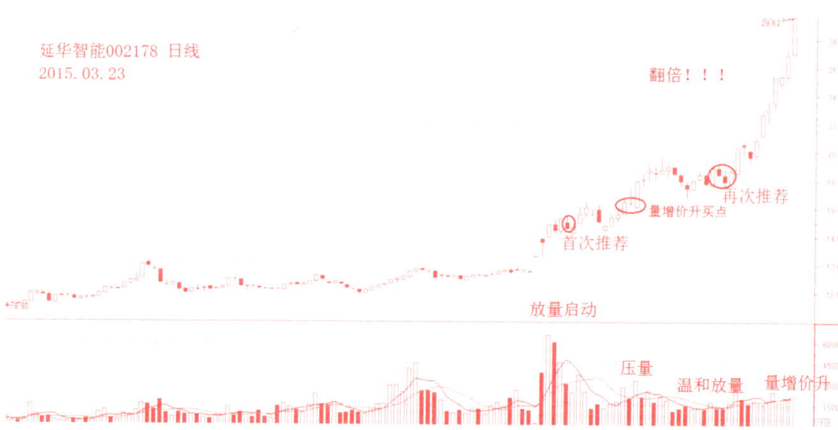

我们需要注意，该股启动量所带来的趋势变化，在随后的整理中，缩量洗盘、量增价平后变盘，向下又一次洗盘，直至放量企稳反弹走高，从此牛股不再回头。对于这样的品种，坚守不容易，但如何坚守底仓除了资金管理外，还需要把握量价关系。

从本质上讲，量价关系主要是从多空双方争斗的情况来研判的。成交量大，表明多空双方对市场的分歧较大；反之，则表明分歧较小。

常言道：量比价先行。由量的变化，结合价格的呈现，我们分析多空的准确性就大大提升。通过量能的分析，能够提前得知多空的转换，也就是能够提前得知价格可能出现的变化。归根结底，还是通过量价关系来分析多空，最后来决定交易方向，把握买卖之道。这才是量价关系分析的核心所在，也就是为什么多年的实战经验，成就了我独到的量价关系分析方法，并能准确应用于短中线交易。

在自然界，万物都有一个由生到灭，由起点到终点的过程，这似乎成了一个定理，而佛学上则把这种现象称为轮回。用轮回来形容八边形或者八卦图，抑或是逆时钟曲线，又似乎是恰到好处。为什么这么说呢？请看本节介绍的逆时针曲线应用原则中的后四个阶段。

依然如下图所示，从图中您就会找到答案。

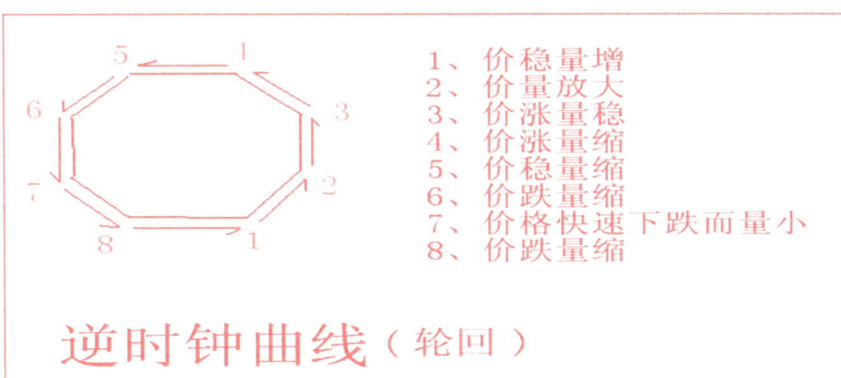

5. 价稳量缩

股价在高价区盘旋，已难再创新的高价，成交量无力扩增，甚至明显减少，此为警戒信号，表明多空双方已在高价区发生较大的分歧。在操作上，投资者心中宜有卖出的准备，应卖出部分持股。

6. 价跌量缩

股价从高位滑落，成交量持续减少，量价同步下降，逆时钟方向曲线的走势由平转下或右下方朝左转动时，进入空头倾向。成交量的萎缩，则表明多方已退，空方渐占优，此时操作上应卖出手中持股，每次反弹均是出货机会，以免深套其中。

7. 价格快速下跌而量小

这是主跌段，股价下跌速度很快，市场上无人做多接盘，纯属空方的主要市场，筹码持续卖出。操作上，持币者不宜介入抢反弹，持筹者趁反弹减仓，以备日后企稳再补仓。

8. 价跌量增

成交量开始递增，股价量有下跌，但跌幅较小，表明谷底已近，此时的多空双方已发生分歧，市场出现看多迹象。操作上，投资者应以观望为主，伺机回补为辅。

案例分析 4：

再看看下图中东华软件（002065）的走势。图中的走势完整地表现出一只个股量价关系的轮回。

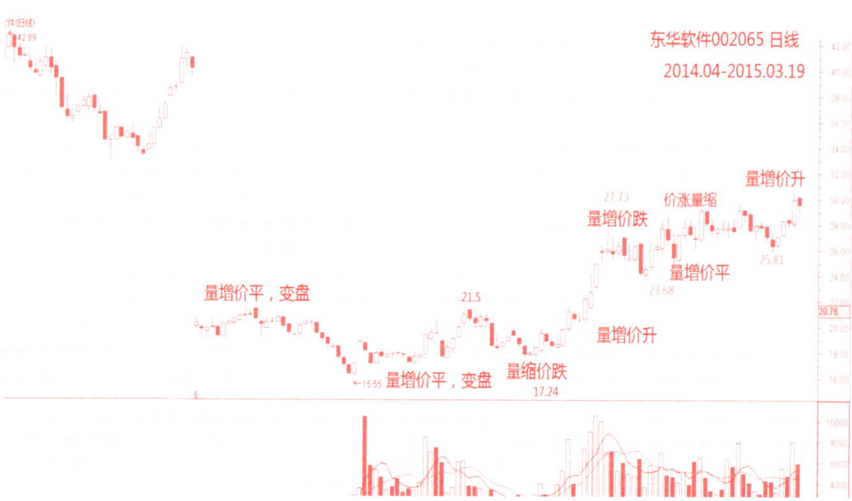

综上所述，现将逆时钟曲线的特性归纳如下：

（1）虽简单易懂，但对复杂的 K 线量价关系仍无法完全有效诠释；

（2）股价剧烈波动、时常发生单日反转，若刻板地应用，会有慢半拍之感，不易掌握良好的买卖点；

（3）高位时价跌量增的量价背离关系未能呈现出来，无法掌握绝佳卖点，反之绝佳买点亦难抓住；

（4）第八阶段：观望，极易与高位价跌量增、杀跌盘沉重观念相互混淆，须注意。

案例分析 5：

比如下图中的二三四五（002195）。

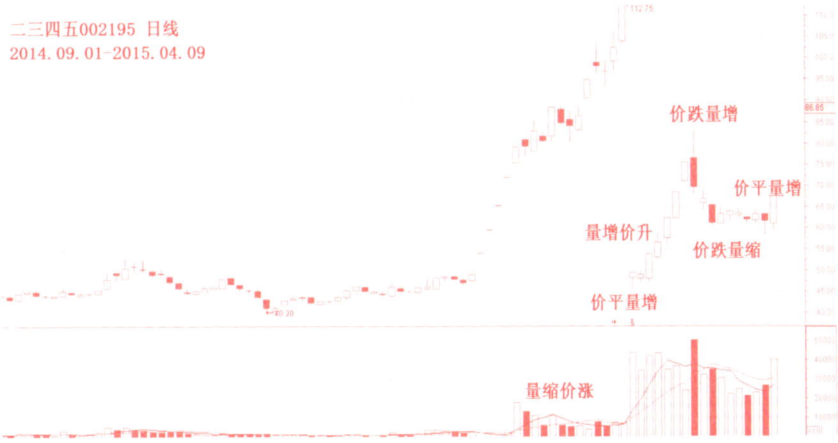

该股除权前的一段上涨，当属量缩价涨，背离，但价格走势仍持续，持有者宜考虑减仓观望。除权之后的两个交易日，成交巨大，价格不涨，但维持在除权首日的波动，此后成交继续放大，价格变盘，属价平量增，买入。随后转入量增价升，持有，直至跳空上行缩量，量价背离，考虑减仓，次日冲高回落，量放大，多空分歧明显，价格下跌，应该卖出，此后三日价格大跌。由此，股价再度转入缩量整理阶段，下跌趋势趋缓，价格维持在较小的区间内波动，直至末端成交再度放大，进入量增价平阶段，于 2015 年 4 月 9 日放量大涨攻击涨停，再度启动升势。

第二节　九条法则 再识多空

在八边形基础上，为更好地理解量价关系，并运用到实战中，我认为又有以下九大法则值得参考。

在以前的讲课中，我都反复强调一个观点，那就是价格的上涨，需要成交量的放大，且是温和放大，在突破关键性的技术点位时，换手加大，成交量可能成倍放大，也能够因此判断短期多头消耗过大后，空头可能卷土重来，那么价格可能就此陷入盘整，此时，是下跌还是整理，成交量再度起到非常重要的作用。

通常情况下，下跌不需要太大的成交量，即使是重要的技术支撑区间，可能都不是特别需要。如果我们手拿一个铁球，从低处往高处抬或者举，这是需要用力的。如果在一个相对高位，或者我们拿不动了，只要一松手，铁球可能就掉下来了，根本不需要我们用力。同样的，如果在下跌趋势中，价格快速下跌后，是否有反弹，那也要看力道，这个力道就是成交量，物理学叫作用力与反作用力。如果在一个相对高位，用力往下砸一个球，则球反弹的力度更大，反之，轻轻地往下放一个球，球反弹的力度自然也不大。

八边形或者八卦图，是价格在成交量配合下运行的趋势演变，多空力量的对比，通过成交量完美表现出来。为了更好地读懂量价关系，把握多空，我们据此可以总结出以下九条法则，力助投资者把握量价关系的精髓。

1. 价涨 – 量增，顺势推动；

2. 价跌 – 量增，有待观察；

3. 价平 – 量增，做头做底；

4. 价涨 – 量缩，呈现背离；

5. 价跌 – 量缩，情况互异；

6. 价平 – 量缩，反弹止涨；

7. 价涨－量平，止涨反弹；

8. 价跌－量平，趋势不变；

9. 价平－量平，多空观望。

法则一、价涨量增，顺势推动

1. 技术定义

价涨量增主要是指在成交量增加的同时，股价也同步上涨的一种量价配合现象，属于最标准的多头走势。当股价走势能够出现量增价涨，就代表股价在上涨过程中，投资人追涨意愿强烈，因此量能可以随之增加，所以我们看见的是多头的气势不断被延续，股票的筹码通过良性换手后，股价自然就随之垫高。特别注意的是，量增幅度不宜过度放大，只能以适当的比率合理而温和地增加，万一突然冲出大量，就必须定位量能结构已经产生变化。

2. 形态特征

（1）多头初升段：可能为底部完成的信号，新高量通常有新高价。

（2）多头整理结束：可能是股价修正结束的多头发动信号。

（3）多头末升段：注意多头力竭的信号，以防主力拉高出货。

（4）空头盘整反弹：量增价涨反弹持续，量增价不涨暗示反弹结束。

（5）空头末期的盘底：股价进入盘底期，筑底完成，趋势将由空转多。

3. 特性研判

当股价处于下跌末期，股价进入打底过程，出现量增价涨走势，当底部筑底完成，代表趋势将由空转多。

上涨初期或中期阶段，出现价涨量增行为是股票筹码良性的换手现象，表示股价仍将继续上涨。

股票价格上涨已多，出现价涨而成交量异常放大的量增行为，不论是否留有上影线，均可以认为可能是主力拉高出货，必须小心谨慎。因为股价在高位或上涨已久的背景下，正是主力出货的最佳良机，所以量价关系会出现多头最后喷出的现象，呈现“多头力竭”。因此在高位区，且疑为多头末升段的结构时，只要股价上涨而成交量异常大增，不论是否留有上影线，都暗示大户可能趁高出货。

法则二、价跌量增，有待观察

1. 技术定义

价涨量增主要是指成交量增加的同时，股价却下跌的一种量价背离现象。它意味着多、空双方意见发生了较大的分歧，但空头占据了上风。对于行情的分析和操作策略，需要谨慎观察。

2. 形态特征

（1）多头主升段：暗示有主力进行吃货。

（2）多头末升段：高位卖压沉重，无法消化卖压，股价将进行反转，亦为标准的主力出货模式手法之一。

（3）空头主跌段：代表卖压沉重，股价下跌趋势暂时无法改变。

（4）多空盘整反弹：空头为反弹结束的表现，多头为整理的修正幅度扩大。

（5）空头末跌段：特定人士进场承接，只是不能再破底。

3. 特性研判

涨势阶段量增价跌。

当股票价格已经大幅上涨，突然止涨下跌，成交量却仅仅小幅度增加时，视为人气减弱，追高买进意愿不强的表现，但这时候不能立即认为行情即将反转下跌。因为此时行情或仅仅是回档整理而已，往后走势还有可能上涨，但反弹高度难以预料，不可贸然跟进。因此不能贸然认定未来的走势去向。

股票价格已经涨升一波，突然止涨下跌，刚开始高位滑落时，成交量突然大增，此时不论当天是否有着很长的上影线，都可视为主力出货行为。次日不管行情是否再度穿越高位涨升，均宜趁机先行卖出了结。而次日开盘后，股价即一路下滑时，不可等待反弹而持股。因为在这种情况下，通常股价会越来越低，终至亏损累累。

在股票价格初跌和主跌阶段，放量下跌，表示卖压依旧沉重，行情将继续下跌。

原先股票价格下跌已多，此时的下跌幅度并没有逐渐减少，但成交量却突然放大，当天更留有颇长的上影线时，虽然表示已有主力买进，但却让空方趁机再度打压成功。这是主力拉高不成的结果，反而多套牢了一批筹码，除非近日内股票价格能够上涨超过大量成交这一天的高点压力，否则这些放大的成交量，会成为日后续跌的原动力，而行情也会在这种情况下继续下跌。

原先股票价格下跌已多，此时的下跌幅度已经逐渐减少，但成交量却突然放大，不论当天是否留有下影线，均可认为是有主力介入买进的现象，代表近日内行情可能止跌回稳，至于是否仅为反弹或止跌回升，不能确定，需结合其他技术分析。

法则三、价平量增，做头做底

1. 技术定义

当收盘价与昨日或前两日的收盘价比较，（注意此处所言的“价平”为收盘价，而非最高或最低价）出现价格相等或是价差极小的情形称为“价平”，或是当日为开收同价线，价格涨跌幅度极小时，亦可以称为“价平”或是“价不跌”，此时量能如果稍微增加，就符合“量增价平”的走势。

这是在成交量增加的情况下，个股股价几乎维持在一定价位水平上下波动的一种量价配合现象，它意味着多、空双方的意见分歧比较大。量增价平既可能出现在上升行情的各个阶段，也可能出现在下跌行情的各个阶段中。

2. 形态特征

（1）谷底时期：股价可能进入止跌打底，一般投资人宜暂时观望。

（2）多头初升段：暗示筹码良性换手，或是主力介入吃货。

（3）多头主升段：股价走势即将进入回调的先兆，有主力短线出货的疑虑。

（4）多头回调整理：整理过程中，注意是否破坏多头关卡，若未破坏则将出现多头末升段，被破坏则提防盘头。

（5）多头末升段：暗示主力积极出货，注意股价出现多空反转信号。

（6）空头主跌段：逢低买盘尝试介入，暗示将出现反弹行情。

（7）空头盘整或反弹：注意是否为反弹尾声，股价将持续下跌走势。

3. 特性研判

如果股价在经过较长一段时间的下跌后处于低价位区时，成交量开始持续放出，股价却没有同步上扬，这种走势可能预示着有新的资金在打压建仓。一旦股价在成交量的有效配合下掉头向上，则表明底部已形成。除非对这种现象能够分辨，否则仍是等待多头明确的攻击信号。

由于是建仓阶段，所以主力的吃货行为比较保守，没有引起股价过多的涨幅，但是却承接了空方的大部分抛单，导致成交量增大而价格不涨的现象。但此时并不意味着跌势停止，有时主力为了建仓的需要，会拿着刚买的筹码反手打压股价，迫使更低的筹码出现。因此，小资金的交易者不宜在此时进场，而大资金的交易者则可以同步建仓。

当股价上涨满足测量幅度后走势减缓，并呈现盘整震荡。如果伴随成交量持续涌现，但是价格持平，即所谓的“量大不涨”，往往是股价反转的征兆，此时股价将走入盘跌。当量增价平当日留有长上影线的 K 线形态，如避雷针、十字线之类，后续走势接连几天都无法克服该上影线高点的话，就暗示主力已经出货，那么股价将出现重挫。

在初跌段及主跌段走势中，表示逢低介入的短线买盘已经出现，有机会酝酿短波段反弹，尤其是股价已经进入支撑区，但是这只是短线多头行情而已，有时根本不反弹却再度破底，那么将会杀得更深，所以出现此现象切勿认为已经转成回升，不妨等股价进入谷底期之后，再开始注意是否打出底部形态。

出现在多头主升段的中、末期，应持观望态度，因为这种现象到底是属于主力换手或是拉高出货的先兆，不容易分辨，但往往是走势回调的征兆，操作者应该注意卖出时机，尤其是股价上涨在测量的相对满足点附近，代表卖压已经渐渐转强，行情可能出现止涨，进入盘跌走势。

当股价进入涨势满足后的回调整理，此阶段的整理有可能使盘势回升，也有可能因为久盘形成头部，使股价反转下跌。如果是回升盘，在整理过程中，理应不会破坏多头趋势的支撑关卡，那么在盘整过程中的量增价平，极有可能是主力试单量。相对的，在整理过程中如果破坏多头关卡，那么量增价平就必须怀疑是出货量。

如果当时股价处于阶段性的顶部，量增价平则往往是空头开始发力的表现。当股价有了较大的涨幅后，尽管多方的热情仍然高涨，但空方出于套现的需要而开始抛售，导致股票会出现成交量增大而价格上不去的现象。此时，没有股票的交易者要持币观望，而有股票的交易者则应考虑减仓或平仓。当股价进入空头的盘整或是反弹走势，出现量增价平，尤其是量增幅度较大时，往往是反弹尾声，大量往往就是相对高点，宜趁大量时将短线多单顺势出脱。

法则四、价涨量缩，呈现背离

1. 技术定义

当股价（或大盘）上涨，量能反而萎缩，无法同步放大时，称为“价涨量缩”，此为量价背离走势。

2. 形态特征

一般量缩价涨的走势，通常会发生在多头初升段、多头主升段、多头回调整理、多头末升段、空头盘整反弹与空头末跌段等六种行情结构中。

（1）多头初升段：代表涨势有限。当时既然是定位成初升段，应是下跌趋势后的上涨走势，而成交量的不足，将不容易使股价持续推升，此时就必须注意这是否只是一个反弹走势而已。

（2）多头主升段：如果确定股价已经在回升行情中，通常出现此现象是惜售或筹码被锁定，因此股价的走势往往为无量飙涨。投资人只要继续持股，当出现“量增价平”、“量增价跌”或是先量增再量减的价涨走势，股价就有可能已经进入止涨周期，未来有极高机会进入回调走势。

（3）多头回调整理：暗示的是回升有限。当股价进入高位并开始回调，理论中的“多头格局”应该呈现价跌量缩的走势。若该条件成立，并出现短期初步止跌现象后，整理过程中的反弹应该呈现量增价涨的多头形态。如果反弹过程中却是量缩价涨，那么投资人必须提高警觉，当股价未来高点无法再创新高时，观察的重点要转变为未来是否产生头部。

（4）多头末升段：代表涨势已弱，股价将进行回调或是反转而下。当股价突破前波相对高点，但是量能无法跟进，为技术面背离的现象，暗示涨势转弱，将构成潜在的反转信号。一般散户操作时经常在上涨过程中因为恐惧，将持股太早卖出，在涨幅相当大之后又因为贪念，死抱股票不放。主力往往利用这些心理，在低位让人误以为还会杀跌而进行洗盘的动作，在高位则让人希望还有更高点，进行拉高出货，所以此处必然会出现“高位诱多盘”走势。

（5）空头盘整反弹：原趋势为下跌，当下跌到某一个幅度满足之后进行反弹，为股价正常的现象。当股价到此位置出现上涨走势，成交量未能配合增加反而减少，视为套牢者拉高解套（有能力拉高者只可能是被套主力）或是短空进行回补所导致的反弹现象。

（6）空头末跌段：股价重挫之后，低位逢特定人士介入撑盘而做出强势止跌线形，甚至部分个股由跌停拉至涨停锁死，隔日正常会持续再度创出高点，短线想抢反弹者除非止跌当天就介入，不然续创高点时会比较谨慎，套牢者则不甘心在此低位赔本杀出，希望多反弹一点价差再行减持，所以量能反而会急速萎缩。

3. 特性研判

价涨量缩出现在上升行情的末期，代表涨势已弱，股价将进行回调或是反转而下。这说明观望气氛暂浓，做多动能不够；高位量价背离，逢高派发为宜。

关键压力位价涨量缩。股价整理一段时间构成形态必要条件，这个时候买卖双方短兵相接，肉搏激烈，都处于观望的盘局中，多头虽然向往上攻，可惜往上突破力量不足(涨停和旗形形态向上突破除外)。

在一般的行情中，出现价涨量缩大部分可以看做是成交量不足，涨升必定无力，因此可以反弹行情看待。但如果在价涨量缩的次日，成交量能立即配合股票价格的续涨，配合增加的话，应该视为“补量”，此时就应该以价涨量增看待。

如果因为涨停板而出现价涨量缩的现象，是因为持股惜售所致，股价反而会飙涨，这种现象除外。

当股价上涨，量能反而萎缩，无法同步放大时，称为“量缩价涨”，此为量价背离走势的典型之一。在正常的情况下，在股价上涨过程中，多头往上推升的力道不足，可以视为反弹走势或是涨势末端，股价可能出现反转下跌，但是在股票市场中往往出现非正常的走势。

例如，投机股因为作手已经将筹码锁定，积极介入拉抬时也会出现无量上涨的走势。除此之外，有几种特殊情况会出现量缩价涨走势：①多头涨势的末升段喷出；②出现消息面、政策面或基本面的利多；③除权前，强迫短空回补的轧空走势；④股价暴跌之后，强势止跌的 V 形反转上涨。

除了特殊的上涨走势，出现量缩价涨都应该提防股价产生反转的信号。为了破除反转的疑虑，多头应该在量缩价涨之后，做出“补量盘”，即成交量增加并使股价同步上涨，此时多头危机便可以解除，接着只要以量增价涨的原则做分析即可。

假设量缩价涨现象是因为涨停板锁死，导致成交量萎缩，宜视为持股者惜售，股价将会出现轧空走势，此时就不能以正常方法分析，必须采用“逆向思考”，当出现量增时就不是“补量盘”了。

法则五、价跌量缩，情况互异

1. 技术定义

主要是指个股（或大盘）在成交量减少的同时，个股股价也同步下跌的一种量价配合现象。量缩价跌是量价关系的常态，代表股价与量能的方向同步，买进力道减弱且人气涣散，做多者暂时不宜介入，最好是等待下跌趋势被改变之后再做考虑。

2. 形态特征

（1）谷底时期：进行盘底走势，应注意底部完成信号。

（2）多头主升段：在遇压后回调，股价将有机会止稳。

（3）空头初跌段：多方承接力道减弱，属于跌势的开始。

（4）空头主跌段：股价将持续下跌，为探底、杀多的走势。

（5）空头末跌段：买盘停滞，卖压减轻，有机会进入谷底期。

3. 特性研判

在股价原先上涨已多，刚从高点开始下滑时（或股价原先下跌已多，近期业已经止跌回稳，并略有反弹后刚出现止涨回跌时），成交量也和股价的跌幅配合减少时，可以认为是回档整理。成交量如果小幅减少，此为追高买盘意愿退缩的现象。如果近日内股价能迅速回升上涨创新高的话，后市仍可看好，但如果近日股价仍盘软，多头就应特别注意。

成交量迅速减少很多，而在数日内成交量也没有增加时，此为市场资金不足，或主力已经出局，后市可能出现盘局和反转下跌。当股价开始从高位下跌后，由于市场预期向坏，一些获利投资者纷纷出逃，而大多数投资者选择持币观望，市场承接乏力，因而造成股价下跌、成交萎缩的量缩价跌现象。

这种量缩价跌现象的出现，预示着股价仍将继续下跌。假设在量缩价跌过程中，K 线是留有较长的上影线或是以长黑实体收低，不论股价的原趋势是上升还是下跌，都代表近期的行情难以乐观看好。

上升行情中的量缩价跌，表明市场充满惜售心理，是市场的主动回调整理，因而投资者可以持股待涨或逢低介入。不过，上升行情中价跌的幅度不能过大，否则可能就是主力不计成本出货的征兆。下跌行情中的量缩价跌，表明投资者在出货以后不再做“空头回补”，股价还将维持下跌方向，因而投资者应以持币观望为主。

价跌量缩代表多方承接力道减弱，属于跌势的开始。反弹注意量价背离或是呈现大量不涨的迹象。

股价原先下跌已多，但近期下跌幅度已经减少，而成交量也已经萎缩到低点水准时，虽然是买盘不前，但可以认为是多头已经有惜售现象，因此行情可能近期出现反弹或做底回升。

法则六：价平量缩，反弹止涨

1. 技术定义

股票价格的涨跌幅度不大，但成交量却在减少。

2. 形态特征

（1）谷底时期：持续探底或是量已见底，需结合后续走势分析。

（2）多头初升段：追价买盘不足，涨势有限，V 形反转走势除外。

（3）多头主升段：积极追涨的意愿降低，暗示即将进入回调整理。

（4）多头末升段：股价即将进入盘头走势，不容易再创新高。

（5）空头主跌段：卖压减缓，行情将有机会出现反弹。

（6）空头末跌段：持续探底，但是卖压已经减缓，低位有限。

3. 特性研判

若股价处于明显跌势，累计跌幅很多，突然出现价平量缩，反映此时有可能暂时止跌筑底，密切留意能否筑底成功并反弹。

在股价下跌已多，止跌上涨的初期，出现价平量缩，反映市场买盘仍在犹豫未敢大量买货，代表上涨趋势仍未确立，除非近日补量续涨，才能确认涨势而跟进，否则涨幅不会太大。

股价上涨已多出现价平量缩，代表追涨买盘不足，后市随时停止升势，行情可能止涨下跌。

在股票价格初跌和主跌阶段，价平量缩表示多头暂时惜售，行情可能出现反弹，但因为缩量所以反弹幅度不大，而后还会下跌，故反而不能买进，应趁高卖出。

法则七、价涨量平，止涨反弹

1. 技术定义

股票价格虽然上涨，但是成交量却和平时差不多，并没有配合增加，说明主力资金并没有进场买进。由于主力资金是股价上涨的原动力，在主力资金没有进场的情况下，涨势将不会持续太久，易采取观望的态度。

2. 形态特征

（1）多头初升段：暗示攻击力道不足，涨势不会持久。

（2）多头主升段：量能不足的表现，虽然行情可以持续，但需随时注意卖点。

（3）多头回调整理：暗示回升力道不足，股价持续整理。

（4）多头末升段：多空力道进入均衡，多头转强续涨，空头转强则形成反转。

（5）空头末跌段：大部分人处于观望，也有可能是主力进场试单。

3. 特性研判

如果股价已形成下跌趋势，出现价涨量平表示观望者仍多，股价虽升但成交不足，属于反弹。市场人士不为所动，预示反弹后仍会下跌。

股价原先上涨已多，出现价涨量平的情况，多空双方力量已趋均衡，多方再占不了上风，行情有可能止涨下跌，具转向意味。

如果在股票涨停板的情况下出现价涨量平，是惜售的表现，所以成交量没有增加，次日应该还有高点，持股者不必急于卖出。

法则八、价跌量平，趋势不变

1. 技术定义

股票的价格持续性下跌，而成交量却没能同步地有效放大，这也就说明市场投资者并没有形成一种“一致看空”的空头效应。反映当时的升势或跌势并未出现重大变化，预料仍将沿原来的趋势运作。

2. 形态特征

（1）多头主升段：若无特别大量出现，通常是散户卖单。

（2）多头回调整理：走势低迷，等待积极的攻击信号。

（3）空头初跌段：卖压不大，下跌幅度有限，下跌趋势亦不容易改变。

（4）空头主跌段：卖压缩小，股价有机会出现反弹。

（5）空头盘整反弹：进入盘跌走势。

（6）空头末跌段：低位已经有限，注意止跌信号。

3. 特性研判

在下跌趋势中，价跌量平为市场人士分批离场的信号。在这种情形下，多是控盘主力庄家开始逐渐退出市场的前兆。由于成交量的平稳运行状态，容易使场外的散户投资者产生一种侥幸的心理，并以为这种现象仅仅只是控盘主力庄家洗盘的结果，因此，他们大多不会轻易抛出自己手中所持的筹码。而控盘主力庄家则正是利用他们的这种心理，从容不迫地缓步清仓，直到自己所持的仓位不再十分沉重时，才会将自己的余量部分一起抛出，从而加深、加快股价的下跌幅度和速度。

在上升趋势中，价跌量平只反映有部分散户沽货套利，主要大户仍未大幅抛售股票，只要跌幅不致太深，其升势料可继续下去。

法则九、价平量平，多空观望

1. 技术定义

价格少有涨跌幅度，成交量也跟平时差不多，反映多空双方受不明朗因素困扰，对后市走势都看不懂，此为多空观望的盘局现象，此时买卖的双方都不容易盈利，观望为宜。

2. 形态特征

（1）谷底区：多空不明，暂时采取观望。

（2）多头回调整理：暗示修正将告一段落，等待进场时机。

（3）空头盘整反弹：即将出现反弹结束的信号。

3. 特性研判

在上升走势中出现价平量平的情形，观望情绪的加重，使得后市走势依赖于当日之后的蜡烛线和成交量来判断。

在下跌走势中出现的价平量平，表明多空双方观望情绪加重，此后股价的走势取决于哪一方更快取得胜利。价平量平出现之后的蜡烛线如果是中等阳线，同时成交量也出现了放大，这表明多头更快地取得了优势地位，此后看多的可能性更大。

第5章

趋势攻略

要“顺势而为”不“逆势而动”，已经成为投资者的共识。因此，在技术上，分析趋势最重要。

要“顺势而为”不“逆势而动”，已经成为投资者的共识。因此，在技术上，分析趋势最重要。

简单地说，趋势就是股票价格市场运动的方向，价格如果无法突破定义中的趋势线，市场将继续维持之前的走势。当股价突破趋势线后，就标志着此轮趋势有很大可能已经发生反转。即股价突破下降趋势线后，说明多方开始反击，此前的下跌趋势可能已经结束；股价突破上升趋势线后，说明空方力量变强，此前的上升趋势可能已经结束。

趋势的方向不外乎三个：上升、下降、水平。

第一节　趋势线

市场中有这样一句话——“一把直尺打天下”，说的就是技术分析中趋势线的分析方法。

趋势线是分析趋势最有效的工具之一，正确地绘出上升趋势线和下降趋势线，是决定你是顺势交易还是逆势交易最关键的因素。趋势线应该尽量正确地反映价格的趋势。趋势线对实际交易有参考价值，可以协助投资者在交易过程中实现盈利。

趋势线的最基本形式是，在一个上升的趋势中，连接明显的支撑区域（最低点）的直线就是趋势线。在一个下降趋势中，连接明显阻力区域（最高点）的直线，也是趋势线。

下图是歌尔声学（002241）2013 年 6 月至 2014 年 4 月的日线图。

1 是主要趋势线，也是下降趋势线。

2 是短期趋势线，也是下降趋势线。

3 是短期上升趋势线。

4 与 3 构成了同向双线图，也叫上升通道。

5 和 6 都是短期趋势线，与 1 线构成了扇形图。

1 线是主要下降趋势线，在此线没有被有效突破前，还处于下降趋势中，不可能展开上升行情。

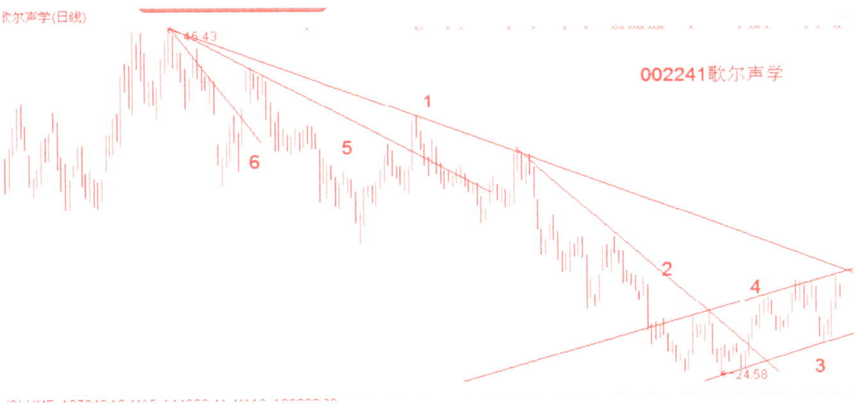

趋势线的角度至关重要，一般来说，倾斜角度为 45° 的趋势线最有意义，稳定且持久。

过于平缓的上升趋势线显示出力度不够，不容易马上产生大行情。

过于陡峭的上升趋势线，说明股价上升太快则不能持久，往往容易很快改变趋势线角度，将上升趋势线的角度调整到 45° 左右，但不是说趋势发生逆转，而是自我修正，使价格波动更加趋于稳健。如果一条趋势线维持在 30° –45° 的倾角左右，则是相对稳健运行，且持续时间可能略久些。对于下降趋势线也同理。

看到转势信号后，还不能画出趋势线时，可以从转势信号底部或顶部画一条约 45° 角的线做参考，暂时当作趋势线。

第二节　趋势线的要点及绘制原则

一、趋势线的要点

两个底部或者顶部就可以画出一条有效的趋势线，但是需要 3 个顶部或者底部才能确认。通俗地讲，两点一条直线，但三点才决定一个空间，趋势线就是如此，决定的价格波动的空间，并以此形成。

趋势线越陡，该趋势线就越不可信，也容易被打破。和水平阻力支撑一样，被测试过很多次的趋势线就是强趋势线，相对难以突破。最重要的，千万不要强行迎合市场而画趋势线。如果趋势线不符合市场的话，那么这根趋势线则不是有效的。

连接股价波动的高点的直线为下降趋势线，连接股价波动的低点的直线为上升趋势线。根据波动的时间又可分为长期趋势线（连接长期波动点）和中期趋势线（连接中期波动点）。上升趋势线的功能在于能够显示出股价上升的支撑位，一旦股价在波动过程中跌破此线，就意味着行情可能出现反转，由涨转跌；下降趋势线的功能在于能够显示出股价下跌过程中回升的阻力，一旦股价在波动中向上突破此线，就意味着股价可能会止跌回涨。对于横盘趋势，可以将顶点和底点分别以直线连接，形成震荡区间。当价格运动突破了相应的趋势线后，就可以认为，趋势可能正在反转。

趋势线可以直观地表现当前股价的移动方向。

1. 当上升趋向线跌破时，就是一个出货讯号。在没有跌破之前，上升趋向线就是每一次回落的支持。

2. 当下降趋向线突破时，就是一个入货讯号。在没升破之前，下降趋向线就是每一次回升的阻力。

3. 一种股票随着固定的趋势移动时间愈久，趋势愈是可靠。

二、绘制趋势线的原则

1. 上升趋势线不能连接最高点之后的点；下降趋势线不能连接最低点之后的点（只有一种情况，允许连接最低点之后的高点，那就是当市场形成双底时，最低点之后的高点（颈线）可以作为连接的第二个点绘制下降趋势线）。

2. 价位不能穿越绘制的趋势线。

3. 选择的两点之间，要有一定的时间跨度。并且两个连接点不能偏向最低点或最高点一边。

4. 趋势线尽量选择与上升或下降趋势的中轴线平行。

案例分析：

如下图所示，金证股份（600446）的股价触及下降趋势线，在成交量放大下，有望突破。图中的L线和H线均属于三点确认的强趋势线。后期是否突破可考虑量价关系。

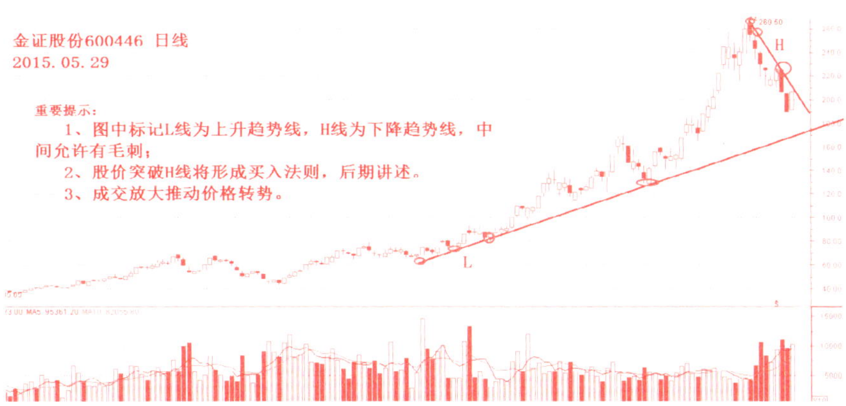

第三节　上升趋势线

在某一时间段内，市场价格不断突破前一浪的高点，创出新高，在回调过程中却不跌破前一浪低点的过程，就是上升趋势。

一、确认

当股价在市势底部运行过程中，先后出现了两个或三个逐渐抬高的低点（即前一低点总是低于后一低点），连接两低点可划出一条向右上方倾斜的直线，此线即为上升趋势线。上升趋势线的确认要满足以下两个条件：

1. 有尽可能多的低点都落在这条直线上（至少两个），落在上升趋势线上的点越多，其对股价的支撑力度就越大。

2. 要保证股价基本都处于上升趋势线的上方，即使有跌破的情形，也只能是短时间或小幅度的跌破。

二、特性

上升趋势线是一条支撑线，此线若得到确认，将一直支持着股价上行。通常，在上升途中，股价总是在上升趋势线的上方运行，一旦远离了此线，其向心力会将股价不自觉地吸回身边。就这样，股价总是远离又接近，接近又远离，但趋势始终是向上的。落在上升趋势线上的低点越多，这条趋势线的支撑力度越强。

需要注意的是：上升趋势线的水平倾角愈大，被跌破的可能性愈大；反之，支持力度愈大，尤其是 45° 或 30° 的倾角。

三、操盘技巧

上升趋势线形成后，股价将继续上行，摸至前市高点或密集区受阻后，定会向该线靠拢。因此，只要股价接近此线，投资者均可逢低吸纳。需要注意，随着上升趋势线的延伸，投资者应控制好仓量，分批买进。如果股价下探至上升趋势线达 3%，则可确认为有效下破，应速采取止损措施。

此外，一旦上升趋势获得确认，那么投资者可以频繁地据此在保留底仓的前提下，多次波段交易，这样做的好处就是累计收益不断提升。

四、案例分析

譬如上节分析的金证股份（600446），如下图所示，在出现穿头破脚突破下降压力线之后，确认了 L1 线的上升趋势线的有效性，当股价在该线附近，均是买点。此外，并据此形成了新的上升趋势线 L2，L2 线就是买入持有的持股依据，投资者可以据此交易，会把握住金证股份超跌反弹接近 20% 的收益机会。

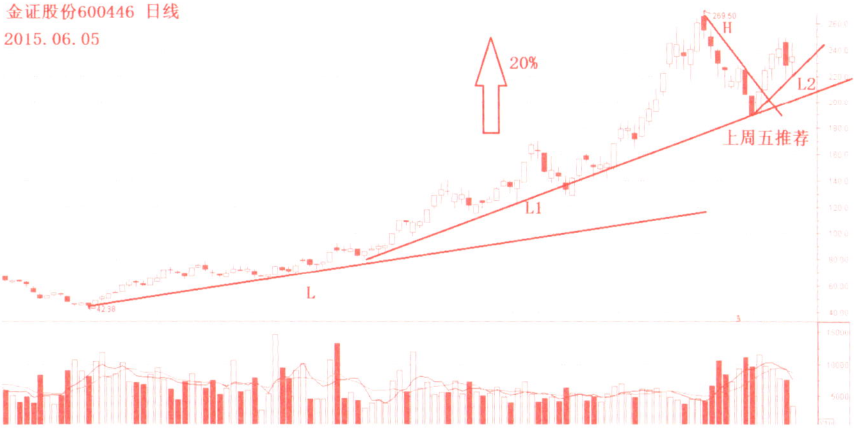

还可参考下图金安国纪（002636）。该股除权后最低点形成了一条 L 线，于 2015 年 6 月 4 日再次获得确认，5 日走高，后市有望沿着 L 线继续稳健攀升，投资者据此交易成功的概率偏大。L 线被击破为止损机会。

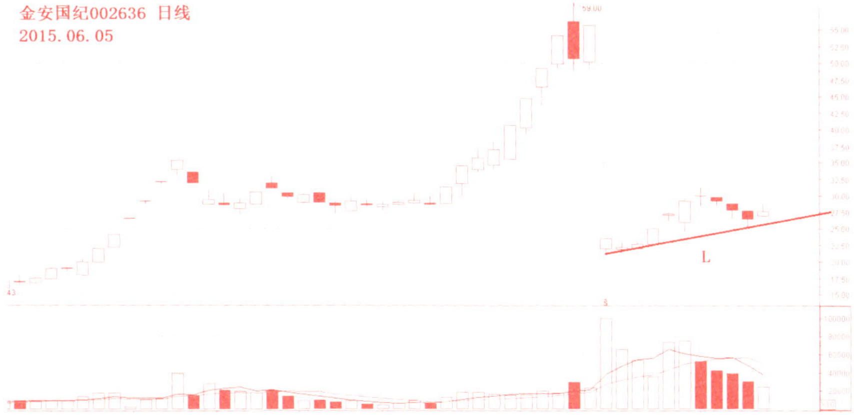

第四节　下降趋势线

在某一时间段内，市场价格不断跌破前一浪的低点，创出新低，在反弹过程中却不能升破前一浪高点的过程，就是下降趋势。下降趋势线又称压力线，显示行情向下盘跌。

一、确认

上升行情末，当股价上行至某一高点后出现回落，探至某一低点止跌后，开始反弹，上摸至一个低于前市高点的另一高点，又受阻回落，形成一个次高点，把这两个高点连接起来，就得到一条向下倾斜的直线，此线即为下降趋势线。而当第三个反弹的高点在该线之上时，股价又出现回落，此时该下降趋势线得到确认。

下降趋势线的确认同样要满足两个条件：

1. 有尽可能多的阶段高点（至少两个）都落在这条线上，落点越多，其作为趋势标准的价值就越大。

2. 尽量保证股价基本都处在下降趋势线的下方，即使有突破的情形，也只是短暂或者小幅的突破线。

二、特性

通常，下降趋势线得到确认后，股价在该线束缚下，逐渐走弱，向前次低点或下档重要支持位探去，形成探底之势。下降趋势线一经确认，其对股价的上涨就会产生一定的阻力作用，股价一日不向上突破下降趋势线，后市仍将在该线之下运行，而且也只有在突破该线之后，趋势才有可能反转。另外，下降趋势线愈平缓，其压力也就愈大；反之，其压力也就愈小。

三、操盘技巧

下降趋势线形成后，股价仍将继续下跌，但每一次反弹至该线附近时均可视为卖点，以免愈套愈深。

值得重要一提的是，在下降趋势的末期，股价运行到下降趋势线附近时，若数次下探到同一低点均未被下破，则可确认为底部。这时投资者可适量买进，越接近该线买入，其风险越小。如果股价放量突破该线，次日在进行技术性回抽时，也可建仓、加码。

需要注意的是，股价向上突破下降趋势线须达 3%，而向下回抽又不得超过 3%，而且站稳该线之上须达 3 个交易日，否则股价不算是有效突破。

四、案例分析

譬如上节分析的金安国纪（002636）止跌后，突破的就是除权后形成的下降趋势线，该线获得三点确认，成交放大，基本符合有效确认突破下降趋势线的条件，价格走势将反转。该方法其实属于突破下降趋势买入法。

第五节　支撑与阻力

在趋势中，支撑与阻力最为重要。走势图是多空双方力量对比的明证，当多方力量强时，向上走，当空头力量强时，向下降。空头力量盛、多头力量弱的地方自然形成阻力，反之就形成支撑。

因此，下面我将从二者的形成及其关系中来剖析二者的特性和心理因素，以使投资者有一个较为清晰的认知。

趋势是由一系列波峰和波谷构成的，它们依次升降的方向决定了市场的趋势。从心理因素方面讲，我们习惯称波谷为支撑，而称波峰为阻力。

一、二者的形成

当股价跌到某个价位即波谷附近时，便停止下跌，甚至还有可能回升。这是因为，在其下方，多方力量强大，足以阻挡空方前进的步伐，因而就视这个阻止和暂时阻止股价继续下跌的价格或价格带为支撑或支撑区域。

与支撑相反，当股价上涨到某个价位即波峰附近时，便会停止上涨，甚至还有可能回落。这是因为空方在此势力较大，挡住了多方的推进，因而就视这个阻止股价继续上升的价格或价格带为阻力或阻力区域。

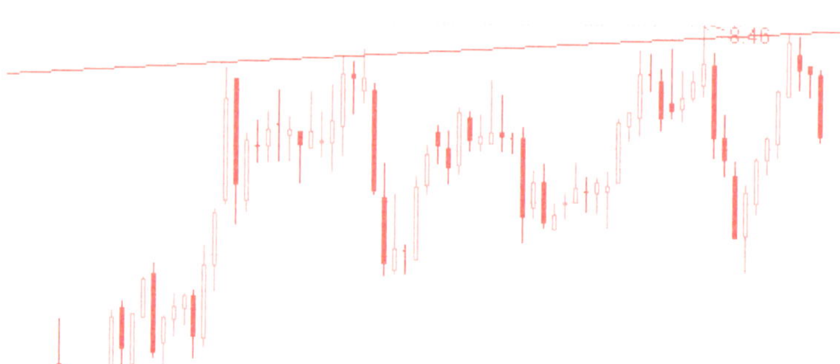

二、二者的关系

在上升趋势中，波谷（支撑点）依次抬高，而依次出现的波峰（阻力点）也高于前一波峰，可见每个支撑对价格走势都构成强有力的支持，而且在趋势的维护中，波峰（阻力点）并未能改变价格的原有方向，只不过使之暂时停顿而已。同样，在下跌趋势中，波谷（支撑点）也只是起到暂时阻止价格下滑，却未能长久地拒绝市场趋势下滑。

但是，在上升趋势中，一旦价格不能越过前一个高点，或者在下降趋势中，价格无力跌破前一个低点支撑，那么，市道极有可能由此发生趋势反转。这样，支撑与阻力将会发生角色互换。换言之，趋势反转后，原来的支撑将会变成阻力，而原来的阻挡将会变成支撑。

特别值得注意的是：二者转化的前提条件为是否被有效突破。当然，在价格上应参照 3% 的原则，时间上坚持 3 天原则。

三、二者的特性

一般地，支撑与阻力需关注以下三个方面：

1. 股价在这个区域停留时间的长短。

2. 股价在这个区域伴随的成交量大小。

3. 这个支撑区域或压力区域发生的时间距离当前这个时期的远近。

我认为，股价停留的时间越长，伴随的成交量越大，离现在越近，则这个支撑或阻力区域对当前的影响就越大，反之就越小。

四、多空心理

支撑与阻力主要是从人的心理因素方面考虑的，二者的相互转化更是如此。

一个市场中无外乎三种人，多方、空方、旁观者。旁观者又可分持股或持币的人。我们可以这样理解：假定价格在某个区域波动了一段时间之后，开始向上移。多方（在接近支撑区域买进的人）很高兴，认为如果价格再回到此区域，必定要加重仓量。在此支撑区域卖出股票的空方，这时认识到自己弄错了，他们希望股价再跌回卖出区域时，将原来卖出的补回来，而旁观者中持股者的心情同多方相似，持币者的心情同空方相似。据以上分析，我们知道，无论是这四种人的哪一种，都有买入股票成为多方的愿望，因而，该支撑区域也就被投资者所认同，而且，这个区域也就显得比较重要。

再假设股价在一个支撑位获得支持后，停留一段时间开始向下移动，而不是上移。在上升时，由于每次回落都有更多的买入，因而产生新的支撑；而对于下降，跌破了该支撑，情况就截然相反。在该支撑区买入的多方都意识到自己错了，而没有买入的或卖出的空方都意识到自己对了。看来，无论是多方还是空方，他们都有抛出股票逃离目前市场想法。因此，一旦股价有些回升，还未出局的人会感谢市场给他们一个退出的机会，股价尚未回到原来的支撑位，就会有一批股票抛售出来，再次将股价压低。

如上所述，我们也可分析“一个支撑如果被跌破，那么这个支撑将转化为后市上行的阻力；一个阻力如果被突破，那么这个阻力将转化为后市回调时的支撑”，其中支撑与阻力角色互换就是心理形成的因素。

股价在某个交易区停留的时间越长，伴随的成交量越大，离现在越近，则这个支撑或阻挡区域对当前的影响就越大，反之就越小。而且从二者角色互换中，只要股价是有效突破、通常其市势都会发生反转。为此，在实际操作中，如果把特性与互换结合起来，那么我们就会得到意想不到的效果。

五、案例分析

继续以金安国纪（002636）为例（如下图），其后该股再度大涨，恢复上行趋势，走出填权行情。根据支撑与阻力，密集带往往成为股价下行的支撑和上行的阻力，而一旦突破，则相互转化。因此，该股突破30元之后，除权后的阻力带基本突破，那么30元则转换为支撑，后市将以此为支撑，震荡走高，挑战除权前高点区域的成交密集带50元附近的阻力。

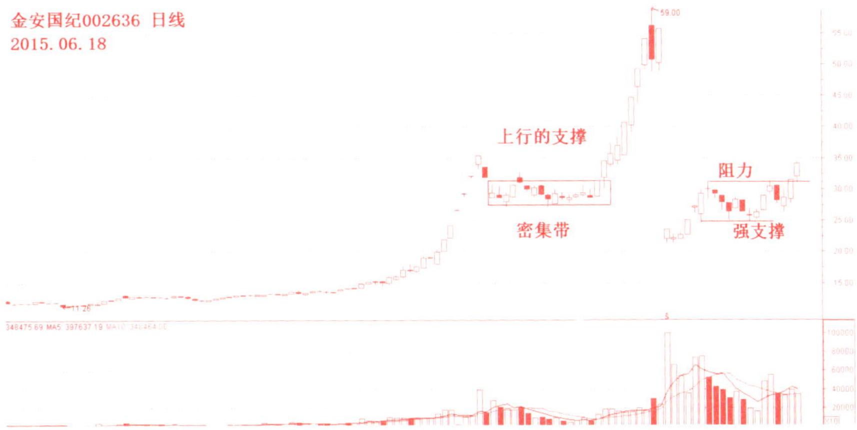

第六节　轨道线

轨道线，有时又被称为通道或管道线，是趋势线技术的另一方面应用。

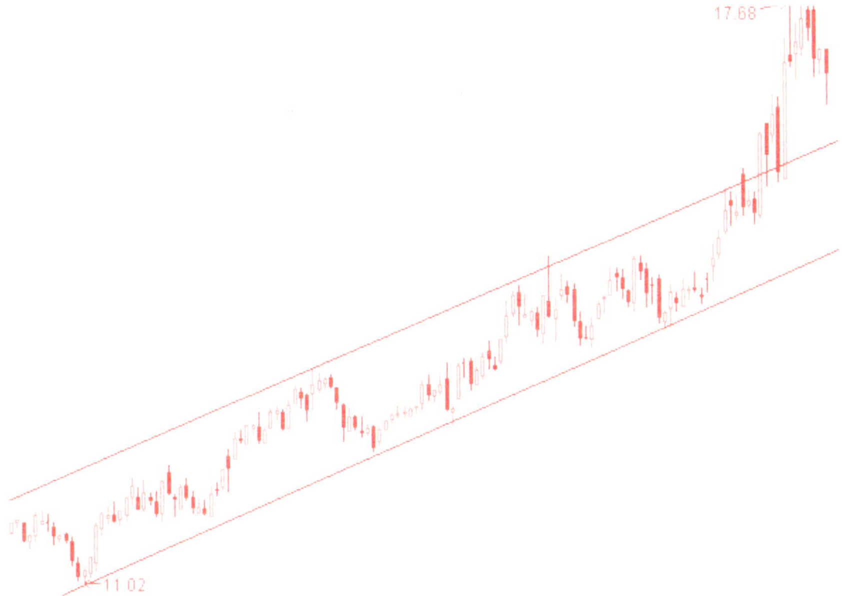

一、形成及确认

在已经得到一条趋势线后，通过第一个峰或谷可以做出这条趋势线的平行线，这条线就是轨道线。它的确认，需要有第三点的触及，而且至少是有三个点触及，并在原先的趋势线之上做折返式的运动。

二、特性

轨道线一旦得到确认，如果分析者研判及时，就一定有利可图。因为轨道线确认后，价格趋势将在该轨道内运行，而且由两条平行线组成的轨道，其作用是限制价格的变动范围，让它不能变得太离谱。这样，投资者就可在轨道既定的趋势下炒取差价。通常，根据趋势，我们又将轨道划分为上升或下降轨道两种。

三、同向突破

轨道的突破，根据价格趋势，可将其分为同向突破和逆向突破。

同向突破与突破趋势线不同，价格对轨道线的突破并不是趋势反向的开始，而是趋势加速的开始，即原来趋势线的斜率将会增加，而且趋势线的方向将会更陡峭。换句话说，如果一个上升（或下降）轨道一旦被有效突破上轨（或下轨），那么，后市将极有可能诞生一个更陡峭的上升（或下降）轨道，价格也因此会步入加速上升（或下行）阶段。

对突破的有效性，我们依然坚持价格上按收盘价的 3% 原则，时间上按 3 天原则。而且突破后的轨道线，其角色将发生互换，即原来是阻挡线的上轨（上升轨道中）将支撑后市股价上行，而原来是支撑线的下轨（下降轨道中）将转化为后市股价反弹的阻挡线。

1. 技术测算

轨道同向突破的测算，是根据轨道的宽度，从轨道边线的突破点起，简单地顺着突破方向投影，得出价格目标，此即为轨道同向突破的量度目标。

2. 操盘技巧及案例分析

在操作上，对确认的轨道，投资者可高抛低吸。在同向突破中，当上升轨道被突破后，趁技术性回抽之机，投资者不妨跟进，短线可持股至其量度升幅位，中线则可持股至该价格趋势发生变化时再抛出，如下图华谊兄弟（300027）。

四、逆向突破

轨道线的同向突破是价格运行趋势的一种加速延续，逆向突破则是价格对原有运行趋势的一种反向运动。而且这种逆向突破通常又带有反转的意味。

一般地，如果价格在既定轨道趋势的运行中，而无力抵达轨道线，则通常意味着趋势即将发生变化（转折），也就是说，轨道的另外一边被突破的可能性增大了。换句话说，如果一个上升（或下降）轨道的下轨（或上轨）一旦被有效突破，那么，价格趋势极有可能发生反转，而在后市也极有可能诞生一个下降（或上升）的轨道。

值得注意的是，轨道逆向突破的有效性，除了必须严格按收盘价的 3% 的价格原则和 3 天的时间原则外，还应重点关注突破时的成交量变化。因为成交量愈大，价格趋势反转的可能性也就愈大。而且，被突破的趋势线在支撑与阻挡的角色互换中，对后市价格的运行起着至关重要的作用。

1. 技术测算

技术分析者认为，一旦在价格轨道的两条边线上发生了突破，价格通常将顺着突破方向达到与轨道宽度相等的距离。而我经过研究发现，轨道的逆向突破，由于往往是趋势的反转，因而大多数的测算都以“横有多长，竖有多高”为依据。

2. 操盘技巧

在操作上应分两种情况：（1）上升轨道被逆向突破得到确认后，趁价格对下轨进行反抽之机，可视为最佳卖点，投资者应尽早将股票抛出，以免应得的利润化为乌有。（2）下降轨道被逆向突破得到确认后，当价格对上轨进行技术性回抽时，可视为最佳买点，投资者不妨捷足先登，然后随着新支撑线的诞生，可适时加码，直到股价上行受阻时，再获利为安。

3. 案例分析

以上证指数日线图为例。2015 年 7 月初突破下降通道上轨 H 线，属于通道的逆向突破，则意味着局部趋势的反转。当然，可能并允许出现向被突破的 H 线回抽确认，也就是沪指在 3800 点附近有回踩可能。

注意：组成轨道的两条线中，基本的趋势线远比轨道线重要，也更为可靠。

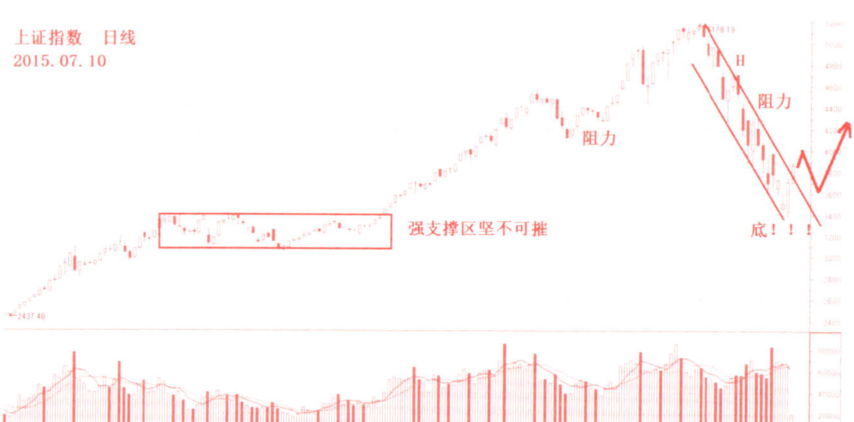

第七节　黄金分割线

黄金分割线是切线法的一种，指运用数字的黄金分割原理进行价位预测的方法。

黄金分割的比例，通常在下列数字中进行选择：

0.191　　0.382　　0.5　　0.618　　0.809

11.191　　1.382　　1.5　　1.618　　1.809

22.191　　……

在这些数字中，0.382、0.618、1.618、4.236 最为重要，价格极容易在由这四个数产生的黄金分割线处产生支撑和压力。

一、黄金分割线的确认

一般地，只要找出一段行情（当然其趋势首先要确认）的（相对）阶段性高点和（相对）阶段性低点，然后将这一绝对值看作单位“1”，再将它分别乘以上述黄金差比（0.382、0618 等），就得出相应的黄金差，再用阶段性高点减去黄金差，或用阶段性低点加上黄金差，就可以得到相应回档的黄金分割支撑位或反弹时的黄金压力位，最后把阶段性低点（高点）与支撑（压力）位连接起来，就得到一条黄金支撑（压力）线。

其计算公式分别为：

黄金支撑位=阶段性高点 -（阶段性高点 - 阶段性低点）× 黄金比

黄金压力线位=阶段性低点 +（阶段性高点 - 阶段性低点）× 黄金比

二、黄金分割的用途

在一段行情中，由阶段性低点和阶段性高点计算得出的黄金差仍然可以派上用场：

1. 预测创新高后的压力时，只需将原来的黄金差在原来的高点基础上向叠加即可，其压力分布从原高点处开始向上，从 0.382 到 1 逐渐递增，相对于阶段性低点而言，就成了 1.382、1.682 等比例关系。也可以说，当一段上升行情发展至又创新高时，原先计算所得的回档黄金差，在与旧的高点向上叠加后，就形成了创新高后所形成的可能压力所在。这样，在实际操作中，投资者可以此为研判依据，股价若顺利通过该压力则可适量追涨；反之，则应高抛。

2. 预测创新低点的支撑时，只需将原来的黄金差在原来的低点基础上向下扣减即可，其支撑分布从原低点处开始向下，从 0.382 到 1 逐渐递增，相对于原阶段性高点而言，就成了 1.382、1.618 的比例关系。也可以说，当一段下跌行情发展至又创新低时，原先计算所得的反弹黄金差，在与旧低点向下扣减后，就形成了创新后所形成的可能支撑所在。这样，在操作上，投资者应以此为研判依据，若支撑有效则可逢低吸纳，否则将以观望为主。

三、值得关注的问题

1. 由于行情在创新高（或新低）的力度常有较大的差异，因此其研判的黄金分割比应以 0.191、0.236、0.382、0.618 为宜。

2. 黄金分割差的叠加（或扣减），务必以原阶段性高点（或低点）为基础。

3. 此外，黄金分割亦可应用在时间上。一般地，通过黄金比，日线（分时线）变盘的重要参数是：13 天（小时）、21 天（小时）、34 天（小时）、55 天（小时）、89 天（小时）等；对于周线，8、13、21、26（13×2）周，可能有变盘意义；而在月线中，则是 17 个月（34÷2＝17）这个数字。

四、黄金分割应遵循的原则及操盘技巧

1. 通常 0.382 以上的回档被称为强势回档，一旦行情在该位附近获得足够的支撑，后市则还有继续创新高的能力，操作上可以考虑逢

低吸纳；反之，0.382 以下的反弹被称为弱势反弹，一旦行情在该位附近形成足够的压力，则后市还有重寻支撑的可能，操作上可考虑逢高派发。

2. 0.618 以下的回档被称为弱势回档，一旦行情在该位不能坚守支撑，则其原来整体的上升趋势会改变性质而形成下跌趋势，操作上可考虑破位（回抽）后停损杀跌；反之，0.618 以上的反弹被称作强势反弹，一旦行情在该位附近不能被有效压制，则其原来整体的下跌趋势将形成上升趋势，操作上可考虑破位（回抽）后停损追涨。

3. 一般情况下，黄金分割线的技术意义很重要，0.382 被突破后，方可看到下一位 0.618，支持与压力都是这样。只要在黄金分割线上止跌或受阻，操作上均可在该线附近逢低吸纳和逢高派发。

五、案例分析

以铜峰电子（600237）为例做如下分析。

取该股 2001 年 12 月 31 日高点 21.35 元和 2001 年 1 月 18 日低点 16.05 元为一段下跌行情。计算得出反弹 0.618 的位为 19.33 元｛16.05+（21.35-16.05）×0.618｝，与高点 21.35 元的连线即为黄金分割压力线，股价上至 19.49 元受阻后随即下调，此后在回档 0.382 的 18.18 元｛19.49-（19.49-16.05）×0.382｝附近获支持后，又开始反弹，16.05 元、18.18 元两点连线即为黄金分割支撑线。当股价冲过 0.618 位 19.33 元后，其趋势则转变为既定的上升趋势。

再以新华联（000620）为例。

取该股 2014 年 2 月 11 日（9.08 元）至 3 月 11 日（6.27 元）一段下跌行情为研究对象。通过计算得出，反弹 0.618 的位为 8.00 元｛6.27+（9.08–6.27）×0.618｝，而该股上试 7.99 元展开回调，可见该处阻力较重。

第八节　百分比线

百分比线也是属于切线的一种，需要揭示的仍然是价格运动在回撤（上涨）时的幅度问题，而且对既有的趋势产生支撑或阻挡作用。

百分比的比例，通常在下列数字中选择：

1/8、1/4、3/8、1/2、5/8、3/4、7/8、1/3、2/3、……

这些数字中，1/2、1/3、2/3 所形成的百分比线最为重要，价格也极容易在这三条线上产生支撑或阻力。

一、百分比线的确认

一般地，只要找出一段行情（首先要确认其趋势）的（相对）阶段性高点和低点，然后将这一绝对值看作单位“1”，再将它分别乘以上述百分比，就得出相应的百分比差，再用阶段性高点减去百分比差，或用阶段性低点加上百分比差，就可得到相应回档的支撑线或反弹时的阻力位，最后把阶段性高点（低点）与压力（支撑）位连接起来，就得到一条百分比压力（支撑）线。

其计算公式为：

百分比支撑位＝阶段性高点－（阶段性高点－阶段性低点）× 百分比

百分比压力位＝阶段性低点＋（阶段性高点－阶段性低点）× 百分比

二、百分比应遵循的原则及操盘技巧

1. 1/3 以上的回档被称为强势回档，1/3 以下的反弹被称为弱势反弹；2/3 以上的回档被称为弱势回档，2/3 以上的反弹被称为强势反弹；二者均可参照黄金分割中 0.382、0.618 的原则及操盘技巧。

2. 1/2 的百分比位通常是最为模棱两可的概念，但一般情况下无论是回档或反弹，该位都有较大的止跌或滞涨的意义，投资者可根据趋势判定走向，并以此作为操作策略：止跌后可逢低吸纳，受阻后可逢高派发。

三、案例分析

以国睿科技（600562）日线图为例（如下图所示），2015 年 6 月中下旬股灾以来，该股也是直线下跌，7 月 8 日见最低点 32.48 元，随后出现报复性反弹。那么将股灾前的最高点 2015 年 5 月 18 日 73.5 元与 7 月 8 日的最低点 32.48 元这段跌幅分成三等分，则是后市反弹的相继阻力位，图中标记分别为 46.15、59.82、最高点 73.5 元。也就是后市该股在突破站稳 59.82 元之后，反转的概率较大，将挑战 73.5 元历史新高，那么对于回档 2/3 处附近均属于逢低吸纳的支撑区域。而下跌中找寻支撑，则是以升幅为例，下折返三档，以此类推。

当然，本次案例选用的是常用的 33% 的百分比，对于其他百分比同样适用。投资者可以依据自己的习惯使用，通常情况下，三分法较为常见且在实战中更可靠。

第九节　扇形线

扇形线，是切线理论中的又一种，初看起来像是趋势线的调整，但它丰富了趋势线的内容，明确给出了趋势反转（不是局部短暂的反弹和回落）的信号。

一、理论依据

切线理念认为，趋势要反转必须突破层层阻止突破的阻力。而在技术分析领域，又有很多关于如何判断反转的方法，扇形原理只是从一个特殊的角度来考虑反转的问题，而且神奇数字“3”发挥了极大的作用，即第三条趋势线被突破是趋势反转的有效信号。

二、扇形线的画法

在上升趋势中，先以两个低点画上升趋势线后，如果价格向下回落，跌破了刚画的上升趋势线，则以新出现的低点与原来的第一低点相连接，画出第二条上升趋势线。再往下，如果第二条趋势线在不久又被向下突破，则同前面一样，用新出现的低点与最初的低点相连接，画出第三条上升趋势线。依次变得越来越平缓的这三条直线，形如张开的扇子，扇形线及扇形原理也由此而得名。对于下降趋势线也可如法炮制，只是方向正好相反。

三、操盘技巧

图中连续画出三条直线一旦都被突破，它们的支撑和压力角色就会发生互换，这一点也符合支撑线和压力线的普遍规律。而在实际操作中，如果是上升趋势中的扇形线，当跌破第一条上升趋势线的时候，投资者就要引起警觉，可以在反弹至该线附近时适当减仓；当第二条上升趋势线被跌破后，可大部分减仓；当第三条上升趋势线也被跌破时，表明跌势得以确认，投资者应趁对该线的反抽之机，果断斩仓出局。

如果下降趋势中的扇形线，当突破第一条压力线时，投资者可逢低吸纳；当突破第二条压力线的时候，投资者则可在该线附近适当加重仓量；当第三条压力线被突破后，则该股升势得到确认，投资者仍可大胆地追涨，直到上升受阻，趋势发生转变。

四、案例分析

现以吉祥航空（603885）2014 年 5 月至 7 月 30 日的走势为例（如下图所示），利用扇形线分析其走势。图中 H1 为第一条下降压力线，H2 为第二条下降压力线，这两条线线被突破后，转化为支撑线，分别支撑右边的股价上涨，成为有力的支撑；H3 为第三条下降压力线，曾于 7 月 27 日尝试突破，但未果，股价重返 H2 上方，企稳反弹再度攻击 H3 线。若后市放量对 H3 形成有效图破，必须符合站稳 3 天和 3% 的价格原则，那么在回抽确认突破有效后，股价将再度向上继续运行，其上升空间才完全打开，即该股的趋势将正式确认为反转。操作上，在 H3 线附近考虑适当关注。

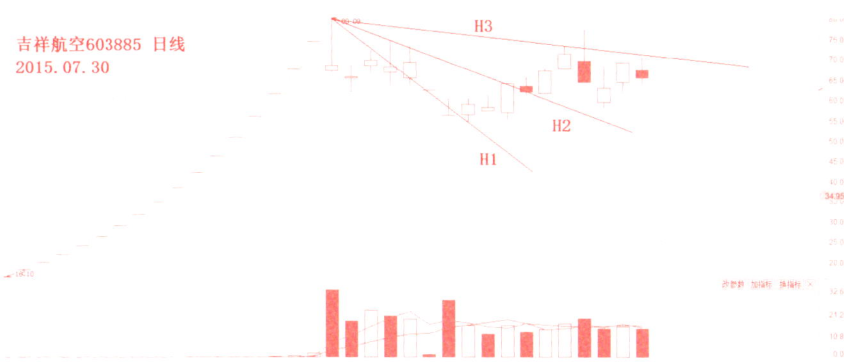

若后市不能突破 H3 线，将在该线压力线继续下寻支撑，也就是将

继续在 H2 线附近寻求支撑，这样找寻一个合理的相对低点后，直至后期可能出现的 L 线。

可以说，扇形在某个阶段只是突破一条压力线之后，若继续受制于前期高点的束缚，那么后市股价上涨可能有反复，这就需要新的参照物来作为分析依据，同时据此做出新的策略。相反，某个点所形成的上升趋势线 L 线亦可这样分析。

第十节 速度线

速度线，是埃德林·古尔德开创的，它是将趋势线和百分比回撤融为一体的新技巧。

一、理论依据

同扇形原理考虑的问题一样，速度线也是用以判断趋势是否将要反转的。不过，它给出的是固定的直线，将每个上升（下降）的幅度分成三等分进行处理，利用神奇数字“3”的作用，来测绘趋势上升（下降）的速率（或说是趋势的速度），所以，我们有时又称其为三分法。其理论依据同百分比（33%、66%、或 1/3、2/3）的回撤类似。

二、速度线的画法

首先找出一个上升或下降过程的相对高点和相对低点（这同百分比线相同），然后把这两点垂直距离三等分；其次，连接高点（在下降趋势中）与 1/3 和 2/3 分界点，或低点（在上升趋势中）与 1/3 和 2/3 分界点，得到两条直线，这两条直线就是速度线。

三、特征及操盘技巧

与别的切线不同，速度线有可能随时变动，一旦有了新高或新低，则速度线将随之变化，尤其是新高或新低距离原来的高点或低点很远时更是如此，原来的速度线可以说一点用也没有。

其特性如下：

1. 在上升趋势的调整中，向下折返的程度（支撑）通常是 2/3 速度线，如果突破了位于上方的 2/3 速度线，则价格将试探下方的 1/3 速度线。如果 1/3 速度线被突破，则价格将一泻而下，预示这一轮上升结束，也就是转势。

2. 在下降趋势的调整中，向上反弹的程度（压力）通常在位于下方的 2/3 的速度线，如果反弹突破了下方的 2/3 速度线，则价格将上试 1/3 的速度线。如果 1/3 速度线被突破，则价格将一路上行，标志着一轮下降结束，价格进入上升趋势。

总之，速度线一经突破，其原来的支撑线和压力线的作用将互换，这也是符合支撑线和压力线的一般规律。

在操作上，投资者亦可以速度线的特性作为研判依据。

四、案例分析

以中科金财（002657）的日线图为例（如下图所示），取 2015 年 3 月 23 日（51.875 元）至 2015 年 5 月 13 日（186 元）这一段上升趋势为标的，把其垂直距离加以三等分，每等分 44.71 元，并分别划出 1/3 速度线，2/3 速度线。当 1/3 的速度线失守之后，股价直逼 2/3 的速度线，并几乎回到起始点才止跌反弹。根据支撑与阻力的判断，股价在下破 60 元接

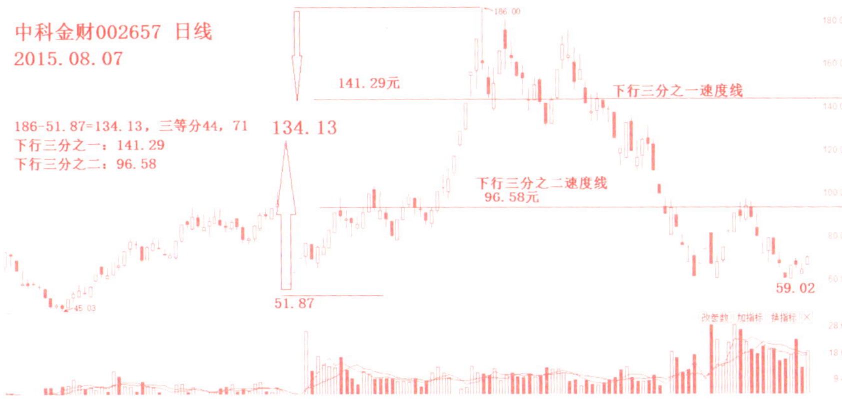

近起始点后反弹，是对 2/3 速度线的反抽，未果之后，继续下行构造双底雏形，在成交量的配合下再度上试该线。同时，结合双底，股价后市反弹的重要阻力也就在前期高点附近，这个压力位的重合具备双重阻力，预计很难突破。后市要进一步反弹，必须突破并站稳该线上 96~100 元阻力后，方可挑战 1/3 的下行速度线。

如果后市研判反弹中的下行参照物，则是以 2015 年 5 月 13 日的 186 元为起点，2015 年 8 月 4 日的 59.02 元为终点，这个区间也可以三等分，做出相应的反弹阻力。由于价格相差不大，预计得出的阻力位或者速度线也相差不大，但同样具有参考意义。

第十一节　甘氏线

甘氏线分为上升甘氏线和下降甘氏线两种，是由 WilliamD.Gann 创立的一套独特的方法。Gann 是一位具有传奇色彩的股票技术分析大师，他的经验被后人总结为甘氏理论。甘氏线是从一个点出发，依一定的角度，向后画出的多条直线。

一、理论依据

切线理论中的支撑与压力仍是甘氏线的重要依据，二者的角色互换也在甘氏线中发挥得淋漓尽致。具体到甘氏线图中，每条直线都有支撑和压力的功能，但是重要的是 45° 线，63.75° 线和 26.25° 线，其余的角度虽然在股价的波动中也能起一些支撑和压力作用，但重要性都不大，都很容易被突破。

二、甘氏线的画法

绘制甘氏图之前必须选取一个点，并且该点一定是显著的高点或低点，如果刚被选中的点马上被创新的高点或低点取代，则甘氏线的选择也随之变更。因此，该点的选定也一定是基于价格趋势，基于一段相对的行情，并以此研判价格的近期走势。

通俗地讲，如果价格上升到一定高度，从趋势上看有回调要求，那么，分析者就应选择一个相对高点，画下降甘氏线，这些线将在未来的时间内起支撑和压力的作用。同理，如果价格在下跌趋势的末端，或者是价格上行的起始点，就应画上升甘氏线，并以此来研判价格受阻的压力或受阻回档后的支撑。

三、操盘技巧

理论上以切线理论为依据，在实战中，投资者则应以上升（下降）甘氏线为准则，并随机制定操作策略。

一般地，在 45° 线、63.75° 线、26.25° 线中，以 45° 线为多空分水岭。即如果在一段上升趋势中确定甘氏线后，26.25° 线是一条平缓的支持线，此线附近可逢低吸纳；在接近 45° 线时，会遇到一定的阻力；冲过后，价格向上将会更强劲，直抵 63.75° 线（如果该线被突破，价格则还应强势上行）；反之，价格又将重回 26.25° 线。同理，在下降甘氏线中的操作，亦不例外。

从某种意义上讲，甘氏线完善了江恩理论的 45 度线，引进了 63.75° 、26.25° 线，使得操作更具实际指导意义和参考意义。

四、案例分析

上节我们以中科金财（002657）的日线图为例用速度线进行分析，该股后市一周大涨 20%！本节引进甘氏线来剖析，看看后市如何高抛低吸使利润最大化。

如下图。A、B 两点分别是下降甘氏线和上升甘氏线的起点，H 或者 L 线为 45° 线，H1 线为 26.25° 线，H2 线为 63.75° 线，继续保留上节所讲的三分之一速度线。对于中科金财后市的支撑与阻力，图表中一目了然。在 H 线与 L 线交界处，将构成该股上行的重要阻力，一旦突破该阻力，则会转化为重要支撑。同时可以分析出，该股在L1线附近可以逢低吸纳，在L、H与1/3速度线交汇处逢高卖出。之后，若能有效突破，则将继续挑战H1线附近阻力，投资者后市可以据此参考交易。

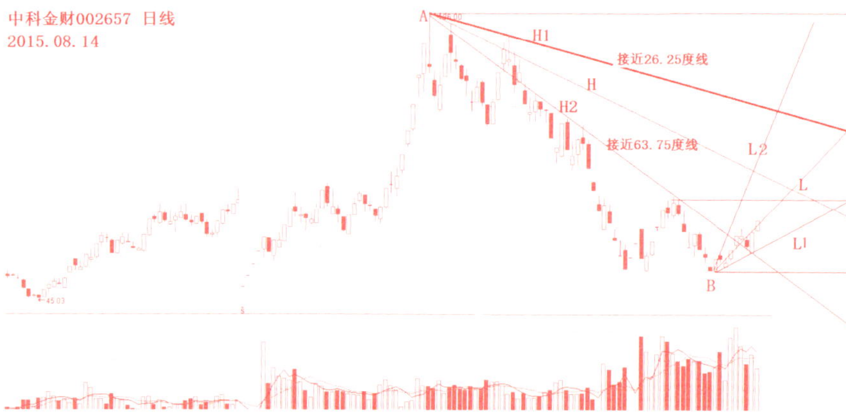

至此，趋势线之切线理论及其应用讲述就告一段落，希望对读者能有所裨益。

第6章

形态攻略

持续整理，保持平衡→打破平衡→新的平衡→再打破平衡→再寻找新的平衡……

本章将重点讲述技术分析方法中的另一个门类——形态。

一、理论解说

形态分析，是指根据价格图表中过去一段时间走过的轨迹形态，来预测股票价格未来趋势的方法。

其理论认为，市场行为包括一切信息，价格走过的形态是市场行为的重要部分，是股票市场对各种信息感受之后的具体表现，用价格图的轨迹或者说是形态来推测股票价格的将来是很有道理的。而且，从中可以推测出股票市场处在一个什么样的大环境之中，由此对买卖行为给予一定的指导。

二、股价的移动规律

形态法中用以反映一段时间股价移动规律的曲线，是在 K 线基础上组成的，而且是完全按照多空双方力量对比大小和所占优势大小而行动的。

由此，可以知道股价的移动应遵循这样的规律：1、股价应在多空双方取得均衡的位置上下来回波动；2、原有的平衡被打破后，股价将寻找新的平衡位置。

另外，也可以用以下的方法具体描述：

持续整理，保持平衡→打破平衡→新的平衡→再打破平衡→再寻找新的平衡……

三、股价移动的两种形态类型

由股价移动遵循的规律可以知道，股价的移动主要是保持平衡的持续整理和打破平衡的突破这两种过程，因此，其形态也就分成两个大的类型：持续整理形态和反转突破形态。前者保持平衡，后者打破平衡，而平衡又是相对的，只要股价在一个范围内变动，都属于保持平衡。这样，范围的选择就成为研判平衡是否被打破的关键。

而且，最重要的是，平衡是否打破有一个确认的问题，否则，形态的突破将是一种假突破，将会给投资者带来损失。因此，笔者认为，研判突破的有效性必须遵循两点：1、价格突破的 3% 原则；2、时间上的 3 天原则。

常见的反转突破形态有五种：双重底（顶）、三重底（顶）、头肩底（顶）、圆弧底（顶）和 V 形底（顶）。常见的持续整理形态有四种：旗形和楔形，三角形和矩形。另外常见的还有菱形、喇叭形等形态。

了解以上内容后，笔者将利用技术分析逐一剖析各种形态，希望能对投资者有所帮助。

四、案例分析

如上证指数日线图，我们从形态角度分析后市：2015 年 7 月至 8 月，沪指构造了一个大型箱体，其实就是持续性形态，表明多空的相对平衡状态，在这个大箱体之前，内部构造有三角形，准确地讲，属于对称三角形，也是持续性形态的一种，当 7 月 27 日大跌打破三角形平衡之后，试图构造双底或者多重底，但依旧未能形成对箱顶上边线的突破，将相对平衡状态持续下去。如果后市下破，则将深入到 2015 年 1 月至 3 月的箱体内波动，这是沪指后市的重要支撑区域。事实上，2015 年 8 月 26 日，

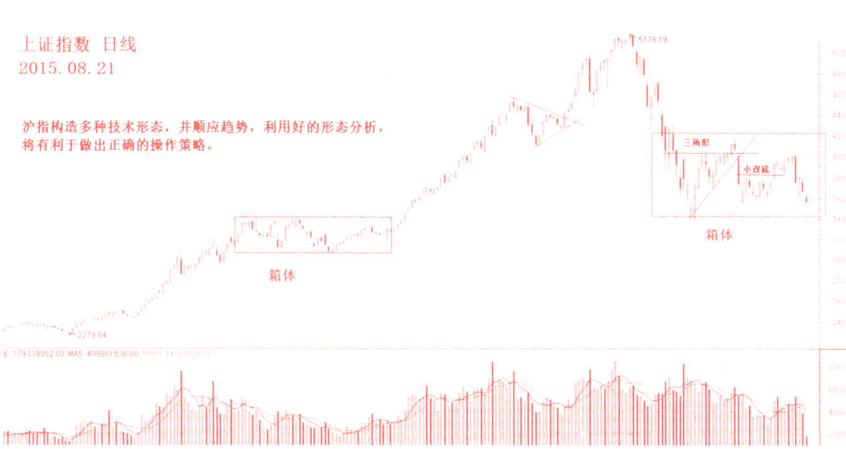

沪指击破 7 月–8 月形成的大箱体，转而向 1 月–3 月形成的箱体寻求支撑，最低点 2850 点，而 2807–2850 点将支撑后市的探底趋势。持续形态往往是趋势延续的中继形态，只有反转形态才可能夯实底部并走出底部。

第一节　底部反转居多的双重底

双重底又称 W 底，这种形态在实际走势中出现非常频繁。通常情况下，它的出现往往意味着价格趋势看涨，尤其是出现在底部时。

一、双重底的形成过程

在下降趋势末期，当价格下探至一个低点后，随即转入反弹，直到某一个高点遇阻回落，此次回落又再次在第一个低点的位置水平上获得支撑，而后价格又再次上行，摸至与第一个高点的水平位置。这样，在价格趋势图上就形成两个高度相当的高点和低点的底，技术分析上就称之为潜在的双重底或 W 底，而两个高点的连线我们称之为颈线。通常，若右底略高于左底，则形态的可靠性将会增强。

二、双重底的演变

从趋势上分析，颈线将成为价格后期走向的多空分水岭，因而双重底形成后，有两种可能的走势。

1. 价格未突破颈线位而又向下折返，重回底部蓄势，在一个狭窄的范围内上下波动，演变成下面要介绍的矩形。这时，颈线起到压力线的作用。

2. 价格按原有的趋势运行，且有效突破颈线，表明真正的双重底确认，趋势将由此发生反转。这时，突破后的颈线起到支撑作用。

三、双重底确认的条件及技术测算

双重底确认的关键是颈线是否被有效突破，而有效突破必须满足三个条件：

1. 突破时，成交量必须有效放大；

2. 突破颈线时需达 3%，对颈线的回抽，不可超过 3%；

3. 突破后价格站稳颈线之上至少 2 天。

技术测算：从突破点算起，价格将至少涨到与形态高度相等的距离。所谓形态高度就是颈线与底点的垂直距离，亦即量度升幅。

四、操盘技巧

当价格第一次探底时，短线投资者可适量买进，上摸到高点时获利了结；第二次探底时为中、短线买入时机，因此时底部已夯实，下破的可能性小。如果价格有效突破颈线，则可在价格对颈线进行回抽的时候买入，这是一种不破不立的稳健性投资策略，当价格上摸到量度升幅位时再获利出局。

五、案例分析

看徐工机械（000425）日线图。如下图所示，就是一个非常漂亮的双底，2015 年 8 月 28 日对颈线形成突破，尽管成交量大，但坚决封住涨停，彰显后市将会连续上涨。在突破颈线之后，下一步将是完成形态的量度升幅，极有可能是反转走势，在颈线附近的任何回抽，都是买点。投资者可以根据买入技巧，制订自己详细的交易计划并执行。

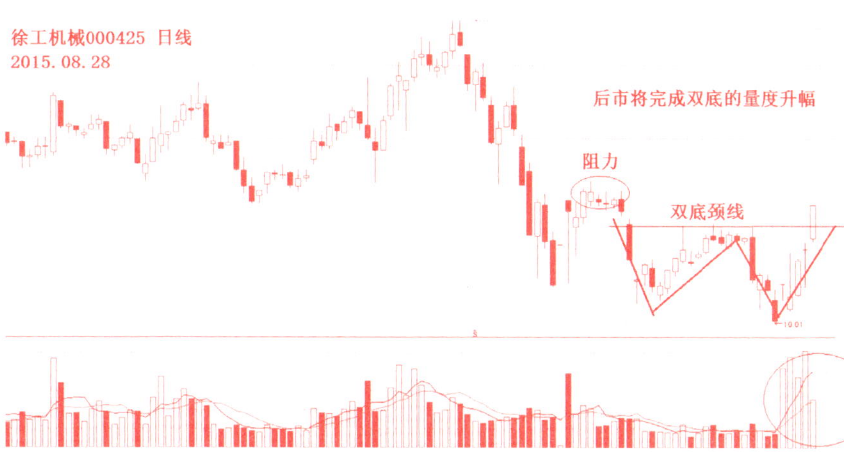

第二节　顶部反转居多的双重顶

双重顶亦叫 M 头，是 W 底的反向形态。通常情况下，它出现在上升趋势的末期，预示着价格将遇顶回落，具有卖出信号的意义。

一、双重顶的形成过程

因为双重顶是双重底的反向形态，其形成过程也近乎相同，只是方向相反而已，因此不再赘述。

二、双重顶的技术特征

1. 出现在上升趋势的末期。

2. 有两个高峰，其高度可以相同，也可以不同。如果第 2 个峰比第 1 个峰低一些，则下降的趋势更为肯定。而且，两次冲击高峰时都应当伴随较大的成交量（一般第二次的成交量明显小于第一次），两个头形成的时间若超过 1 个月，则转势的信号就更为可靠。

3. 形成第二个高峰后，回落时价格跌破了前一个低点，并收市于其下方。

4. 价格下破颈线时，与之对应的成交量并不一定放大。若成交量放大，则表明跌势较快，较为肯定。

三、双重顶确认的条件及技术测算

诚然，颈线仍是双重顶的多空分水岭，因而颈线是否被有效突破就是双重顶确认的关键。应以下面两个条件为研判依据：

1. 连续 2 天或 2 天以上收市于颈线之下。

2. 跌破颈线位的幅度达 3%，而且回抽时仍未能收于颈线之上。

两个条件同时满足后，价格有可能再向颈线位反扑，但不会超过颈线，从而双重顶形态得以确认，一轮跌势开始。

技术测算：与 W 底相同，亦是从突破点（即颈线位）算起，价格至少要跌到与形态高度（头部顶点与颈线位的距离）相等的距离。

四、操盘技巧

掌握了 M 头的特征，就要知道该如何去逃顶。当价格第二次上冲到前市高点（即第一个头）附近时，若成交量较少，最好减 1/4 的仓量，谨防风险；当价格跌破颈线，形态确认后，应趁价格对颈线的反抽之机果断清仓，特别是当成交量放大时更应如此，这是 M 形态的最后一个卖点。

五、案例分析

以中国中车（601766）为例（如下图所示）。当 2015 年 4 月 2 日该股见高到 39.47 元时高开低走，此后大幅度回撤，如果投资者没有在第一时间走掉，那么当价格再度重返或者接近于前期高点时，则必须减仓。随后，不管有没有上升趋势，减仓是安全的做法，股价无力新高后开始构造双顶，多次考验 M 头颈线，直至 6 月 9 日完成 M 头，次日跌停板下跳空击破 M 头颈线，后市我们看到该股经历了漫长的下跌，不仅完成了量度跌幅，也完成了股价近 100% 的回吐。可以说，双顶的形成，

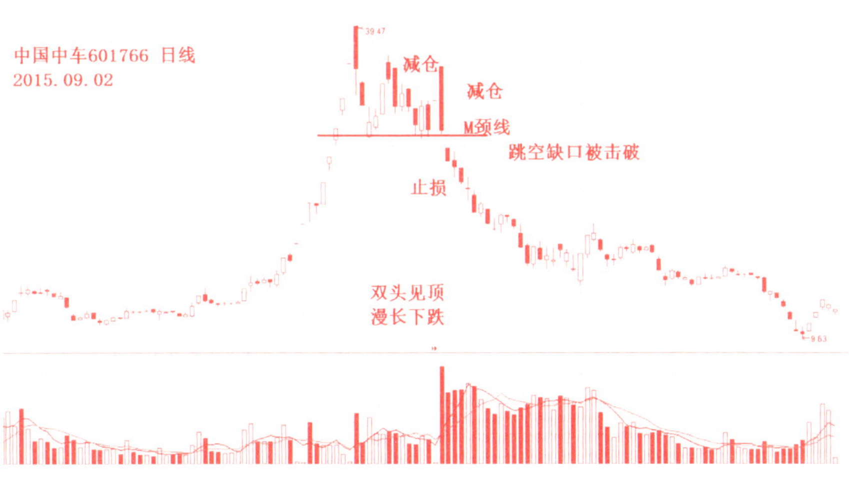

有时候的跌幅是巨大的，投资者必须回避，谨慎抄底。在实际案例中，如果你不慎被套在双重顶，应该参考操盘技巧，逐渐降低损失。

第三节　靠谱的头肩底

头肩底和头肩顶是实际股价形态中出现最频繁的形态，也是最著名、最可靠的反转形态。我们先来谈头肩底形态。

一、头肩底的形成过程

在一段下跌趋势中，价格自某一低点企稳后转入反弹，上升时成交量又相应减少，便形成“左肩”。见到某一高点后又开始下跌，而且一举下破左肩的低点，探出一个新低，企稳后开始反弹，使股价升到左肩的水平之上，此时交易又开始活跃起来，“头部”形成。随后又是逐渐下调，到达一个高于头部最低点的低点，此时买方市场逐渐增大，在成交量的配合下又开始上行，“右肩”形成。此时的价格形态犹如一个倒立的人，“头肩底”也就因此得名。

通常，这种形态的形成较为复杂，在实际中也很难找到完美的形态，大多不标准。连接头部的最低点与右肩的低点可得到一条上升趋势线，它将支持价格上行。再连接两个肩的高点，就得到头肩底的颈线。这是价格运行的多空分水岭，该线能否被有效突破，是形态反转确认的标志。

二、头肩底的技术特征

由其形成过程，可归纳出如下特征：

1. 在跌势中出现。

2. 有 3 个低谷，左右两个低谷的低点基本处在同一水平位置上，中间低谷的低点明显低于左右两个低谷的低点。

3. 前两次反弹高点基本相同，最后一次反弹向上冲击颈线的欲望强烈。

4. 成交量在头部极度萎缩，构造右肩时又略有放大，在上冲颈线时明显放大。

5. 在突破颈线后，常常有回抽，在颈线附近又开始止跌回升。

三、头肩底确认的条件

头肩底的颈线能否被有效突破，是头肩底反转形态确认的标志，同时须满足以下条件：

1. 价格上破颈线时，必须有大量的成交量配合。

2. 价格上破颈线须达 3% 或 3% 以上。

3. 价格站稳颈线的时间须在 2 天或 2 天以上。

四、头肩底的技术测算

当头肩底确认后，表明颈线已被有效突破，而后价格通常将要强势上行到与形态高度相等的距离。形态高度的测算方法是量出从头部（即形态的最低点）到颈线的距离，这个长度就是头肩底形态的形态高度。

五、操盘技巧

头肩底的技术含义是：见底回升，买进信号。因而何时买进，怎样买进，就是一个比较关键的问题。

笔者认为，有以下几个时机值得参考：

1. 头部（即底部）确认时，可试探买进，仓量不可太重。

2. 构造右肩时，若再次下探到接近左肩低点时可适量买进。

3. 右肩构造完毕，放量上破颈线时买进。

4. 放量上破颈线，对颈线回抽完毕后，再上行时逢低买进。

实践证明，前两种时机买入的风险较大，但通常获利都较为丰厚，而后两种则是较为稳健的买入时机。此后，当价格上行遇阻或到达形态最高即形态的理论升幅位后，投资者应全身而退。

六、注意事项

在实际操作时，投资者在研判时还需注意以下几点：

1. 头肩底的左肩一般略高于右肩，即颈线略向下倾，而两肩的大小、形成时间很相近，且具有对称性。

2. 价格上破颈线时，成交量必须有效放大；确认后，升幅通常会多于理论升幅。

3. 筑底的时间越长，其爆发力越大，越有可能产生大涨行情。

七、案例分析

以上海钢联（300226）为例，如下图所示。该股于 2015 年 3 月底构造一个头肩底左肩，随后有一个完整的头肩底形态，并最终完成形态的量度升幅，是作为调整中的反转形态出现，后市回调也在被突破的颈线附近获得支撑。股灾在双底构造失败后，该股于 2015 年 9 月 2 日见底 32.04 元，逐渐构造一个新的头肩底形态，一旦突破且站稳颈线位 47.08 元，后市将有可能完成头肩底的形态，挑战量度升幅位至前期双底构造的颈线附近之 62 元附近。止损则可设置为头肩底的最低点 32.04 元。

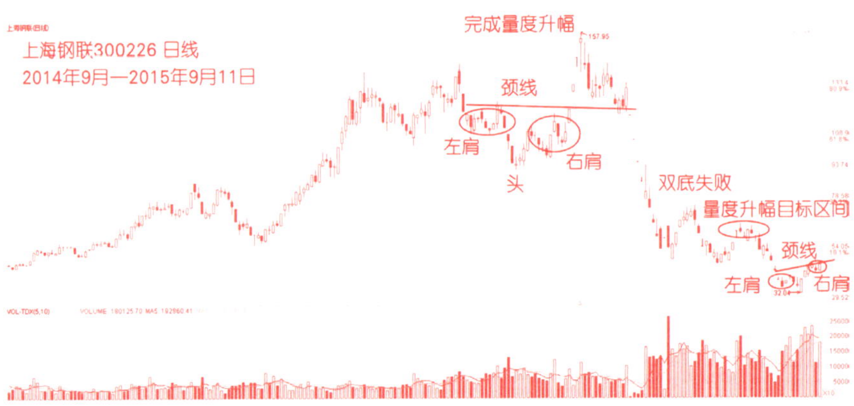

第四节　失败的头肩底

头肩底形成后，在有些走势中，价格突破颈线，而后却又重返颈线之下，表明此次突破无效。显然，这就是一个失败的头肩底形态。若碰到此类形态，又该如何去把握呢？

一、技术特征

1. 突破颈线后，成交量并没有持续放大。

2. 价格形成表现上攻乏力，对颈线进行的技术回抽，达 3% 以上。

3. 价格在右肩的最低点附近企稳，而后做横向运动，偶尔也会再度冲击颈线；当成交量骤然较先前放大，价格极有可能再度突破颈线而确认反转之势。

二、演变过程

流产后的头肩底，将在右肩低点与颈线之间小幅波动，极有可能会构造一个平台。此时，颈线转化为压力线，而右肩的低点构成支持。若跌破右肩低点，将会重寻底部，而后再次卷土重来。

另一种可能是，构造出两个、甚至三个右肩。此后，在成交量的有效配合下，突破颈线确认反转之势。通常，若出现该种情况，价格反转的爆发力将极强。

三、操盘技巧

由演变可知，头肩底流产后的走势，极有可能形成的是一种变异的头肩底形态，因此，在突破颈线时买入的投资者，大可不必惊慌，要和价格走势比耐心。

同时，在操盘时应掌握如下技巧：

1. 若价格在右肩低点企稳，可适量补仓；价格上摸至颈线时再减仓；这样高抛低吸可以摊低成本，甚至有微利。

2. 构造两个或三个右肩完毕后，价格放量冲过颈线（注意成交量一定要比第一次突破颈线时大），可适当追涨。而后，价格将至少摸至最小理论升幅位。届时，投资者可遇阻退出。

3. 若价格跌破右肩低点，将向头部（即底部）求支持，进行二次探底，操作上企稳可补仓，反弹接近右肩低点时再卖出。倘若价格一旦跌破头部低点，投资者在理论上应抱有止损出局的观念。不过，该种可能性较小。

四、案例分析

以万达信息（300168）日K线图为例，在2015年6月中旬至7月初、7月底、8月分别走出头肩底形态，突破颈线支撑并回踩颈线，但回跌低于颈线，后市短期内也未能突破颈线，这是一个失败的头肩底形态。

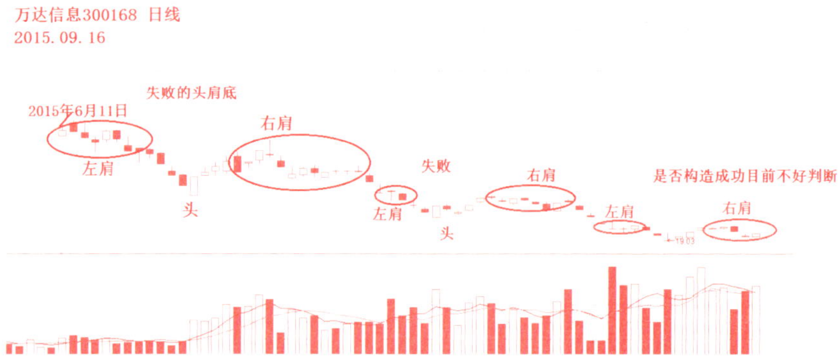

由此观之，标准的头肩底形态失败了并不可怕，关键的是投资者要有一种耐心，掌握一定的操盘技巧，这样才能在股市立于不败之地。

第五节　复合头肩底 万变不离其宗

价格在实际走势中，有时会出现一些头肩形的变形体，如一头肩或多头多肩，我们统称其为复合头肩形，而且有底亦有顶之分。总之，属于复杂的头肩形。但是，万变不离其宗，其特征及技术测算仍可进行研判。

一、形成过程

我们知道，头肩形形态具有强烈的对称倾向，因此，其形成过程虽复杂但亦简单，而且，多个左肩则极有可能出现多个右肩。

二、技术特征

与单个头肩形形态的技术特征基本相同，只是颈线有时会上倾或下倾，但只要其倾斜度不超过 20° 或负 20° ，均可予以确认，

另外，在形成过程中，成交量变化与价格相对应，而且须遵从量价关系，量增价涨，量减价跌。

三、确认及技术测算

在复合头肩形中，右肩起到关键性作用，尤其是复合头肩底。因为突破颈线是否有效，关键看其右肩构造是否夯实、有力。因此，在价格突破复合头肩底颈线时，成交量必须比以往（形态构造中）任何一次都要大，而且必须持续放大。还有 3% 的价格原则及 2 天的时间原则，亦同样适用于该形态的确认。

技术测算基本与单个头肩底和头肩顶的测算一样，只是形态反转确认后，其爆发力将非常大，升幅或跌幅通常将会超过理论升幅或跌幅。

四、操盘技巧

复合头肩底在构造中，适合作中线投资，尤其是多头多肩形。在实际操作中，投资者可抱着这样一个理念：探底时买入，冲击颈线时加码，若不成功，回调企稳再补仓；形成顶时，趁反弹至右肩高点时再卖出，跌破颈线时要当机立断、全部清仓。

五、案例分析

以中科金财（002657）为例。如下图所示，该股在小双底后突破了长期压力线，在对压力线突破回抽中，构造了复合头肩底右肩形态，与左肩呼应，将双底形态推升为复合头肩底形态，双底的两个底部充当了头肩底的两个头，双底颈线上的价格形态成为双肩。后市如果成交放大，则突破头肩底颈线概率较大，且将会完成头肩底的量度升幅。若上攻至前期双底颈线附近折返，则可能构造更大的复合型头肩底形态，否则后市反弹力度较大。

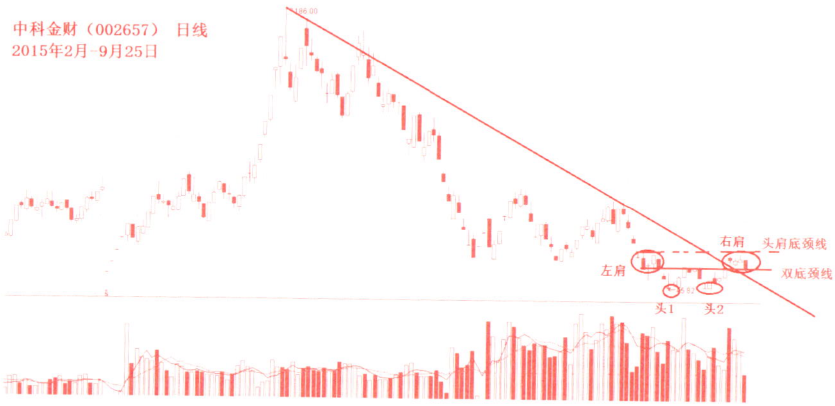

第六节 非久留之地的头肩顶

顶，顾名思义，在股市中通常意味着看跌。而投资者需关注的问题是怎样确认，然后再逃，以保留既得利润或减少损失。本节将介绍非久留之地的头肩顶形态。

一、头肩顶形成过程

在一段上升趋势中，不断升高的各个局部的高点和低点保持着上升趋势，然后在某一个地方，趋势的上涨势头放慢。而后摸到一个高点后开始回落，到达某一低点后又上行，待创新高后却无力再上行，只得回落，且再次逼进前次低点后又反弹，但此次反弹未能冲过前一次高点，随后又开始回落。两个近乎等高的为波峰，中间的高峰为头部，这样就形成了“人”字形的头肩顶形态。由此可见，整个形成过程与头肩底相反。同理，两肩的低点连线就称为颈线，亦是价格趋势的多空分水岭。

二、技术特征

1. 在涨势中出现，有 3 个高峰，左右两个高峰的高点基本处于同一水平位置上，但当中高峰的高点明显高于左右两个高峰的高点。

2. 前两次冲高回落止跌的低点基本相同，且最后一次冲高回落跌破颈线，并收于其下方。

3. 在形成头肩顶的过程中，成交量依次出现下降的局面。

4. 跌破颈线后，常常有一个回抽，但又在颈线附近受阻回落，此时成交量减少。

三、确认条件及技术测算

头肩顶是最可靠的顶部反转形态，其确认条件是颈线被有效跌破，即价格在其之下达 3% 或 3% 以上，时间在 2 天或 2 天以上。

在实际操作中，如果确认出现了头肩顶形态，价格将展开一轮较为凶猛的跌势。

其技术测算为：从突破点算起，股价将至少要跌到与形态高度相等的距离，即头部与颈线的垂直距离。

四、操盘技巧

进行准确研判后，在操盘中的关键问题是如何撤资。当构造头肩顶右肩时，价格趋势将初现雏形，这时，投资者不妨减少 1/4 仓位；当价格跌破颈线时，趁反弹时再减 2/3 仓位；当形态确认后，理论上应全部撤资离场。

五、案例分析

以浪潮信息（000977）为例，如下图所示。除权后，该股在量增价升的配合下走出一波填权行情，形成 L 线，至少在 L 线没有下破之前，你是无法判定见顶的，也就无法确认 L 线上方的两个相对高点，不经意间构造了头肩顶的左肩和头部。这在下破 L 线之后逐渐清晰，随后的反弹形成了右肩，此时，在价格不能突破前期高点时，投资者应该注意减仓，当右肩形成并试图下破颈线时，则继续减仓。后市突破头肩顶颈线，股价反抽确认后，一路走低，此时的投资者应该没有任何悬念，必须大幅度减仓或者清仓。后市股价跌幅远远超过头肩顶的量度跌幅位。

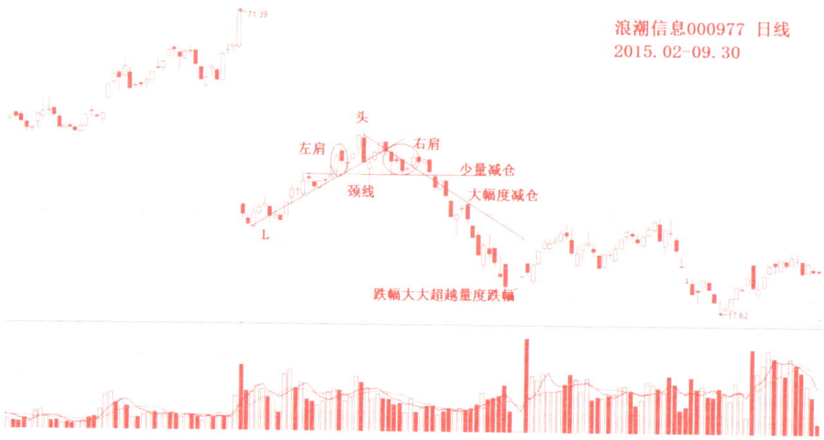

很多时候，投资者身在局中，在经历一轮升势后，总幻想止跌回稳，但在趋势线面前，我们别无选择，只有尊重趋势，才能避免更大的损失。或许，市场也出现过在头肩顶颈线附近止跌回升的现象，但投资者用减仓来控制风险，避免被动的策略是正确的。尤其是在高点始终无法超越时，风险防范应该放在首位，不可久留。

第七节 抄三重底 良机勿失

明眼人一看标题，便知三重底的出现，肯定是一个抄底的良机。但如何能把握好呢？

首先，来看一下高铁和新能源汽车概念股永贵电器（300351），如下图所示。

图中三个底和颈线分别近乎水平。再看其形成过程，双底形成时，价格上攻颈线却无功而返，随即来个第三次探底，当接近双底低点时又拉升，在颈线位附近盘整一段时间后一举突破了颈线位，完成双底的量度升幅位。形态学中，我们通常把这种价格构造称为三重底。

诚然，成交量在其中起决定性的作用，尤其是对颈线的向上突破。请注意，图中例子的放量是两波，当三次攻击颈线时，可能成交巨大，出现量价背离，则需要注意可能还要缩量盘整，之后再度放量站稳颈线，才算有效突破，启动拉升行情。

从图形中，我们知道，当双底流产价格再次探底时，投资者可以在接近双重底部位时买进。从多方战略上讲，双底构造失败后，开始选择退而结网以蓄积更充足的上攻动能。而且，卷土重来的威力一般都较大。因此，投资者应充分抓住这个机会，后市一旦放量冲过颈线（形态确认按 3% 的价格原则和 2 天的时间原则），可大胆加码，待价格接近或达到量度升幅位（其理论测算方法与头肩底相同）时再卖出。

如果冲击颈线持续放量仍未成功，则应果断卖出，因为后市又将探底，且极有可能演变成矩形；缩量则可考虑观察，后市放量则突破的概率偏大。

根据形态理论，以及先前介绍过的头肩形，三重底形态其实就是头肩底形态的一种变体。与头肩底的区别是，头的价格回缩到与肩差不多相等的位置，有时可能低于或高于肩部一点。从这个意义上讲，三重底与双底又有相似的地方。

在实际操作中，应用和识别的三重底主要是用识别头肩底的方法，直接应用头肩底的结论和应当注意的事项。而且，头肩底适用的，三重底大都适用。通常，三重底的颈线位与各底的连线是水平的，这就使得三重底具有矩形的特征。相比于头肩底来说，三重底更容易演变成持续形态，而不是反转形态。另外，如果三重底的三个底的高度依次从左到右下降，则三重底就演变成三角形态。这些都是操作中应注意的问题。

通过以上分析，我们可以在深沪两市挑出很多类似构造三重底的股票，譬如下图中的粤传媒（002181）。

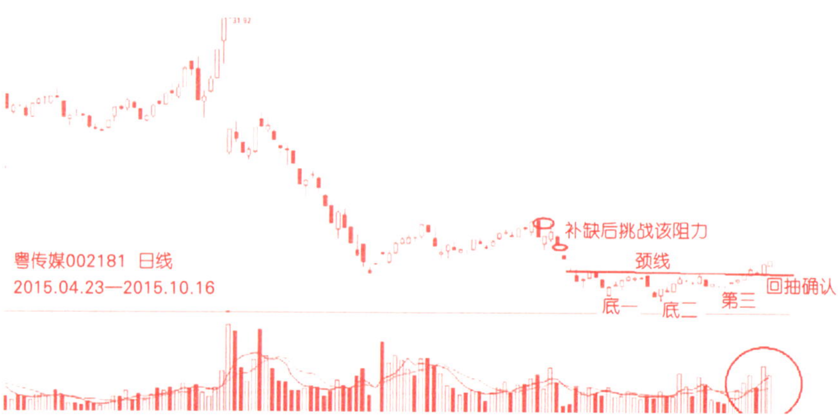

同样的道理，有三重底亦有三重顶，所不同的只是形态意义相反而已，在此不再赘述。

第八节 圆弧的魅力

在价格形态中，通常可以看见一些诸如盆形、碗形、碟形的形态，技术分析上统称为圆弧形态。可千万别小看这些形态，它在平缓的、逐渐变化的趋势中，往往孕育着无穷的魅力，让投资者对它偏爱有加。

不妨先来看一下协鑫集成（002506）的周 K 线图。如下图所示。

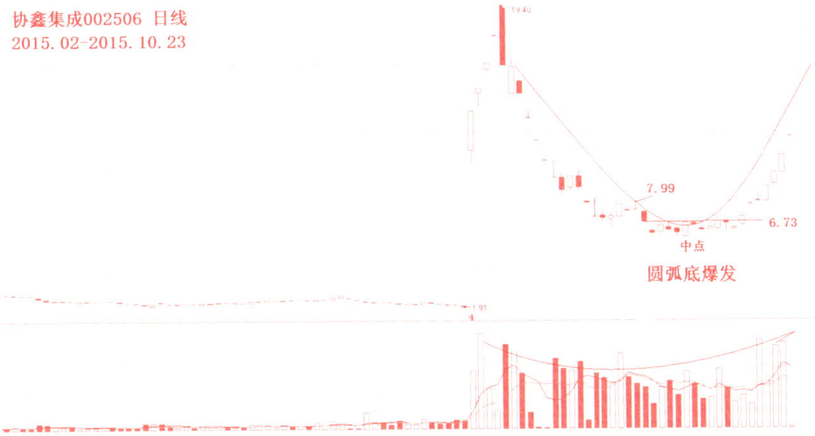

图中的价格从下降到上升的变化过程极为平缓。同时，图下方的成交量两头多，中间少，也倾向于形成相应的盆状形态。因此，无论是价格形态还是成交量形成的形态，都是一个硕大的圆弧状。通常把类似于此类的形态称为圆弧底（圆弧亦有底和顶之分）。

在圆弧底形态的形成过程中，底部末端有时会出现一个“盆把”（或者说平台），随后新的上升趋势将恢复。

值得注意的是：

1. 在成交量图上的圆底过一中点之后，成交量突然开始上升，随着价格进一步上涨，交易活动相应逐步增加。

2. 平台出现时，成交量下降，当价格向上方突破盆口（圆弧底颈线）时，成交量又进一步扩张。这些都可在图中找到。

但很难确切地说圆弧形态何时完成。以协鑫集成的日线图为例，有三种确认方法：

1. 2015 年 9 月 21 日价格在中点向上冲到 6.73 元，此后当这个高点被向上穿越时，可能就是牛市信号。

2. 还有一个变通的方法，即把从平台向上的突破，作为底部完成的信号。

3. 把圆弧底两端的高点连接起来，得到一条颈线，当价格向上突破颈线时，可以确认为形态完成的信号。当然，用这三种方法来研判形态的确立，还需 3% 的价格原则和 2 天以上的时间原则来验证。

一般地，圆弧底不具备精确的测算规则。一旦出现，其价格的升势则具有不可测性（至少为其理论升幅，即颈线与底点的垂直距离），潜力非常大。

不过，我们还是可以用其他的技术工具来测算新趋势的潜力。比如说，价格原有趋势的规模就是个重要的参考，同时，形态本身持续的时间也是很有价值的信息。其规模越大，持续的时间越长，则价格未来运动的潜力越大，对投资者而言，形态具有的魅力也就越大。

另外，我们还要考虑其他因素，诸如原先的支撑和阻挡水平，百分比回撤、跳空、或长期趋势线等。

了解这些之后，我们再回过头来分析协鑫集成（002506）的后市走势。从图中可见，圆弧底形态已确认，后市价格有望稳健攀升，并继续走高。而且 10 元亦将构成价格上行的支持位，上行的第一阻力为除权前密集区内 14~16 元，冲过后将至第二阻力 19.39 元。此后再继续上行，估计会有一定的难度。

关于圆弧底的威力，可再参考万方发展（000638）2015 年 5 月至 10

月 23 日的日线图，这里不再细致分析。该股后期涨幅翻倍。只要我们真正读懂圆弧底的盘口语言，并在实战中挑选出来，是可以很好把握的。

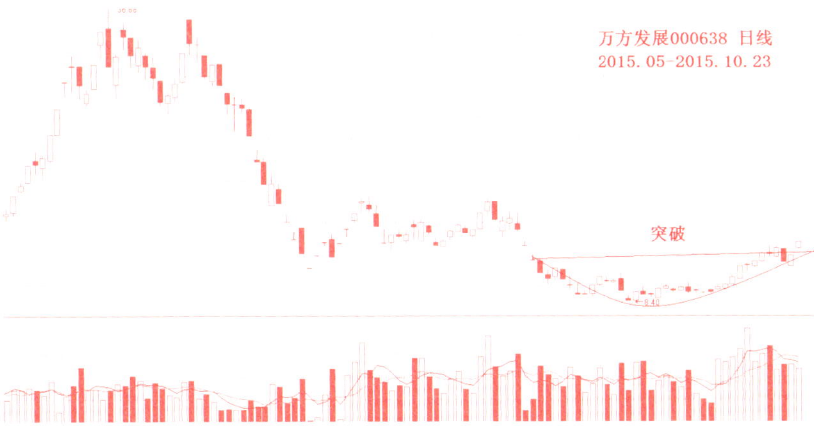

如此诱人的利润，可见圆弧底的魅力确实大。而与之相反的圆弧顶一旦形成后，投资者亦万分警惕。

第九节　扶摇直上的长钉

长钉是何形态？真能扶摇直上吗？乍看标题，投资者不免会产生这样的疑问。别急，我们慢慢道来。

不妨先来看看深深房 A（000029）的周 K 线图。

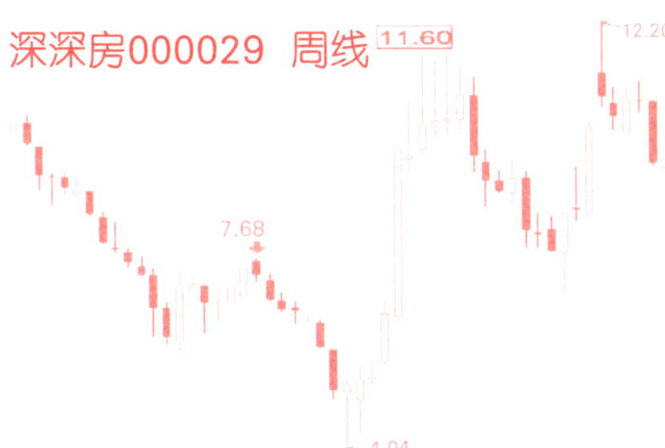

如上图所示，就是长钉形。其反转的力度如何？是不是扶摇直上？图中一目了然，不再赘述。关键的问题是应分析长钉的形成、具有的特性、以及如何反转的。

长钉，这是V形底的俗称，通常代表着剧烈的市场反转，同市场逐步改变方向的惯常方式大相径庭。当它发生时，在几乎毫无先兆的情况下，趋势出人意料的突然转向，随即向相反的方向剧烈运动。

通常，这类形态出现在下跌速度越来越快的跌势中，突然峰回路转，出现快速回升，其形状像英文字母“V”，而且，转势点的成交量特别大。

从图中可以观察到，形成长钉形反转的主要条件是陡峭或脱缰的趋势，其转折点以关键反转日或岛形反转形态为标志，图中伴随着较大的交易量。有时，这种反转的唯一有效信号是，市场对其非常陡峭的趋势线的突破。

随之而来的下跌，通常是在极短的时间内回撤到原先趋势的某个显要的比例（多达1/3或1/2）位置。譬如图中的价格突破V形底颈线位7.68元，完成理论升幅位11.32［7.68+（7.68–4.04）］元后摸至11.60元，而后开始回调，恰好在V形底颈线位，即回吐0.5的7.68元附近止跌。

诚然，长钉形，即V形底具有如下技术含义：触底飙升，买进信号。

在实际操作中，当长钉形出现时应快速跟进，但要控制好仓位。如形态趋势失败（参照突破颈线时3%的价格原则和2天的时间原则），应及时止损离场；若完成形态，尽量见好就收。

再以特锐德（300001）为案例分析，如下图所示。该股周线图就是典型的长钉，当时形成反转走势，量增价升，站稳颈线27.3元后，理论上将完成形态的量度升幅位42.81［27.3+（27.3–11.79）］元。

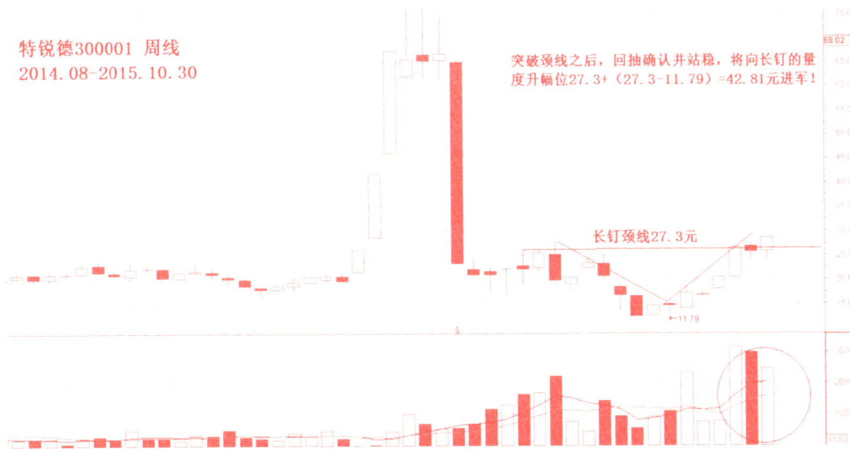

第十节　潜龙在渊　一飞冲天

排除政策面的因素，专从技术分析角度，为何有的股票会如“潜龙在渊 一飞冲天”呢？难道这就是众股构造的潜伏底发挥出的威力所致吗？答案显然是肯定的。

通常，我们把具有如下技术特征的称为潜伏底：

1. 在一轮大的跌势过后出现，多数发生在被市场长期冷落的个股上。

2. 长时期作狭窄的小幅波动，成交量稀疏，随后放量突破上档压力线后大幅上扬。

由此，我们可以研判它的技术含义：潜伏底是股价上升潜力最大的一种底部形态。股谚云“横有多长，竖有多高”，指的就是潜伏底。因此，趋势一旦发生反转，不鸣则已，一鸣惊人，明显为买进信号，也有“潜龙在渊，一飞冲天”之说。

下面结合实例来加以说明，如银之杰（300085）日K线图所示。

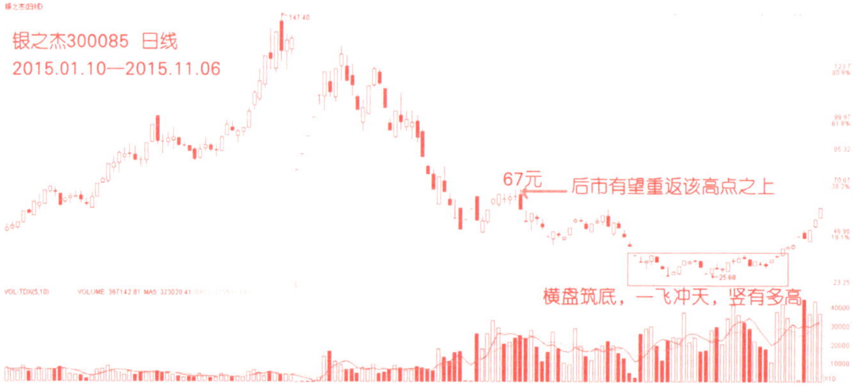

从价格形态上判别，这就是一个构造已久的潜伏底，时间长达2个月，可见蓄势已充分。最后，终于迫不急待地放出天量，以突破缺口形式向上穿越潜伏底上边线37元的束缚而确认形态。2015年11月6日，该股最高点57.28元，超过潜伏底最小升幅位48［37+（37–25.68）］元。该股的上升空间已完全打开，后市是一个稳健攀升的过程，突破前期高点67元是大概率事件。

从操作策略上讲，当潜伏底出现时，在放巨量向上突破压力线时，可大胆跟进；若价格对突破后压力线进行技术性回抽，可视为加码时机。就银之杰（300085）而言，突破之后没有回头，一路高歌猛进，上演一出精彩的逼空好戏。

熟悉了潜伏底的研判之后，投资者不妨在深沪两市中精心挑选个股，相信一定会有不小的收获。

至此，我们已讨论了几种最常见的主要反转形态——头肩形、双重顶（底）、三重顶（底）、圆弧底、长钉形及潜伏底，这些形态通常意味着趋势正在发生重要的转折，因而被划分到主要反转形态中。

还有另一类形态在本质上较为短期，且通常表示趋势的休整而不是反转，所以恰如其份地，我们把它归结为持续形态。

第十一节　延续既定趋势的对称三角形

三角形通常属于持续形态（但有时也会作为反转形态出现），大体可分为两类：收敛三角形和发散三角形。现主要谈谈收敛三角形中常见的三种型态：上升三角形、对称三角形和下降三角形。首先来看看对称三角形。

请看K线图，右图中所示就是一个对称三角形，它具有两条逐渐聚拢的趋势线，上面的直线下倾，下面的直线上倾。左侧的竖直虚线h，表示了形态的高度，称为底边，两条直线在右侧相交，交点称为顶点。从外形上看，有的技术分析者又把对称三角形称为“绕线筒”。

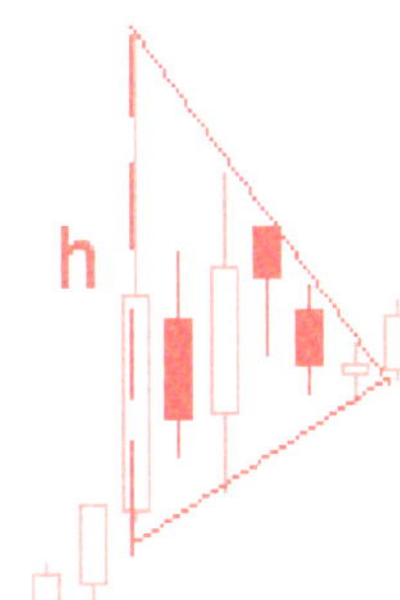

所以，对称三角形（绕线筒）通常属于持续型形态。它表示既有趋势暂时处于休整状态，随后将恢复发展。一般而言，原先趋势向上，因而最终可能性较大的是，以价格向上突破来了结三角形的调整；如果原先趋势向下，那么对称三角形具有看跌的意义。但是，如果是在底部或顶部出现，又另当别论。

在三角形中，要求其中至少有四个转折点。请记住，至少需要两个点才能作出一条趋势线。因此，为了得到两条聚拢的趋势线，在每根线上必须至少发生两次转折。

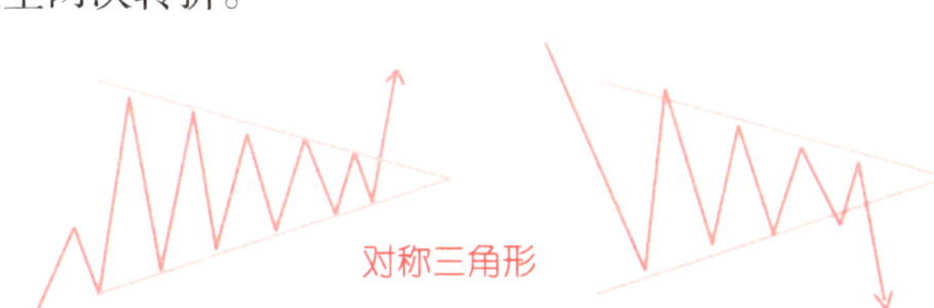

虽然三角形的最低要求是四个转折点，但实际上，大部分三角形通常具有6个转折点，这就是说在三角形内，其实包含了三个峰和三个谷，总共形成了5个波浪。

三角形形态的完结具有时间极限，这就是两条边线的交点——顶点。一般地，价格应在三角形上边线的1/2或3/4间的某个位置上放量突破，成交量越大，突破越有效，离顶点越近，突破的力度就越弱。

突破后的测算有两种方法：

1. 先测出三角形最宽的部分（底边h）竖直线的高度，然后从突破点或顶点起，顺势测出相等的距离。

2. 从底边端点出发，作出平行于下边线的平行线，这条管道线就是上升趋势上方的价格目标。

案例分析：

如下图所示，浩宁达（002356）的日线图属于上升趋势中的一段对呈三角形，完全符合三角形的构成，在接近顶点时选择了突破，并伴随一波放量，价格也达到该三角形的最宽处的量度升幅，且尚未结束上升趋势，后市还将继续上行。

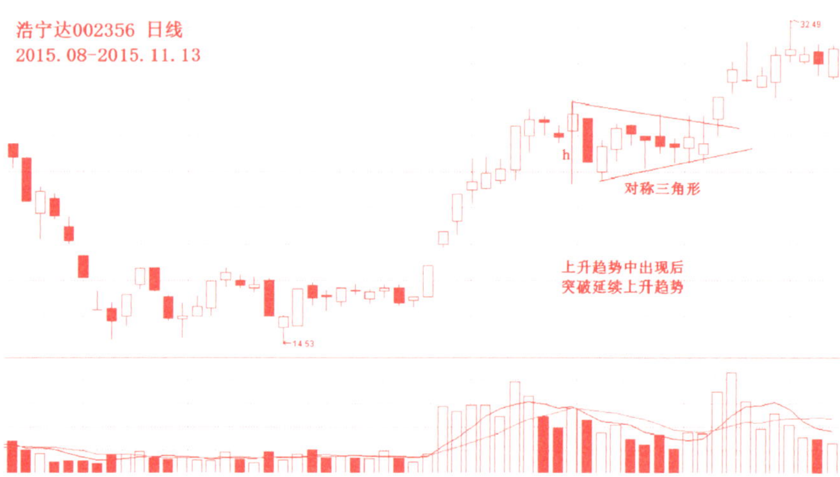

第十二节 上升三角蓄势上扬 突破买入

作为常见的整理型三角形之上升三角形，是上升趋势中的一种持续整理形态，其实在蓄势之后，往往预示变盘，通常情况下属于蓄势上扬。一旦形成突破，则迎来买入机会。

其实，上升三角形是对称三角形的一种变体。

从图形上看，上边趋势线持平，而下边线则上升。显然，上边线已由对称三角形的下倾变为水平。而且，买方与卖方更为积极主动，是一种明显的看涨形态。

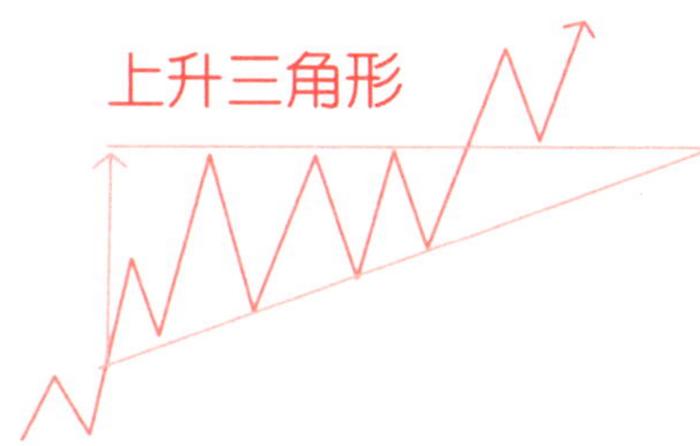

再看国轩高科（002074）2014年12月至2015年11月20日的日K线图。图中标识有两个上升三角形，小的上升三角形在上边线2的3/4处突破，价格与成交量均出现突破的态势，其后也有技术性回抽确认。之后，后市涨幅已远远超过量度升幅位。在突破上涨延续之前趋势时，不觉间又形成了大三角形，并于2015年11月10日形成对大上升三角

形上边线 1 的突破，沿着突破方向运行，后市理论上将完成大三角的量度升幅位。

根据上图分析，可归纳出上升三角形的特征：

1. 在涨势中出现。

2. 上涨的高点基本处于同一水平位置，回落低点却不断上移（如将上边线的高点和下边线的低点分别用直线连接起来，就构成一个向上倾斜的直角三角形）。

3. 在形态构造中，成交量不断萎缩，向上突破压力线时放出大量。

4. 在突破后常常有回抽，在原来高点连线处（即上边线）止跌回升，从而确认向上突破有效。

形态有效确认后，其量度升幅的测算是不是和对称三角形一样呢？答案是肯定的，在此不再赘述。

突破上边线后，价格通常会对上边线作技术性反抽，这时，投资者便可把握时间进场。而后随着成交量不断放出，多方积极推动，将会使股价上升到与底边等高的距离，这就是理论升幅位。当然，价格在作技术性反抽时，有时也会重返三角形内，这样趋势将会走弱，形成一种假突破，而且价格仍将在三角形内运行一段时间。

案例分析：

就国轩高科（002074）而言，比对小三角的突破，从事后诸葛的角度看，买卖技巧一目了然，而大三角的突破，股价 11 月 10 日以跳空缺口的突破上扬，创出历史新高，维持在上升三角形上边线 1 的上方蓄势震荡走高，成交量温和，这里就是投资者逢低择机进场的好时机。

另外，在下降趋势处于强弩之末的阶段时，上升三角形会以底部形态的面目出现。通常，其价格趋势带有反转的意味。诚然，这也是看涨的形态，而且上边线的突破，标志着底部形态的完成，构成了上升信号。

第十三节　跌破下降三角形下边线就逃

有道是：事物都有其对立的一面，有上就必有下。

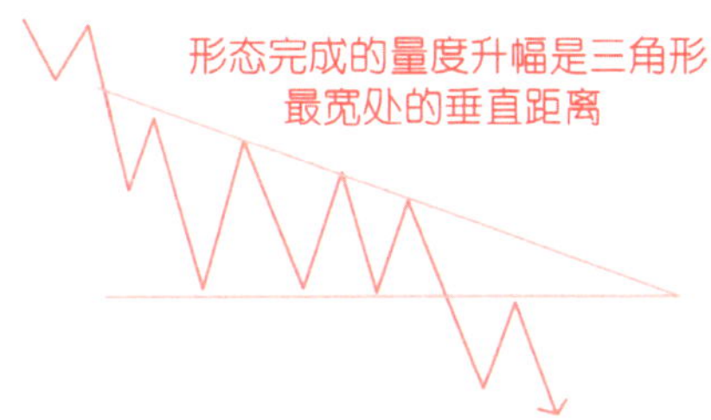

下降三角形是上升三角形的镜像，也是对称三角形的一种变体。一般认为，它属于看跌形态，技术含义是在盘整中下挫，发出卖出信号。

现举例说明。看乐视网（300104）2015年5月至11月的日K线图，就是一个下降三角形形态。从中可归纳出以下几点特征：

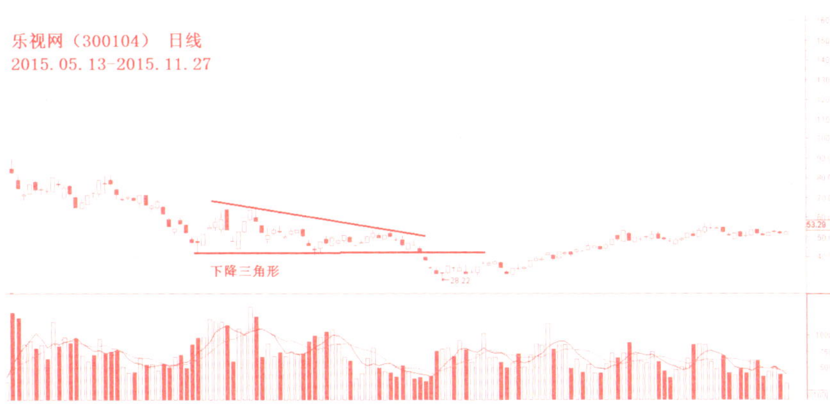

1. 在跌势中出现。

2. 反弹的高点不断下移，但回落的低点处于近乎同一水平线上（如将上边线的高点或下边的低点分别用直线连接起来，就构成一个向下斜倾的直角三角形），最后股价跌破该线向下滑落。

3. 在破位后通常有回抽（图中虽没有回抽，但盘中的多空争斗曾出现过），而后确认下破有效（2天时间原则和3%的价格原则）。

4. 确认形态后必会完成形态，通常情况下会跌至最度跌幅以下。

5. 其测算技术与上升三角形完全相同——投资者先从左侧底边测得形态的高度，然后从突破点起，向下投射出相同的距离。

当下降三角形出现时，投资者在跌破支撑线后应坚决停损离场，俗有“跌破下边线就逃”之说，否则将深套其中。

一般地，下降三角形最终出路向下居多，但少数情况也会向上突破。如出现向上突破上边线，投资者可反手做多，因为趋势有可能发生反转，当然要有成交量为后盾。

这里我们有必要来了解一下与底部反转的三角形的区别：

1. 前者量价关系背离，后者成交量呈持续萎缩状。

2. 前者在突破前夕，量开始放出，后者在突破前夕，量出现极度萎缩。

3. 前者往下突破时不一定放出大量，后者往上突破时必须放出大量。

另外，下降三角形既可出现在跌势中，也可出现在涨势中，而底部三角形出现在较大跌势之后，且形成的时间要长于下降三角形。有一点相同的是，当下降三角形以顶部面目出现，则与底部三角形一样，都是趋势的反转形态。

提到构造的时间，投资者也有必要了解三角形的时间尺度。一般认为，三角形属于中等形态，即它的形成过程通常花费 1 个月以上的时间，但一般少于 3 个月。持续时间短于 1 个月的三角形可能属于另外的形态类别，例如三角旗。

第十四节　持续整理的旗形

旗形是一种典型的持续整理形态，它是价格在一个趋势的中途休整过程，休整之后，还要保持原来的趋势方向。而且大多数发生在市场极度活跃，价格运动剧烈，近乎于直线上升或下降的方式的情况下。正是这种剧烈运动的结果，导致旗形的产生。

通俗地讲，由于上升或下降过于迅速，市场必然会有所休整，旗形就是完成这一休整过程的主要形式之一，且有明显的形态方向，并与原有趋势方向相反。因此，旗形亦有上升旗形和下降旗形之分。

当价格经过陡峭的飙升后，接着形成一个紧密、狭窄和稍微向下倾斜的价格密集区，把这密集区的高点和低点分别连接起来，便可划出两条平行而下倾的直线，这就是上升旗形。当价格出现急速或垂直的下跌后，接着形成一个波动狭窄而紧密、稍微上倾的价格密集区，像是一条上升通道，这就是下降旗形。

一、诱空的上升旗形

为什么说是“诱空”的上升旗形呢？难道是形态一旦确认，价格必会延续其强劲势头吗？

先看协鑫集成(002506)2013年11月至2015年12月4日的日K线图。

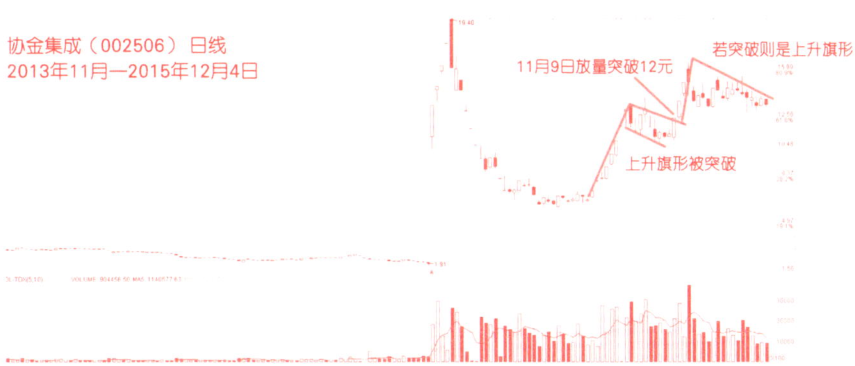

由上图可知，上升旗形的特征有如下几点：

1. 出现在直线上升的涨势中（有旗杆）。

2. 上涨高点的连线平行于回落低点的连线，且往下倾斜（看上去就像迎风飘扬的一面旗子）。

3. 形态构造时间不超过3周。

4. 股价冲破压力线（即旗形上边线），经过确认后，价格将加速上扬。

就该股而言，价格冲到12.94元附近，由于前期复牌后在12~13元附近放量下跌，聚集着较多的套牢盘，再加上从底部启动后也有很多获利盘需要套现，因此，价格便以12元为轴心上下波动。其间，成交量较之先前大幅萎缩。

从主力意图上讲，这是一种明显的洗盘行为，如果换手一旦充分，后市必将强劲拉升。果然，该股于2015年11月9日放量突破压力线点位12元，这标志着上升旗形形态宣告成立，上升趋势仍将得以延续。

接下来的就是上升旗形的测算功能。旗形的形态高度是平行四边线左右两条边的长度，突破后，价格将至少要走到形态高度的距离，大多数情况是走到旗杆高度的距离。

可见，当上升旗形出现时，投资者不要被价格低点下移所迷惑，要警惕这是市场主力诱空行为，持股者可静观其变。若向上突破，应立即加码追进，万一市道低迷，遇到向下突破下边线，投资者应反手沽空。

在应用上升旗形时，还需注意以下几点：

1. 上升旗形出现之前，一般应有一个旗杆，这是由于价格做直线运行形成的。

2. 持续的时间不能太长，时间一长，保持原有趋势的能力将下降，经验告诉我们，应该短于3周。

3. 形态形成之前与被突破之后，成交量都很大，在形成过程中却从左到右逐渐减少。

与上升旗形对应的下降旗形，只是趋势方向相反，其他原理基本相同，不再赘述。

二、看涨的三角旗形

三角旗形，也和旗形一样表示市场充满活力，但暂时处于休整状态，同样属于持续形态。说它“看涨”，投资者应先从其形成条件及结构着手分析。

三角旗形出现的先决条件仍然是：剧烈的，几乎是直线式的市场运动。稍后的休整，只是喘息一会儿，然后再顺着原方向飞奔而去。形态中的旗杆和旗面应出现。

在成交量方面，形态出现前陡峭的上升价格应伴随着较大的成交量，而在调整的过程中，成交量急剧萎缩；向上突破时，交易活动又呈井喷式。

三角旗形在结构上与旗形却有所不同。三角旗形是以两条相互聚拢的趋势线为特征，从总体上说，更呈现了水平方向发展的特点，极像小对称三角形。构造的时间亦是短期的，应当在 1~3 个星期内完成。通常情况下，在下降趋势中延续时间较短，经常不超过 2 周。

三角旗形的突破方面：在上升趋势中，以完成对上边趋势线的有效突破为标志；而在下降趋势中，下边线的突破意味着下降趋势的恢复，不过此种情况出现概率较小。

下面以方大炭素（600516）为例，看下方日线图。

该股于 2015 年 9 月 15 日见底 6.71 元后一路上攻，10 月 27 日见顶回落，但低点逐渐抬高，形成了三角旗形。形态完成后，11 月 26 日放

量突破，并站稳三角形上边线，完成其量度升幅（旗面高度），且升幅超过旗杆长度。显然，该股的价格走势是三角旗形由形成到完成的典范。

综上所述，处于上升趋势的三角旗形，形态一旦有效确认，其看涨信号尤为肯定。由此总结一下这两种旗形的主要特点：

1. 在两者之前，市场几乎都是直线式的价格运动（称作旗杆），且成交量非常大。

2. 价格在非常轻弱的成交量下休整 1~3 个星期。

3. 趋势恢复，同时交易活动出现井喷式。

4. 两种形态均出现在当前市场运动的中点附近。

5. 三角旗形同小型的水平对称三角形相像，旗形像小的平行四边形，其倾斜方向与趋势相反。

6. 在下降趋势中，两种形态持续的时间都较短，且下破下边线时，成交量不一定放大。

第十五节　志在蓄势的矩形

矩形有许多绰号，可以称为箱形、交易区间或密集区。不过在图表上通常是易于辩识的。在道氏理论中，相应的说法为“直线”。

不管称谓如何，它通常只是既存趋势中的调整阶段，最终市场将顺着之前的趋势方向完结它。因此，它也是一种典型的持续整理形态，而且志在蓄势。

矩形在形成之初，多空双方全力投入各不相让。空方在股价冲高后到某个位置就抛出，多方在股价下跌后到某个价位就买入，时间一长就形成两条明显的上下界线。随着时间的推移，通常为 1 到 3 个月，双方的战斗热情会逐步减弱，市场亦趋于平淡。

一般地，如果是在上升途中形成矩形，那么在蓄势的过程中，多方会占优并采取主动，使价格向上突破矩形的上边线。反之，在下降途中形成的矩形，空方将会在蓄势中占优并采取主动，使价格向下突破矩形的下边线。

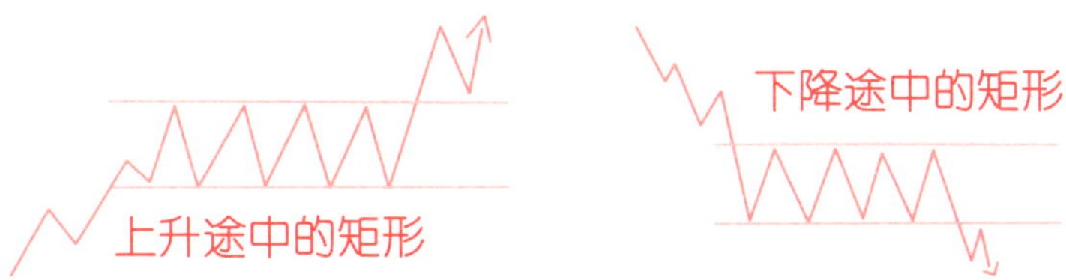

值得注意的是，在该形态中，成交量需密切关注。如果在价格上冲时成交量放大，而下跌时成交量缩小，那么该形态可能是上升趋势中的持续形态。如果放大的成交量发生在向下运动时，那么趋势可能会发生反转。

下面看恒宝股份（002104）2015年12月18日的日K线图。

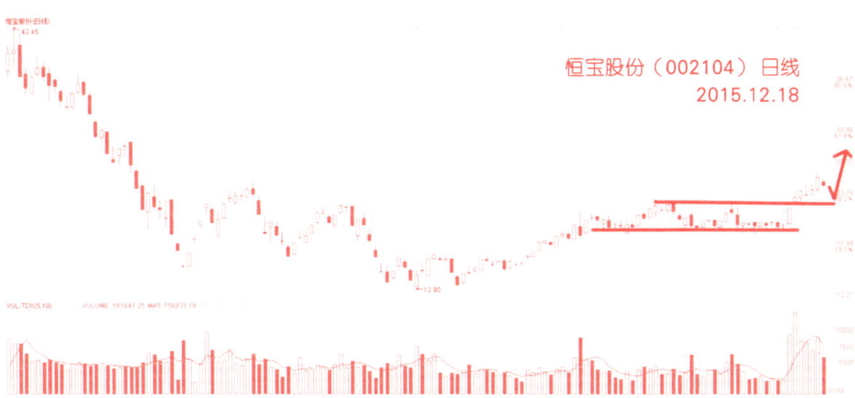

如上图所示，平行线中的一段波动图为上升途中的矩形。价格走势有点像多重顶形态，其实是一个矩形，这是应该注意的。

正是由于矩形的判断有这么一个容易出错的可能性，在面对矩形和多重顶（底）进行操作时，几乎一定要等到突破之后才能下结论，因为这两个形态今后的走势完全相反。一个是反转突破形态，要改变原来的趋势；一个是持续整理形态，要维持原来的趋势。该股突破矩形之后，完成了矩形突破的量度升幅位，而如果在一个相对强势的环境里，后市任何向矩形上边线的调整，都是逢低吸纳的机会。

矩形被突破后，也具有测算意义，形态高度就是矩形的高度，且从突破点测起。面对突破后价格的反扑，矩形的上下边线均有阻止反扑的作用。注意：有效突破仍将坚持 2 天的时间原则和 3% 的价格原则。

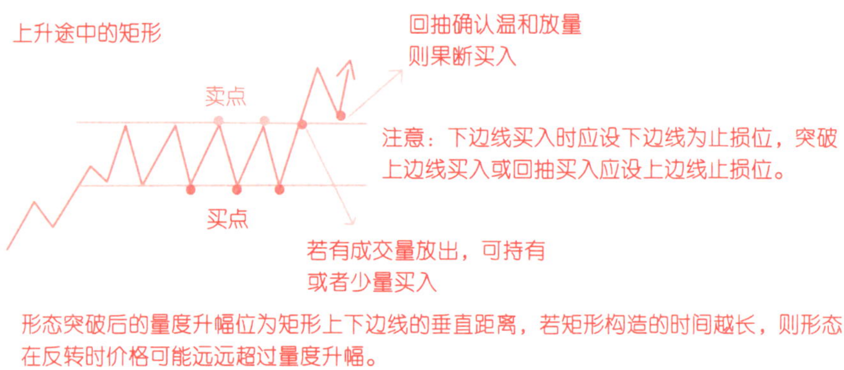

利用矩形的特点，投资者可以采取如下操作策略：形态形成时期，可以在下边线附近买入，上边线附近抛出，来回作几次短线的进出（如果上下边线相距较远，其收益应是可观的）；待放量突破上边线时，可加码追进，持股至量度升幅位；反之，跌破下边线应及时止损。

第十六节　多重性的楔形

楔形缘何具有多重性呢？又应从什么样的角度去研判呢？

楔形的多重性，首先要从形态的构造上谈起。前面讲述了对称三角形，而楔形无论从外形还是持续时间方面，均与之相似，也是以两条相互相聚拢的趋势线为特征，时间上通常持续 1 个月以上，但不超过 3 个月。

其次，从楔形的技术意义上剖析。一般地，楔形如旗形一样，其倾斜方向与流行趋势相反，因而楔形也划分为上升楔形和下降楔形。前者属看跌形态，后者属看涨形态。正因为有了这两种形态的存在，通常扮演持续形态的楔形，若出现在顶部或底部过程中，则标志着趋势的反转，但后者出现的概率要少于前者。

下面结合西藏矿业（000762）2015 年 5 月底至 12 月 18 日的一段走势来分析楔形。

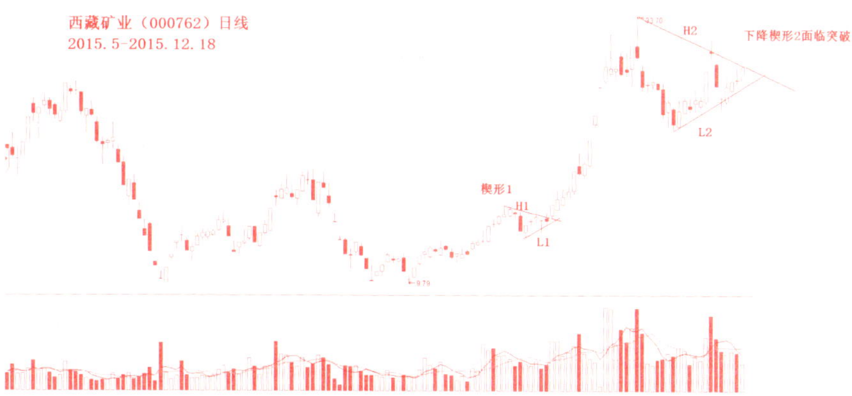

如上图所示，就是一个出现在上升趋势中的下降楔形，有两处：即楔形 1、楔形 2。其特征可以表述如下：

1. 上涨的高点连线 H 与回落低点的连线 L 相交于右下方（向下倾斜）。

2. 在形成过程中，成交量逐渐减少，且越近尖端越少。

3. 构成时间超过 1 个月，但不足 3 个月。显然，这属于持续形态。

楔形 1 已经完成形态的突破，后市涨幅巨大。再看 2015 年 12 月 18 日建构成的楔形 2，该股成交量逐渐放大，拉出的阳线大有上破 H 线的迹象。后市该股放量站立于 H 线之上，则表明楔形形态已确认，且标志着后市将结束持续整理阶段，延续上升趋势。

同样，形态确认后，也有技术测算意义，这点与对称三角形的测算相同，在此不再赘述。

值得注意的是：

1. 形态的确认需按 3% 的价格原则和 2 天的时间原则来判定，且成交量在突破时，必须先放大，否则均属于假突破，股价还将在楔形内持续整理。

2. 股价从楔形形态中突围之前，通常至少要朝 H 与 L 的交点经历过其全部距离的 2/3，有时甚至达到交点后，形态才告完结。

综上所述，明了楔形的多重性，投资者在操作上应把握以下两点：

1. 当出现下降楔形时，应视为诱空信号，持币者可在下边线附近逢低买进，持筹者可静观其变。若向上突破，则应加码追进。

2. 反之，当出现上升楔形时，应反手做空，特别是股价突破下边线时。

第十七节　看跌的喇叭

喇叭，是扩大形或增大形的俗名，因其形态酷似喇叭故得名。一般来说，它也是三角形一种变形体，是一种反向的三角形。

之前我们探讨的三角形的两条边线均是相互聚拢的，交点在右方，而喇叭则正好相反，是以扩大的三角形轮廓出现的，两条边线由聚到散逐渐分离。从成交量方面看，也与三角形相反，它是随价格的波动幅度日益放大，相应扩张。这表明市场已失去控制，变得极为情绪化，在经过剧烈的动荡之后，投资者的热情会渐趋平静并远离这个市场。通常它又是在市场主要顶部过程中最易发生的，因此，其技术意义是看跌的。

如西藏矿业（000762）2015 年 5 月至 12 月 18 日的日线图所示，图中有两个典型的喇叭形：喇叭 1、喇叭 2。

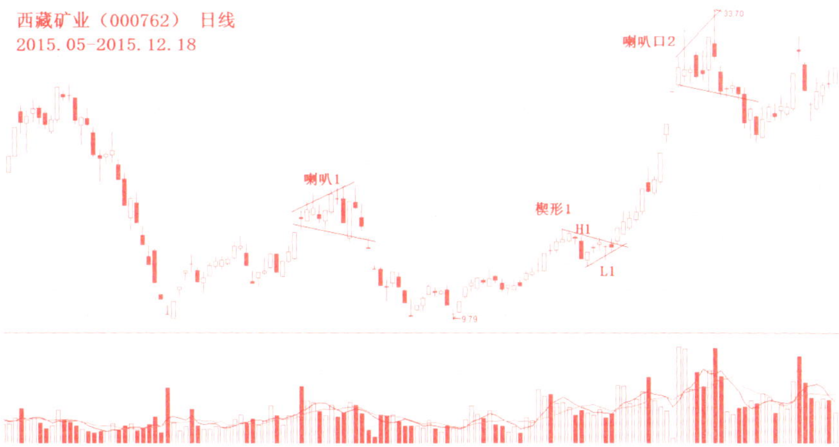

由上图可知，多个依次增高的高点和依次降低的低点，是喇叭形已经完成的标志，投资者情绪化的宣泄在这两个喇叭形态的构造中显得非常真实。显然，在该种形态下，投资者对交易的把握是十分困难的，因为在其形成过程中，出现了许多错误的技术信号。

在趋势理论中，提到一个高点被向上穿越时，通常意味着上升趋势的恢复，但是该形态却与之背道而驰。在这里，如果机械地套用这一点，则必受挫于一系列的错误信号。在此，应当依然遵循突破时需按 3% 的价格原则和 2 天的时间原则。

为了避免研判失误，形态的两个突破原则仍然适用。因此，在操作上，投资者选择在高点调头向下时就抛出手中的股票，这在大多数情况下是正确的。如果股价突破之前的低点，则更应果断出局。

通常情况下，股价在喇叭形之后的下调过程中会遇到反扑，而且力度相当大，这是喇叭的特殊性。但是，只要反扑高度不超过下跌高度的一半，股价下跌的势头还将继续，因此，其跌幅一般较深。

西藏矿业（000762）在喇叭口形成之后，后市都有不同程度的下跌，这需要投资者对该形态的下跌走势和空间，当然最终还是需要结合量价关系和支撑、阻力来进行综合研判。

第十八节　看跌的菱形

菱形，俗名又叫钻石形。通常出现在市场的顶部，属看跌的形态。相比于喇叭形，更有向下的愿望。因此其技术意义是看跌的。

对于该形态的研判，我们首先从其形成谈起。从直观上看，菱形的前半部分类似于喇叭形，后半部分则类似于对称三角形。所以，它又具有两种形态的双重特性，即前半部分喇叭形成之后，趋势应该是向下跌的，而后半部分的对称三角形所具有保持原有趋势的特性，使得这一下跌暂时推迟，但终究没有摆脱下跌的命运。

再观其形成过程中成交量的变化，开始是越来越大，然后是越来越小，量价配合甚为默契。从心理的角度分析，笔者认为，在经过一段上升行情后，随着获利盘的增多，以及恐高情绪的增加，市场必将发生剧烈的动荡。当投资者的热情渐趋平静，且逐渐认为价格上行已是力不从心后，便开始远离市场，交投随之也较为清淡，相应的股价亦会选择逐步下行。

如大富科技（300134）2015 年 2 月至 12 月 18 日的一段日线图所示，

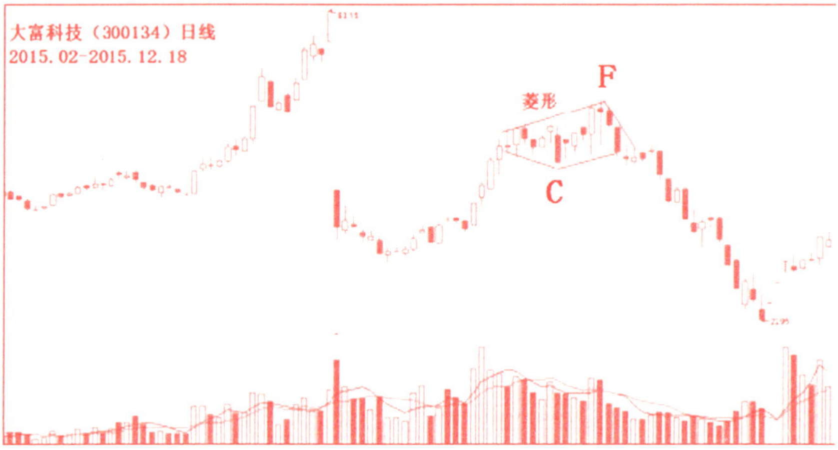

图中标记为一个较为典型的菱型。而且从中也可看出价格趋势的运动，以及与之对应的成交量的变化。可见投资者要想在该形态中赚取利润，难度是较大的。自该形态确立之后，跌势便已开始，而身在其中的投资者除了选择逃离之外，似乎也别无他法。

由于菱形中有对称三角形的存在，因此，该形态亦有测算价格下跌深度的功能。通常，在测算时，形态高度是以菱形的最宽处的高度来计量的，如图中所示 C、F 两点的距离则为形态高度。今后下跌的深度以突破点算起，至少下跌一个形态高度，这与其他形态的测算方式是相同的。

研判菱形时应注意以下几点：

1. 菱形有时也作为持续形态，不出现在顶部，而出现在下降趋势的中途。这时，它还是要保持原来的趋势方向，也就是说，这个菱形之后的走向仍是下降，即通常会由确认形态到完成形态。

2. 菱形上（下）面两条直线的交点有可能并非正好是一个高（低）点。左右两边的直线由各自找的两点画出，其交叉点并无明显要求。

3. 技术分析中，形态理论中的菱形不是严格的几何意义上的菱形。

总之，在技术分析中，各理论的应用需要灵活机动。而三个假设（即价格沿趋势方向运动，市场行为涵盖一切信息，历史会重演）是投资者研判的前提。不仅对菱形的研判如此，对其他形态亦如此。

第十九节　三位一体的灵活运用

为了能够熟用先前介绍过的知识，笔者将结合 K 线、切线、形态理论，辅以实例综合分析。

三位一体

在变化万千的股市中，如果孤立的运用某一种理论，或某一种工具去分析，未免有点片面，而且常常容易出错。为此，笔者选择三位一体。

这里的三位一体，是指在技术分析中，把之前介绍过的蜡烛图、切线、形态这“三位”糅合为一体，并作具体分析，这样得出的结论就更为可靠。而且在实际操作中，往往会有意想不到的效果。

据笔者经验，在操作中蜡烛图适用于短期，切线适用于中期，而形态则适用于长期。若在具体图表中，这“三位”也同样适用于 5、15、30、60 分钟。

总之，在技术分析中，我们一定要灵活运用“三位”，这样才能有效地达到“一体”，才能对价格趋势得出准确的研判，才能在实战中力争不败。

角色互换　突破要坚持确认原则

我们知道，在切线理论中，一旦价格突破既定的切线，那么其趋势必会发生改变，而且支撑与压力的角色必会互换。依笔者经验，这个角色互换的原理若用于蜡烛图和形态中的研判，也同样适用。

价格在突破切线和形态某一关键点位时，关于突破的有效性，我们均可参照 3% 的价格原则和 2 天的时间原则，这对价格中期走势的研判较为可靠。就蜡烛图而言，所偏重的是短期，切忌生搬硬套。一般地可依据比例，用于蜡烛图中的 5、15、30、60 分钟图的研判，效果不错。同理，就中长期的周图、月图也可按比例运用该原则。而且，成交量在其中常常扮演着重要的角色。

综上所述，结合蜡烛图、切线、形态这三位，再联系成交量、支撑、阻力来综合研判，达到正确预测的概率较高。在实际操作中，我们只有灵活运用，不断总结经验，才能取得较好的效果。

第7章

智慧交易法则

交易的核心原则是根据趋势交易，要敬畏市场，尊重趋势，一切的操作准绳均以趋势为准。

进入股票市场，不要盲目地猜测市况的发展。要有正确的投资理念，完善的交易系统，形成一套既定的交易规则。我认为，交易的核心原则是根据趋势交易，要敬畏市场，尊重趋势，一切的操作准绳均以趋势为准。

在现有的市场中，没有一种理论是非常完善的，都在随着市场的变化不断发展。用发展的眼光看，在技术分析里，核心的精髓是供求关系的本质不会改变。如果供求关系的本质改变了，那么游戏规则就需要重新修订，至少在现阶段这不大可能。

最核心的仍旧是把握多空争夺的本质，也就是需要读懂 K 线、读懂趋势，然后结合成交量与 K 线的关系，也就是量价关系，跟随研判的趋势做出顺势的交易，那么，这个结果成功的概率可能也就会相对偏高一些。

一个理论，一个交易系统，只有靠自己揣摩，然后才能成形，也只有不断经过实战，才能确认适合自己。我们不可能将巴菲特与江恩的理论相提并论，且简单地嫁接融合到自己身上。博采众长终归须经自己的消化，适合自己的才是最好的。

在解码 K 线、趋势、量价关系之后，在实战交易中，我也逐渐形成了自己的交易规则和买卖法则，并以此形成自己的交易纪律，约束自己的交易行为。

第一节　交易的核心规则

很多人进入证券市场，无非是想赚钱。在证券市场，更多的时候是零和博弈，是通过聪明的智慧和技巧来赚取市场的钱。其实，你所赚取的也正是别人所亏损的。

江恩理论说股市损失有三大原因：1、在有限资本上过度买卖；2、投资者未设止损盘以控制风险；3、缺乏市场知识。前两者是操作上的技巧，后者是对市场基本宏观面的了解，也是在市场买卖中亏损最重要的原因。

对资金的管理非常重要，不要过度买卖，不能将资产无限扩大化。在熊市中切忌满仓操作，这是必须要坚持的。要控制仓位，但也不能过度分散。比如说三、四万元买上十几只股票就没有意义了。在股市需要等待，有机会就抓住，没有机会就等待，哪怕是深套。

投资有风险，我们可能会做出错误的买卖决定。不要只是想着好的一面，对风险要有承受能力。有了承受能力，心理压力才不会大。如果在强大的心理压力下去操作，只会导致操作更乱，所犯的错误更多。

当错误发生的时候，该怎样处理？一旦犯了一个错误，需要根据错误的大小，来决定自己的操作策略。如果是浅套，则义不容辞地止损。但连续操作失误两三次之后，建议停止操作。因为连续三次失误以后，你会急于求成，想把前三次的错误补回来。而在压力之下的操作，你在第四次出现的错误往往会更大，这是人性恐惧心理所蔓延出来的。

我认为，交易的核心原则是根据趋势交易，要敬畏市场，尊重趋势，一切的操作准绳均以趋势为准。对于所有的市场，决定趋势是最为重要的一点。至于如何决定其趋势，便是学问所在。

在确定趋势前，我们先要理解市场的宏观背景、产业趋势。这些趋势都会综合表现在 K 线的语言上。大盘的趋势是市场的综合表现，与个股的相关性最高。

确定市场的趋势是操作的前提。例如在 2008 年的市场、2015 年下半年以来的市场，经常遭遇股灾模式的杀跌。根据右侧交易的原则，没有获得趋势的确认，操作的难度极大，还不如现金为王。

如果你想做左侧交易，则需要你的资金极为殷实，抗风险能力极强，且对资金的使用管理极具耐心，才能逐渐摊低你的交易成本，累积你相对低位的廉价筹码，才有可能在随后的反弹中逐渐获利。左侧交易需要你付出无法预知的时间成本，忍受资产净值大幅回撤的压力。比如在2015年下半年的市场，在去杠杆的背景下股灾式的下跌中，也是基本上无操作机会。

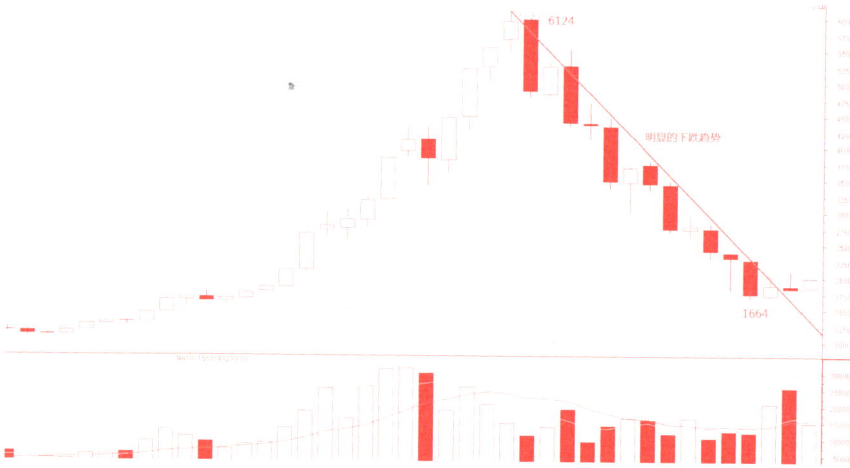

图示为2008年单边杀跌月线图

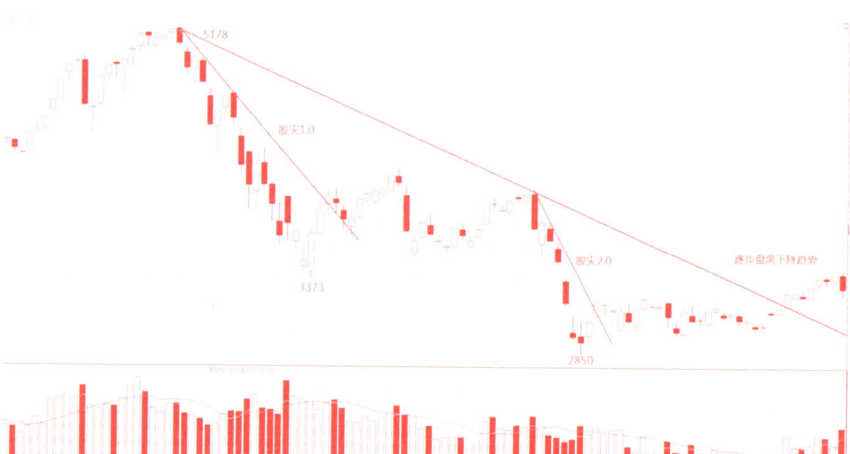

图示为2015年下半年以来的日线图

从图中可见，在 2015 年的股灾 1.0 与 2.0，期间也是残酷的多杀多，基本无操作机会。

其实，趋势的研判就是对市场系统性风险的评估。当系统性风险来临时，趋势自然不利于交易，多数人是无法在交易中获胜的。能获胜的，在 2015 年 11 月 1 日也随着某位大神的离去被揭开为内幕交易。

所以，趋势研判极为重要，趋势的转变和量价关系的变化，始终是分析研究的根本和掌握的核心。无论何时何地，价格 3% 的原则和时间 2~3 天（周、月等时间单位，下同）这两个研判趋势的法则不能改变，用来判断次级折返走势（中期趋势），主要趋势还是短期趋势，一目了然。

在了解宏观的大背景后，再看技术面。只有市场的技术表现配合基本面的变化，才有可操作的空间和可能性，成功的概率才会相对大一些。在这个前提下展开战术的应用，通过多年的实践总结，容易形成高胜率的交易法则。

法则来源于实践，并服务于实践。将买卖技巧上升到法则，则是一种高度，说明我看中自己在实战中历练出来的交易系统的重要性。系统是为了提升准确的概率或者在防范风险的前提下，稳健获利的一种相对保障，最终的结果，都要落实到提高交易准确性的概率。本法则只是在相对情况下买入后成功的概率相对偏高一些，需要在实践中不断完善、修正。

如果在价值的基础上进行技术分析和操作，不会有任何压力。在市场传统的价值龙头里把握技术，而不是将这种技术分析应用于市场全部股票中的每一个品种。投资者更应该通过这种方法找对自己的操作策略，而不应当每天赚点小钱。这样不仅会失去心智，还会扰乱自己的操盘动作，丧失自己的宏观策略。

只有在自己熟悉的基础上，将风险控制在可控的范围内，这样才能得到自己预期的收益。千万不要因为盘面每天都有涨停机会或因为自己有几次操作顺手而忘乎所以，并讥笑某种理念、策略。

第二节 买入法则一：突破下降趋势线买入法

买入法则中的第一个法则是突破下降趋势线时买入。下降趋势被突破，意味着趋势的反转。在反转的初期买入，是所有人都想追求的。下降趋势反转也就是上升趋势开始，买入所获得的利润也较大，与之对应，所面临的风险也较大。关键是趋势的研判，即如何确认突破下降趋势线有效。我们仍然按以前所归纳的 3% 的价格原则与 2~3 天的时间原则。

一、特征

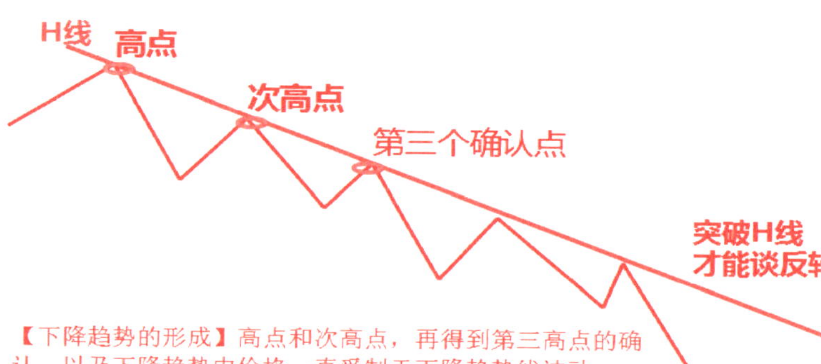

下降趋势线的形成需要由两点产生，第三点确认，即高点和次高点以及第三点的确认，所形成的下降趋势线也叫压力线。三点决定一条趋势线，一旦这条趋势形成，价格波动趋势轨迹将沿该下降趋势线波动，直到价格有效突破该线，价格走势将发生反转。在趋势没有改变之前，每一次当价格向压力线附近靠拢时，都有一个阻力。在实际操作中，股票价格相对高点未能突破，碰到下降趋势线时往往下跌。

二、操盘方法

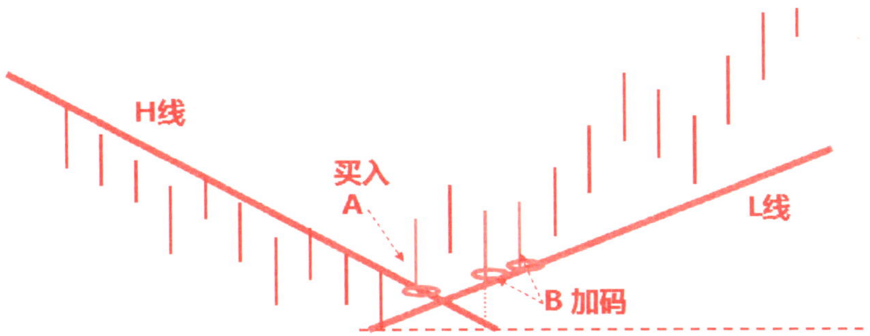

【买入方法】
A、下降趋势末期，股价运行在H线附近时，再一次下探到已确认的底部，可适量买入，越接近H线买入的风险越小。
B、突破H线后，股价总会向H线附近回抽，此时也是建仓、加码的良机。使用这一方法，需分配好资金，底部买进时宜用少量资金，突破H线建仓、加码时可加大资金量。

股价运行到 H 线附近时，再一次下探到已经确认的底部，价格不再下跌。根据支撑与阻力的关系原理，该点位受到较强的支撑，这个时点可以适量买入。

理论上是在接近 H 线时买入的风险小，突破 H 线后，股价会向 H 线作技术性回抽，图中 A 点是建仓加码的良机。运用这个方法时，需要分配好资金，底部买可以用少量资金，突破 H 线则建仓加码，可以加大资金量。

三、注意事项

1. 股价数次下探到同一低点均未下破，方可确认底部。

2. 股价向上突破下降趋势线须达到 3%，而向下回抽时，又不得超过下降趋势线，也就是突破价格点的 3%。这里要注意，是被突破的下降趋势线和被突破的价格点。

3. 股价回抽到下降趋势线时，必须站稳 2~3 个交易日，才可加码或跟进。

以上目标是确认底部，谨防假底或趋势假反转、假突破。应用此方法时，投资者可在升势形成初期于低价买入，风险小，获利丰厚。但需要注意底部的有效确认，否则风险也较大。

四、案例分析

案例 1. 恒生电子（600570）

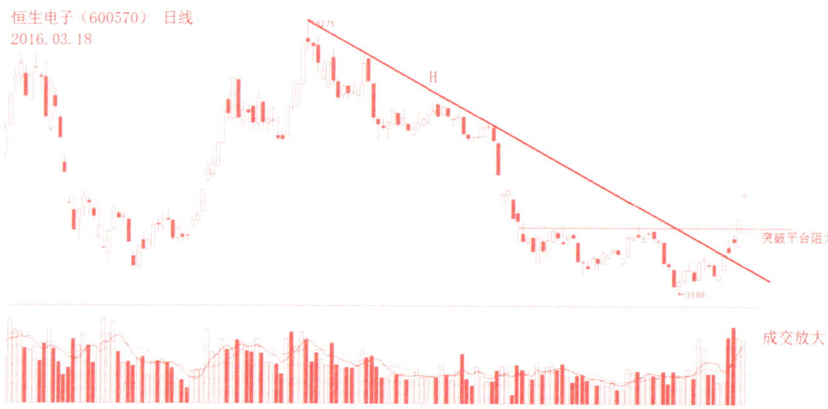

上图为恒生电子（600570）的下降趋势线，通过高点、次高点、第三点确认形成标准的下降趋势线 H。有一个局部的阶段性趋势，在突破下降趋势线 H 后，趋势发生改变。价格没有出现回调，而是位于 H 线上方，且对应的成交量急剧性放大，换手相对充分。为什么价格没有出现回调？主要是由于成交巨大，消化掉前期成交密集带的筹码。当该股在 2016 年 3 月 17 日一根长阳一举突破之后，多空胜负已定，18 日自然也就是跳空涨停。这是典型的突破下降趋势后价格趋势反转的案例。后市若有回调，均是买入机会，剩下的是做好资金管理。当反弹重返 H 线的黄金分割位 0.618 时，则彻底确认反转走势。

案例 2. 浪潮软件（600756）

在突破相对趋势线，支撑与阻力角色发生转换以后，成交量的配合是关键。浪潮软件（如图）两次突破下降趋势线，但在突破 H1 线后，当价格回抽时，成交量不是缩量，而是放量，且下破了突破前的低点 28.35 元。尽管未能重返 H1 线左侧，依旧受到 H1 线支撑，但已经触及止损点，这是突破下降趋势线买入法需要重点留意的，也需要做好止损的准备。

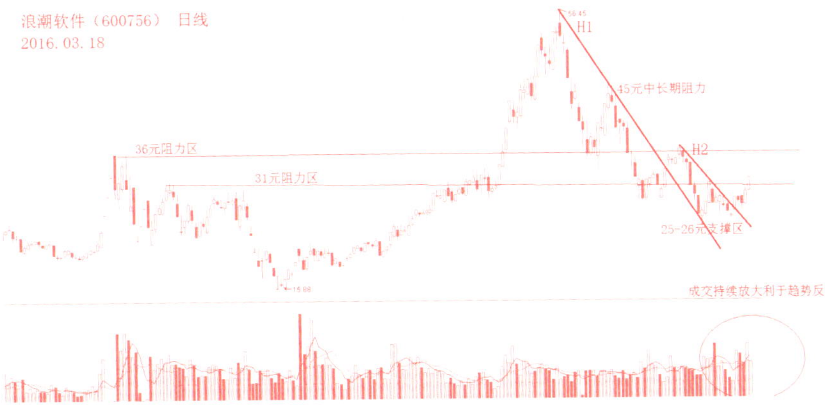

止损也需要技巧，有反弹止损。该股后市价格在 25 元附近企稳反弹，并重返 H1 线突破前低 28.35 元，此时你可以选择止损。当价格再次回调，形成 H2 下降趋势线后，价格不再创新低，并在 2016 年 3 月 10、11、14 日连续三个交易日形成了早晨之星，对下降趋势线 H2 形成突破。之后也有严格的技术回抽 H2 线，3 月 17 日修正，迎来确认的买点，18 日继续发力，重返 31 元前期重要阻力，表明多头彻底反转的概率较大。

那么这里就有两个技术买点，H2 附近的 29–30 元买点，31 元附近的买点。后市若成交继续放大，必然对 H2 反转，挑战 H2 的起始点 36 元附近阻力。该价格与前期重要高点重叠，阻力较大，必须是持续放大的成交量方可突破，之后才有可能挑战 45 元上方的阻力。投资者可以依据支撑与阻力互换、趋势线的变化指定交易。

案例 3. 雷曼股份（300162）

从量价关系上分析，该股主力运作明显，每每突破下降趋势线时，都出现相似的反转走势、图中该股以盘离的方式突破 H3 线，但尚未突破 H 线。这是一个充满想象的走势图，价平量增之后，迎来的将是雷霆反转，但需要突破 H 线，方可走上填权行情。

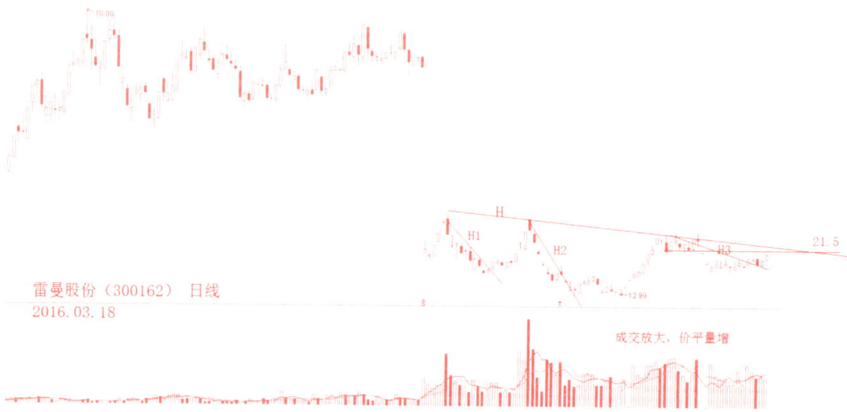

第三节　买入法则二：二次下探上升趋势线买入法

买入法则中的第二个法则是二次下探上升趋势线时买入。很多时候，我们自以为只要是均线系统平行，逢低就可以买入，或者只要是上升通道下轨线（后继我们会专门阐述）就可以买入。其实，很多时候会出现一些错误的信号，如何避免则会很关键。所以，如何把握上升趋势线附近的买入方法就很重要了，请注意是二次下探。

一、特征

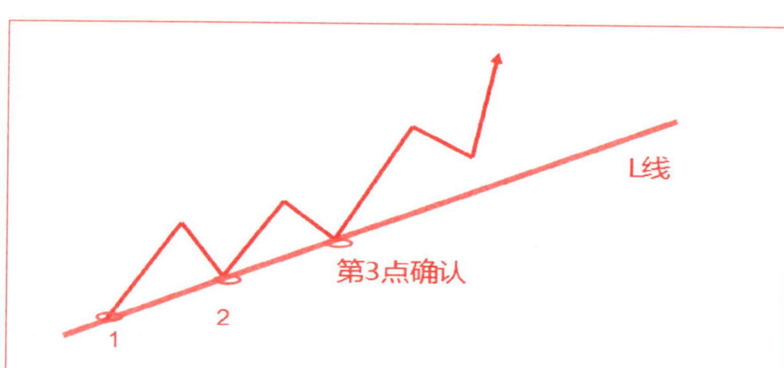

二次下探上升趋势线买入法（一）

上升趋势的形成，前一低点总是低于后一次低点，连接两个低点的连线再得到第三点的确认，此后价格一直沿着上升趋势线波动。一旦偏离，则价格必然会向该线附近靠拢。

二、操盘方法

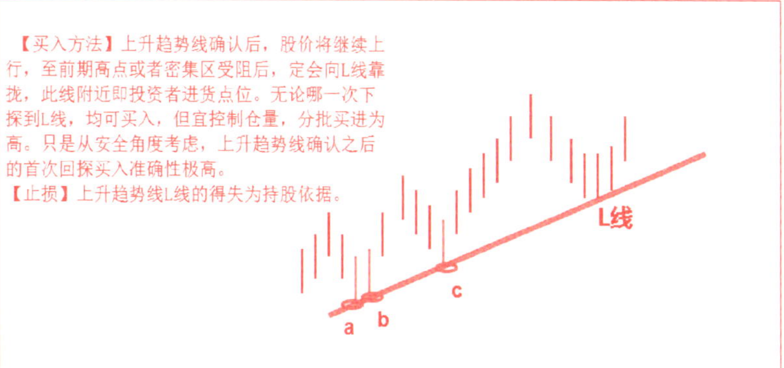

二次下探上升趋势线买入法（二）

上升趋势线第三点确认后，股价上行，每当受阻后回探上升趋势线 L 时，均可逢低买入。但回探不能击穿 L 线，否则这个临界点状态的风险比较大。一定要研判临界点，成交量呈温和状态时，量价齐升的价格走势才能延续。否则，L 线被击穿的概率相当大。符合此条件，L 线附近买入是安全的，也可以认为是左侧交易。一般情况下，L 线附近买入的仓位控制在 1/3 之内。

三、注意事项

上升趋势线的倾斜度越高，跌破的可能性越大。斜度越低，支持力度越强。一条平缓的趋势线是中长期的趋势线，股价缓慢上行概率较大；一条比较陡峭的趋势线是短期的价格爆发，同时伴随乖离率升高，回调的欲望或引力也较大。一般而言，30、45 度倾角的上升趋势线最为可靠。

四、案例分析

案例 1. 洋河股份（002304）

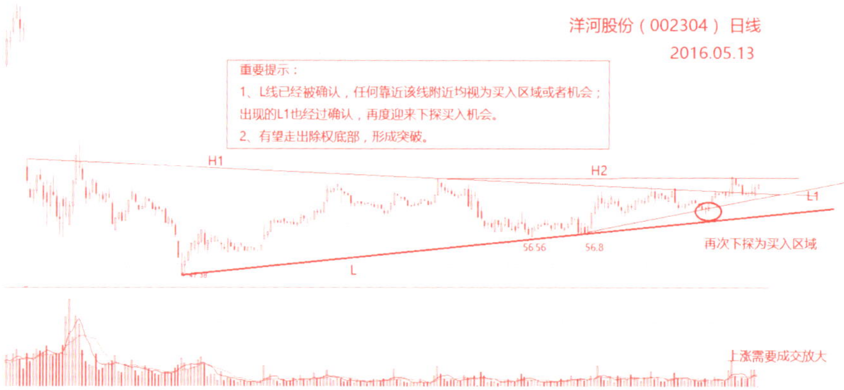

从洋河股份（002304）日线图可以看到，L 线经过了多点确认。虽然在 L 线附近买入后价格并没有在短期内迅速上涨，但上升趋势一直未变，价格沿着上升趋势逐步走高，且形成了 L1 线，支撑 L1 线上方的价格走高，进一步夯实 L 线的长期支撑。

从交易的角度，图中标识的接近于 L 线的为二次下探上升趋势线附近，尽管未能完全触及，但止跌之后即恢复了上涨态势，由此确定了该股的股性，买入持有待涨为最佳策略。同时可以看到，新诞生的 L1 线，与之对应的成交量逐渐放大，支撑股价加速上行。我们注意到价格已经盘离了 H1 的中长期压力线，对于短期 H2 压力线有待突破，这需要成交量的配合方可。如果不能突破，再度回到 L1 线附近，则可视为买入机会，待突破 H2 或者盘离之后，又是第二次加码机会。

案例 2. 中信国安（000839）

2016 年 5 月，市场曾因高送转和中概股回归大炒过，但也因中概股回归存变数而大跌过，中信国安就是身聚高送转和 360 回归的双重题材而被市场关注。此前该股在成交量的配合下，形成了 L 线，很有意思的是，这条上升趋势线 L 相对较为标准，倾角在 30° ~ 45° 之间，有利地支撑价格上行。需要注意的是与之相对应的成交量。该股放量后是温和放量有序的成交量，是主力长线控盘的手法。当价格触及 H 线无法突破之后，下行选择构造箱体但却构造了双头往下探。请大家注意，由于技术形态构造双顶，使得投资者看空后市。

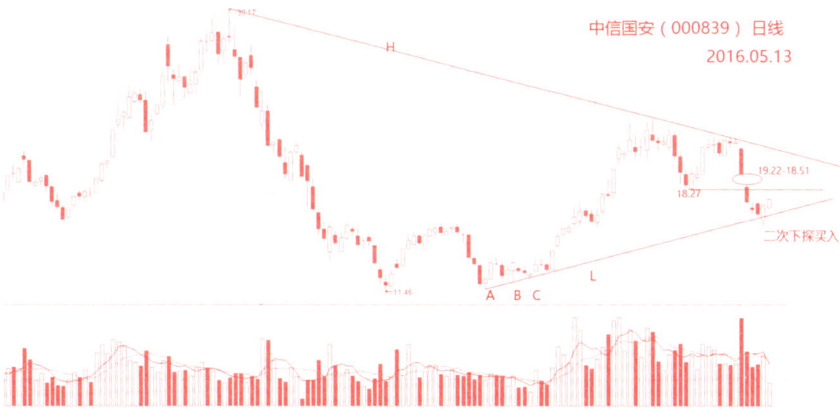

但有一点需要重点留意，无论你是深套其中，还是准备抢反弹，请注意形成的 L 线具有极强支撑。本次回探属于二次下探，出现超跌反弹的概率极大，投资者若能把握住上升趋势线二次下探买入法则，则可以把握住交易性短线机会，这就是上升趋势线的神奇之处。而对于阻力的判断，则是前期波谷以及下跳空缺口。把握住支撑位和阻力位，就能把握住短线交易机会。

类似的案例还有很多。很多时候，当上升趋势出现改变，短期成为下降趋势时，投资者的恐惧心理占据主流，也通常会忘记上升趋势线形成的支撑。如果我们结合量价关系和上升趋势线的平缓程度，则可以把握抢反弹或者再度介入的机会。只是需要注意的是，资金管理决定的仓位问题，可以让投资者灵活运用。谨防上升趋势线支撑力度失效后价格继续下行，就必须及时止损控制风险，此时买入的资金量应该不多。当然，如果你执行的是左侧交易法，则不在我们探讨之列。

第四节　买入法则三：重要底部买入法

重要底部，顾名思义，是指可靠性较高、作用性较大的底部。该底部出现时，买入成功的概率较大。这里主要指双底、头肩底、V形底和圆弧底。

一、特征

1. 在一个下降趋势中，股价下探至一个低点企稳后，在不断增加的交易量的推动下向上反弹，构成第一个底。

2. 一路上行到前期高点附近受阻回落，又下探到第一个底附近。在这里整理1~3周，第二个底开始显山露水，一般第二底略高于第一底。

3. 底部坚固后，股价又开始攀升，逐步接近前两次高点，此时双重底雏形初现。

4. 某日放量，股价向上突破由前两次高点连接而成的颈线，双重底构造成功。待完成技术性回抽后，双重底形态确认。

5. 若股价再次上行到前次高点后仍无力上行，便会三次下探前期底部。探底成功后，第三次上试前次高点，构筑三重底形态。

6. 不论是双重底还是三重底，形态的确认均以有效突破颈线为先决条件，这是趋势反转最有效的信号。如果不能有效突破，股价再次或多次下探前期底部的可能性较大，三重底演变成多重底。三重底就是双重底突破颈线无效折返形成的，所以上涨的难度极大。

二、操盘方法

构造双重底，三重底形态二次下探底部是买入（如图）。股价第一次探底时，理论上可以适量买入，但上攻到前期高点要卖出。此举风险较大，单底买入的做法一般不可取。

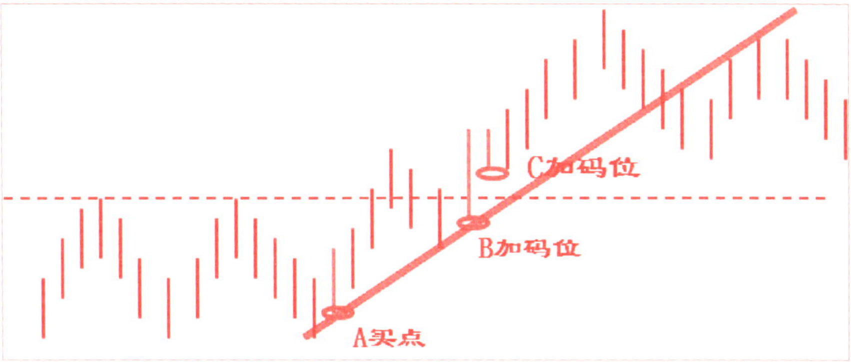

第二次探底与下降趋势末端买入法则一样。在下降趋势末端，下探底部不再下跌，随之突破下降趋势线。双重底的二次探底，有前期低点的支撑，该低点附近具有买入价值，可视为中短线买入机会。当反弹到颈线位附近时需要注意，如果不能突破则是卖点，如果能够突破颈线位则加码。所以在仓位的选择时，在你认为底部相对安全时要轻仓，在形态上完全对颈线突破时则是加码的良机，这时成功的概率比较大。

三、注意事项

1. 若双底的后一底部低于前一底部，则上涨力度有限。若三重底的后一底部低于前两个底部，则上涨的力量依旧有限。

2. 以突破颈线位的斜度和力度为重点。突破颈线须达到 3%，否则不可确认为有效突破。突破颈线位回抽时不可超过 3%，否则视为假突破。所以对临界点状态的买入加码需要等待确认 3%，而不是说追高或回调就买。

3. 重要的价格支撑点位突破，成交量需要一定的放量。

四、案例分析

案例 1. 长信科技（300088）

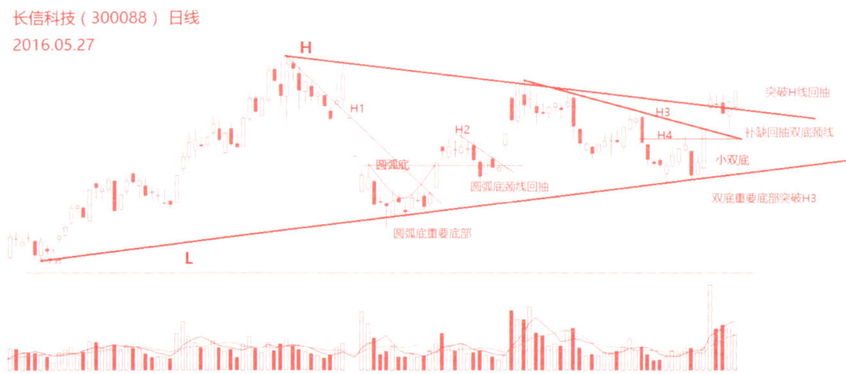

该股除权后确认了L线（如图）。其中，图中标识的L线附近的圆弧底突破了H1线，小双底突破了H3线，H2属于对圆弧底的回抽确认，最后选择颈线附近止跌后走高，而H3的突破，是双底的突破，随后是强势突破了H线。

虽然如何分析很重要，但分析之后给出正确的策略更重要。我们在掌握底部买入相关法则之后，要学会应用。在H线的高点出现之后引发的下跌，在支撑与阻力作用下，该股在10元下方获得重要支撑，在研判中，必须牢记“价平量增”这一特征，且在形成的L线附近止跌后成交量开始缓缓放大。

当该股在2016年3月18日走出一根涨停阳线之后，意味着成交放大且进入新的上升浪，圆弧底的威力彰显，这是第一买入机会。第二次买入机会则是H3压力线下回调，止跌于L线后，构造双底，在突破H3和H4之后，双底形态突破。理论上讲，突破的阻力位越多，突破有效性越强，那么长信科技在H3、H4、H线相继突破之后的回抽中，均是买入机会，包括回补缺口后止跌回升中的买入机会。且该股在成交量进一步放大的配合下，使得形态的突破更加可靠。

案例 2. 江特电机（002176）

对于该股来说（如上图），这是典型的双底或者三角形买入方法。该股的大双底形成于2016年1月至3月，但没有形成突破，随后转入回调，在回调中确认L线，价格稳步走高，成交温和放大，一切似乎都在好转中，并于 2016 年 5 月初确认 L 线有效，不仅重返大双底颈线 1，而且确认了小双底颈线 2 的有效突破。于是，这里有两大买入技巧。当然，机会的把握有得有失，关键在于如何处理失败的策略。

在大双底形成时，量价关系体系中的“价平量增”于该股 2016 年 3 月 1 日见到 9.63 元之后逐渐出现，并相对吻合，在变盘时是最好的买入机会。其次是双底颈线突破之后的回抽买入，这是第二次机会，只不过回抽中没有立马走强，成为失败的买入。

其实，我们在实战中经常会碰到买入后价格走低的现象，这就涉及到是否止损的问题及是否再度加仓的问题。从图中看，该股价格重返大双底启动前的价平量增的变盘 10–11 元支撑区域，则至少不要轻易止损，可以耐心等待。其后，该股出现了二次探底，于 2016 年 5 月 12 日探底 11.22 元之后构造双底 2，5 月 17 日突破双底后回抽。

在这里，我们就要综合研判。虽然该股突破的双底颈线 2 与前一双底颈线 1 相差不大，但对价格趋势而言则极为重要，这是对双重阻力的突破。当得到成交量的配合后，就显得更加重要，随后的缩量整理，对持股者来讲可以接受，对想买入者来讲，则是可以逢低介入的机会。在缩量之后一旦放量，则是继续加仓的机会。那么股价完成对两大双底形态的突破之后，有望消化掉图中的两大阻力区，并完成量度升幅。

第五节 买入法则四：头肩底买入法

头肩底买入法是指头肩底在倒立的人字头部附近买入。在右肩的构造过程中，根据趋势线也可以考虑中长线买入。

该法则与重要底部买入法则基本相同，只是相对而言，进货的时机多于前者。换言之，该形态由于依据价格波浪形态的演变而常见，故可靠性也相应增加。头肩底的形态出现时，上涨的概率偏大，但需要注意，同样也有失败的、流产的头肩底形态。

对于颈线的画法，在形态没有完成有效突破时，以虚线表示；一旦形态完成对颈线的有效突破确认后，以实线表示，后市价格将至少向它的量度升幅进行。

一、特征

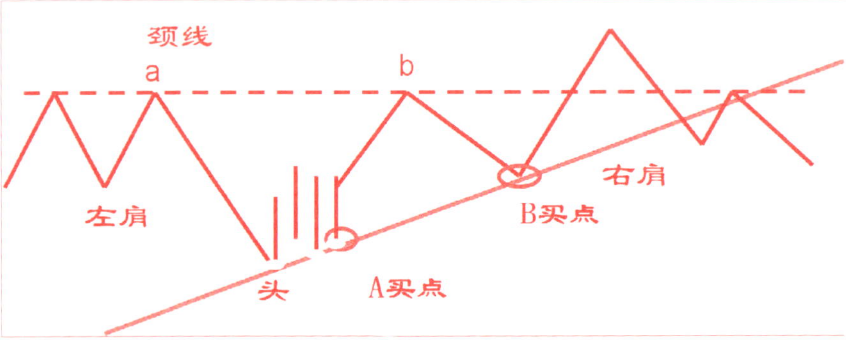

1. 对头肩底的构造特征要有深刻的记忆并能够熟练研判，对肩与底

的关联度要有清晰的认知。

2. 头肩底的形态犹如一个倒立的“人”，连接头部的最低点与右肩的低点可得到一条上升趋势线，它将支持着股价的上行。在连接两肩的高点划出一条虚线，即头肩底形态的颈线，股价一放量突破此线，形态构筑成功（后者研究则将颈线划为实线），转势确认。

二、操盘方法

1. 底部即头肩底的头部确认时，可试探买进，仓量不可太重。

2. 构造右肩时，第二次、第三次下探到接近头部最低点的低位时，即上升趋势线附近已进货的可加码，未进货的可适量买进。（同样是一个仓量的安排问题，可以根据自己的情况给出一些策略。假设有 100 万资金，对于某一只股票给它配备的资金是 20 万，那么相对于这只股票，满仓就是 20 万，那么再按 1/3 的节奏来看，首期买入就是 6 万 ~7 万。

头肩底的头部一旦确认，仓位不能太重，可以安排 1/4。因为它可能是下跌中继的形态，可能继续沿着下降压力线往下继续走低，需要时刻提防止损的出现。当右肩构造确认头部的上升趋势线时，第二次、第三次下探上升趋势线附近时可以加码。当头肩底形态突破颈线附近，可以继续加码。）

三、注意事项

1. 头肩底的左肩一般高于右肩。

2. 股价上破颈线时，必须有放大的成交量配合。

3. 头肩底形态构造时间一般较长，波浪运行反复，多方蓄势迹象明显。

4. 头肩底的形态一旦得到确认，升幅通常会多于其最小量度升幅位。

5. 具有对称性，但形态往往也会多变。

需要注意的是，这五点的高度不尽相同，是个概率的问题。有时左肩高于右肩，有时右肩高于左肩。左肩高于右肩往往是下降压力线，它的突破往往带有一定的反转性。左肩低于右肩是上升趋势线，有惯性继续冲高的动能。左右肩持平则趋势是横盘状态，也可以当成是一个箱体。它的价格波动比较平缓，当呈现价平量增的时候，可能就是变盘点。要注意突破颈线时成交量必须有效放大，成交量的堆积是价格上升的动力。头肩底往往是以时间来换取未来的空间。

头肩底的头部出现后，在确认的时候，需要判断对左肩构造的下降压力线的突破，和新的上升趋势线的形成。当颈线实现突破之后，股价将在颈线附近盘整。一般来说，突破买入之后在两个星期里不会有较大的收益，此时要能忍受住持股的寂寞。如果坚持盘后研究，坚持对这个品种的技术分析，就能够得到所想得到的结果。否则买进后没涨，看到别的股涨了，就会觉得得不偿失。所以，坚持自己的理念，一定要有所坚持，才能够获得更大的成功。

四、案例分析

案例 1. 众兴菌业（002772）

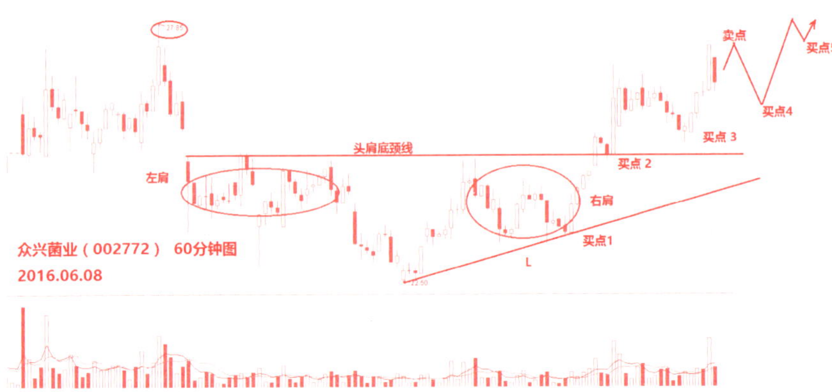

该股 60 分钟图显示出典型的头肩底形态。在右肩构造完成后，L 线获得确认，除了 L 线理想的买点 1 外，在突破颈线前，很难有合适的买点。所以，比较确定的买点在突破颈线之后的回抽阶段，少量买入。为什么少量买入？因为在回抽的过程中，极有可能回抽力度加大，回到颈线下

方超过 3% 多。如果此后价格接近 L 线，则可以留些资金参与，所以说交易的时候，多做些准备，多做几种预案。如果冲高之后，未能对三角旗形形成突破，再度选择回调出现买点 3，此时，理论上可以加大买入力度，但实际上仍需要谨慎买入，或者只是少量买入，依旧是谨防大幅度回调。而当价格出现上涨时，接近于前期相对高点则是卖点。只有再度打回则呈现买点 4，而此时不是杀跌卖出，由此形成新的 L 线，我们熟练之后在心里就可以画出来了。

之后，就是突破前期相对高点之后的突破回抽买入，日线将会启动新的上升趋势。

案例 2. 振芯科技（300101）

有时候头肩底颈线的突破会有很多反复，由此转入对右肩构造的复杂化。按照我的交易体系，需要引入成交量。任何突破如果不能有效放大成交量，则突破可能为假突破，或者失败的突破，将继续转入横盘整理，或者几度探底。所以，要看个股的量价关系的配合，看趋势的划分，不是一成不变的。只有当颈线的突破，或者说下降压力线的突破后，价格趋势发生了改变，才可以继续保持长期关注。振芯科技（300101）就是这样的例子（如图）。

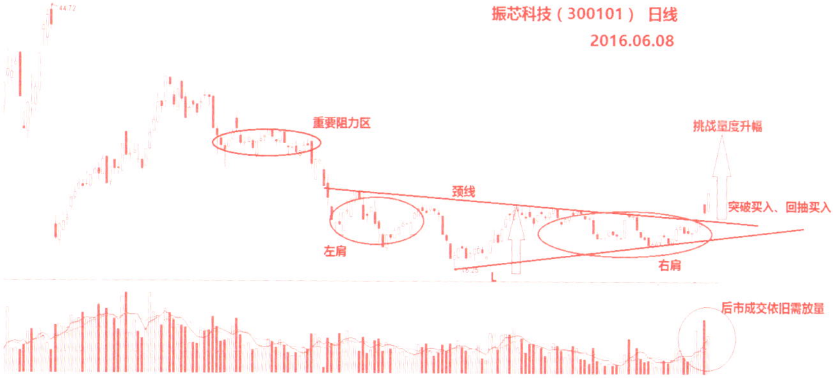

该股的头肩底形态构造时间较长，右肩比左肩低，且突破乏力回调过后形成的L线随着重心下移逐渐走低，这样积蓄的爆发力也较大。一旦放量，则走出头肩底反转的趋势概率极大。后市的量度升幅极有可能是将挑战图中密集区附近的30元阻力。

第六节　买入法则五：突破颈线买入法

第五个法则是突破颈线时买入。趋势发生反转，则价格升势得到确认，是众多买入法中最佳、最明显的一种买入法。投资者进货价位适中，为江恩常用的最安全入货点，即买入时趋势已确认，获利空间较大，风险较小。

一、特征

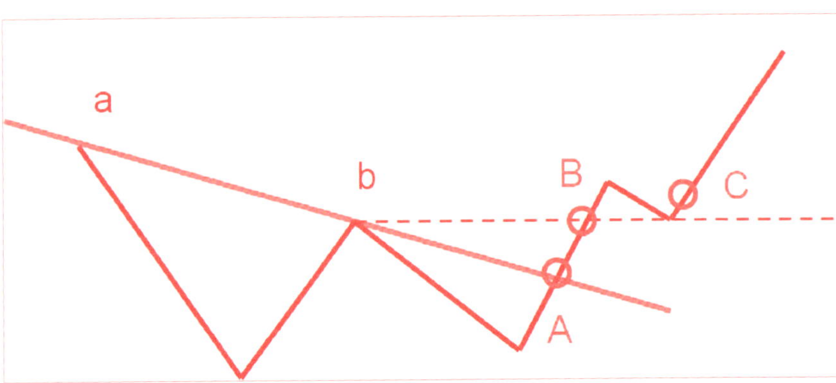

1. 双底、三重底、多重底、头肩底、复合头肩底、圆弧底、V型底等都是常见的底部形态，在形态构造末期，由于看好人士增加，成交量不断放大，股价往往突破颈线完成趋势的反转。而在酝酿时期，颈线则是股价后市走势的好淡分水岭。

2. 颈线有三种情况：

A. 由左向右下斜的直线；

B. 由左向右上倾的直线；

C. 由左向右水平的直线。

颈线的倾角不同，导致后市突破后的力度也不一样。

二、操盘方法

买入方法是一个仓位配置问题，突破时候小仓量，回抽确认时逐步加仓，呈金字塔式加仓，反抽确认恢复上升趋势时加大仓量。

1. 刚突破颈线位，投资者买入 1/3 的仓位，在底部已购进的投资者可加码。

2. 向下反抽到颈线附近，企稳后再买入 2/3 的仓量。

三、注意事项

1. 谨防假突破，即突破颈线需达价格的 3%，需站稳 2~3 天。

2. 突破颈线时需要有较大成交量配合，否则转势的可靠性降低，或者还会跌回底部，多停留一段时间进行整理，蓄积买方力量才能上升。

3. 反抽时若下破颈线位达 3%，短线交易坚决止损。

4. 底部形态的颈线绝大多数向下倾斜；若向上倾斜，表明市场后市走势相对强势，但也有例外，下降趋势的颈线爆发力度也有偏强的。因此没有绝对化，只有相对化。

我们需要把握的是对颈线的有效突破原则，需要设好止损，对买入对象做好仓位配置。最根本的本质是对多空本质的洞悉，一切都是对多空双方力量对比的研判，然后设定好止损。

颈线突破意味着趋势改变，在趋势改变时买入则是确定性的交易。投资者在对形态学逐渐融会贯通后，综合应用就显得很关键，关键点在于成交量对颈线突破的有效性，有时候形中有形。只要牢牢把握颈线突破的有效性，则买入相对安全。

四、案例分析

案例 1. 恒生电子（600570）

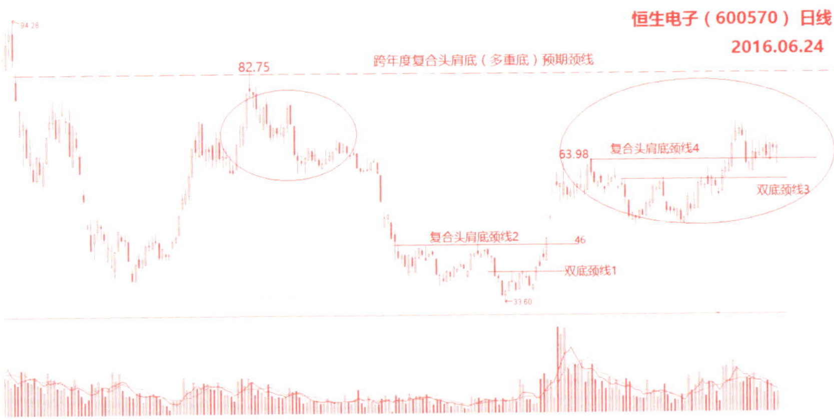

对于恒生电子（600570）已经我们分析过很多次，无论是从趋势线还是量价关系、形态学等等，我们都能找到趋势发生改变的依据，而事实也确实如此。

我们看到该股自 2016 年 3 月 1 日探底至 33.6 元后，成交量逐渐放大，构造小双底，并突破双底颈线 1，走高完成量度升幅至前复合头肩底颈线附近，随后又是成交急剧放大，配合股价对头肩底颈线 2，形成反转直达 63.98 元，超过了复合头肩底 2 的量度升幅，而与之对应的成交量则成倍放大，后来的走势也确实印证该股在构造旗形。下降旗形以双底颈线 3 被成功突破后结束，于复合头肩底颈线 4 完成对旗形的有效确认。

从这两大颈线的突破看，该股是遵循突破 -- 回抽 -- 重返突破的路径，而此时该股自底部 33.6 元启动已经完美翻倍。当后量没有超越前量时，也就是当目前的成交量如果不能超越构造旗形或者完成复合头肩底颈线 2 突破的量度升幅时所放大的启动量时，股价将会继续围绕复合头肩底颈线 4 波动，此时该股将会构造大型的跨年度复合头肩底右肩，或者大型双底或者多重底。之所以有如此乐观的预期，还是基于该股量增价升的格局以及先前的启动量，一旦后量超越，则有望完成对大型底部的突破。

案例 2. 中科曙光（603019）

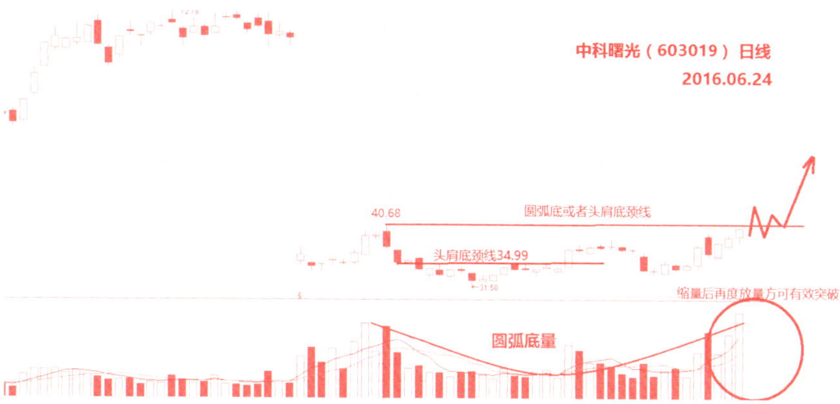

除权后的中科曙光（603019）从成交量看构造了一个漂亮的圆弧底(如图)，从价格形态看，又属于 31.5 元见底后构造了一个小头肩底，其颈线 34.99 元被突破，完成了量度升幅。如果后期有持续性的成交量配合，有望上攻 40.68 元，，反之可能需要围绕颈线进行波动，或者缩量后再度放量，则可能完成一波有力度的攻击，走出一波填权行情。

第七节　买入法则六：上升通道底线买入法

第六大法则是上升通道底线买入法，这其实是上升趋势线买入法则的一个深化。当上升通道形成，股价按上升趋势固有的规律上下波动，就像下降通道单边下跌一样。上涨总是会到上升趋势压力线附近折返，到下边线附近止跌回升，成交量温和有序。

可以是股票价格形态组合，也可以是单边上扬趋势，而且分时图同样有此规律可循。上升趋势经过几个回合确认后，可以买入后中线持有。在上升通道的底边线买入是中线买入法则，而下边线底边线作为止损线。

该法则属于常见的买入法，一般在一波上升行情中使用，投资者买入时可明确后市的走势，买入价位相对较低，但有一定风险。

一、特征

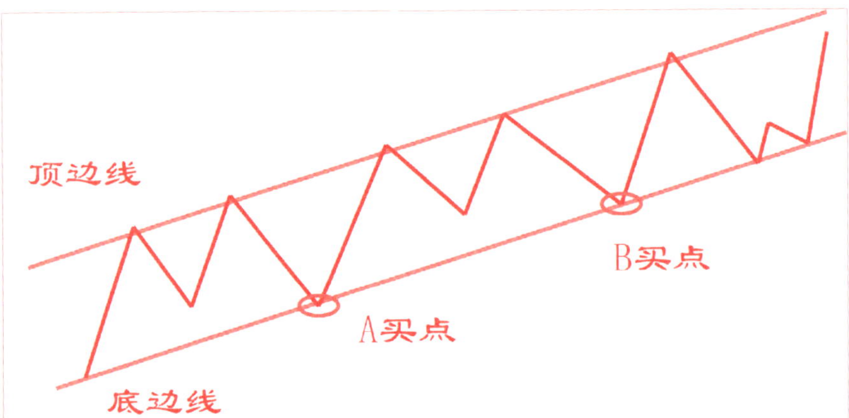

1. “通道”，顾名思义是一种类似于人行走的道路的一种形态，相对而言，属于两条上升的平行线。形成过程是价格在上升趋势中，每个相连的低点总是高过前一低点，且每个相连的高点也一定高过前一个高点，总之价格是依次递升的一种形态。连接 2~3 个相连低点和高点形成两条上升的趋势线，即上升通道底线与上升通道顶线。这两条线构成整个上升通道，它们分别是价格下跌时的支撑线与上升时的阻力线。

2、通道形成后，股价一般都在该通道中运行，其间又构造出一些小通道。在实际行情中，大通道难以改变，但小通道经常改变，若能及时判断出并相应做出买卖决定，则获利非常丰厚。

二、操盘方法

1. 上升通道形成初期，价格脱离通道底线后必须向底线靠近，再次探至上升通道底线且企稳，则可买入。

2. 价格总是在通道内起伏，所以第三次、第四次回探到底线附近时，均可视为较佳买点。

三、注意事项

1. 上升通道的底线和顶线的形成，必须是连接三个以上递升的低点和高点。

2. 下探到底线时，股价须在底线上方运行 2~3 天，才可确认通道初成。

3. 价格一向下突破底边线，速止损。

四、案例分析

上升通道是上升趋势延续后的波动形态，一般情况下，很难中途改变，除非遇到重大利空。通常情况下，通道运行久了之后，往往会选择突破，操作上以通道上下轨道线为交易依据。对于上升通道的底线买入法，因为通道的特性，则其安全系数相对较高一些。

案例 1. 北斗星通（002151）

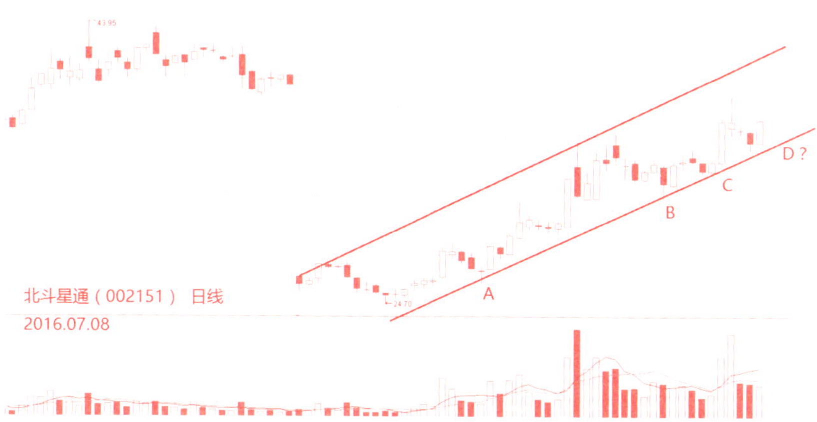

从北斗星通（002151）的日线图看，该股除权后探明底部，并一直延续上升通道运行，A、B、C 三条连线相对较为夯实，支撑股价向上运行，且对应的成交量配合较好。如果说要有中轨线，其实我们通过肉眼都可以判断出来，股价有序地按照中轨线偏离不太远的方向运行。在这个通道里，接近上轨道时，价格很难上行，也就是遇到的阻力相对较大，而对于中轨道下方接近下轨道时，股价很难下破 ABC 的连线，即上升通道下轨线。

这样的趋势在得到价格不断确认后，就会呈现一定的规律，预示在接近轨道线时的 D 点，会是一个相对买点，或者后市如果继续接近于轨道线下轨线，且成交量继续维持目前的温和状态，则后市均可视为买点，那该轨道线的下轨线就成为相对的买入依据。而一旦下破该线，则相对趋势发生改变，价格自然呈现相反的走势，则反抽该线附近时选择离场。

案例 2. 平高电气（600312）

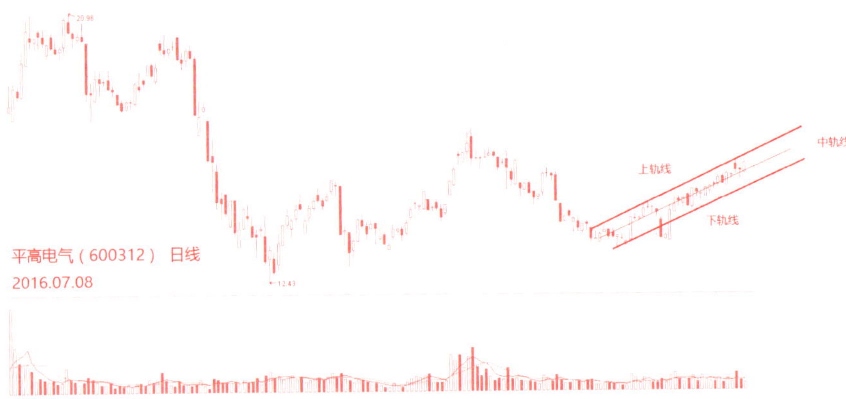

平高电气（600312）于 2016 年 5 月 26 日下探至 13.45 元后，经过不规则的双底探底，随后形成标准的上升通道。这样的技术图形显示出主力控盘较好，对于下破的下轨线的价格，则可视为毛刺，不影响上升通道的运行。

与北斗星通一样，该股维持上升通道后，一直沿着中轨线有序运行，下轨线附近很快被拉起，上轨线附近回档，这样就给了投资者一个很好的持股依据或者操作依据。后市趋势的改变也是上升通道相对的平衡被打破时，趋势则会相应的改变。

第八节　买入法则七：突破三角形上边线买入法

第七个法则是突破三角形上边线时买入。三角形是一种整理形态，它分为上升三角形、对称三角形和下降三角形三种基本形态。因下降三角形通常预示股价将下跌，就算有幸反向行走，上破下降三角形的上边线，其上行力度也有限，故此不纳入买入法则范围。突破三角形上边线买入法的主要特点是投资者可在走势发生转变前及时买入，且股价后市走强迹象较为明显。

一、特征

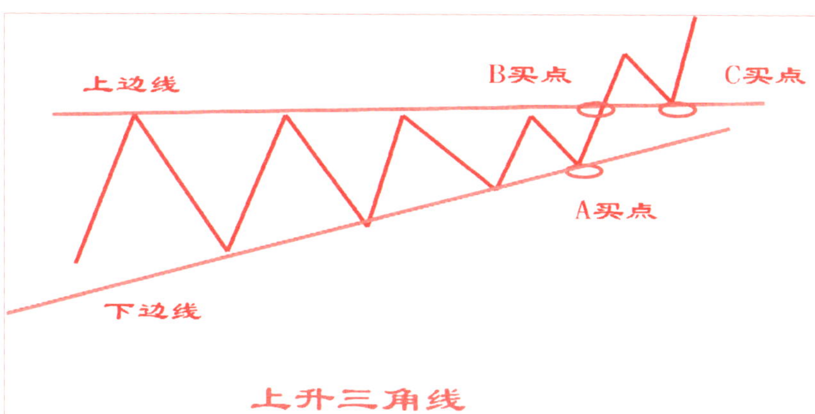

1. 股价在某一范围持续上下拉锯，且幅度越来越窄，连接股价的最高点和最低点，可得到两条逐渐聚拢的趋势线，上面的直线下倾，下面的直线上倾，两条直线在右侧相交，这就是对称三角形。

2. 在形态的构造中，股价始终处于休整状态，有可能向上也有可能向下，只有明显突破某一方向后，才可采取相应的买卖行动；而上升三角形总体上呈一种上升趋势，其上边线基本为水平直线，下边线则是倾斜向上的直线，价格一直在此间来回波动。上升三角形一般在上升趋势中出现，属于看涨形态，通常是以向上突破作为确认的标志。

二、操盘方法

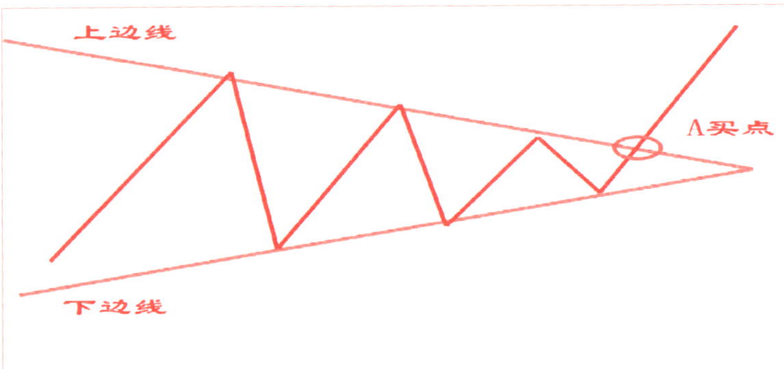

对称上边线

1. 在上升三角形中，当股价运行到三角形下边线附近投资者可买入，股价上破三角形上边线及向下反抽时也是买入、加码良机。

2. 在对称三角形中，突破上边线回抽到上边线附近为最佳买点。

三、注意事项

1. 无论是何种三角形在向上突破时，均需大成交量伴随，且上破须达 3% 和站稳 2~3 天。

2. 对称三角形越接近末端的时候突破上边线，上攻力度越小，在顶点突破即为失效。最佳突破位是距三角形末端一半或 3/4 处。

3. 三角形突破上边线向下回抽时，若下破上边线达 3%，暂止损。

4. 三角形的底边线买入风险较大，不宜。 三角形作为一种持续性形态，一旦趋势发生改变，则价格走势将向被改变的方向运行一段时间。所以，很多时候对于三角形突破后的把握显得很重要，应该尊重趋势的变化和三角形的特点，制定相应的操作策略。

四、案例分析

案例 1. 西藏珠峰（600338）

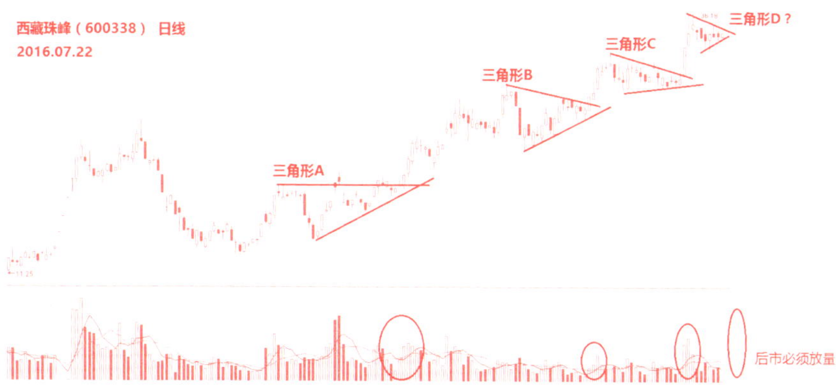

请看西藏珠峰（600338）的日线图。如果从形态角度区分，我们能够在一个上升趋势中，清楚地划分三种已经被突破的三角形。当然，这些三角形组合起来，仍属于上升通道的范畴。由此可以看出，我们通常在分析趋势时，需要结合辨识多种形态综合判断，从而做出利于自己交易的策略。

首先看三角形 A，在二次探底中，构造的是上升三角形，在离顶点不远的地方突破，不符合上边线的四分之三处，随后反弹力度不大，冲高回落出现调整。由于主力高度控盘，震荡中构造三角形 B，此为对称三角形，突破之后形成三角旗形，旗面为三角形 C，此后突破力度较大，又一次构造三角旗形 D。

我们注意到，ABC 三个三角形在突破上边线时，成交均有所放大，同时突破三角形几乎都没有在短期内回抽确认，而是几乎接近于量度升幅时回撤。只有对于此时的回撤我们才能视为低吸机会，而且成交量是放量突破后回调缩量，支撑着买入法则的特征。所以，我们要综合判断，了解并掌握一个股票波动的特性之后，做出更加利于自己的交易策略。

可以看到，西藏珠峰都是在突破第一时间时出现短线启动买点，而后的回抽出现中线买点。对于三角形 D，仍属于三角旗形，若要突破必须靠成交放大，否则仍将延续这个持续性整理形态。至于买入时机，则需要耐心等待放量突破的机会。

案例 2. 菲利华（300395）

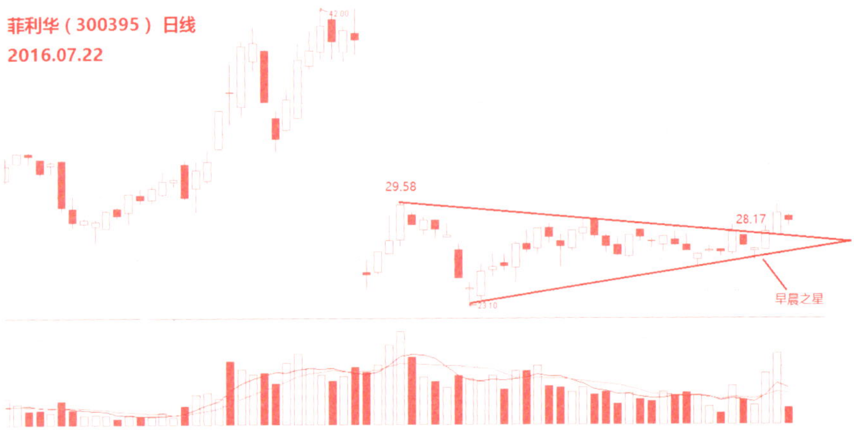

请看菲利华（300395）除权后的日线图。图中看到该股构造的是三角形，且偏向于对称三角形，股价冲向 29.58 元后一直回调，成交量在回调中一直缩量，直到逐渐构造三角形后，于上下边线的顶点附近，在成交量的配合下突破。

请注意，该股在突破前，构造了一个早晨之星的 K 线组合，给突破上边线带来又一个可靠的突破信号。图表显示，该股突破 28.17 元后，一方面注意是否缩量，一旦缩量则会对突破的上边线进行回抽确认，而此时上边线附近的价格则是低吸机会，后市若能再度放量收出中阳线，则又迎来加仓机会。仓位则是依据自己的风险偏好设置，一般回抽买入单品种的三成，恢复趋势再加码三成，投资者可以自己控制。

第九节　买入法则八：接近矩线底边线买入法

第八个法则是接近矩形底边线时买入。矩形在图表中最容易辨认，它为价格密集整理区域，是股价的盘整走势，上试阻力，下探支撑，多空争夺的本质在其中起到决定性作用。

矩形盘整买入的时机较多，形态构成的时间较长，此种买入法适合短线做差价。原有的走势对整理有非常重大的影响，买入机会看起来较多，但波段操作难度较大，往往因为量价时空的不吻合，导致波段操作难以达到较佳水平。

一、特征

1. 价格经过一段上升或者下跌行情后，逐渐形成一种横盘整理趋势，即股价被局限在几乎相同的高点和低点之间来回摆动，构成等高的峰和谷。连接这些相近的峰和谷，可画出两条横向伸展的水平直线，这便是矩形。

2. 矩形内可能构成三重底、多重底等各种底部形态，但价格始终在一定范围内运行。只有当价格向上突破上边线，或者向下突破下边线，形态构造完成后，趋势才能发生反转。

二、操盘方法

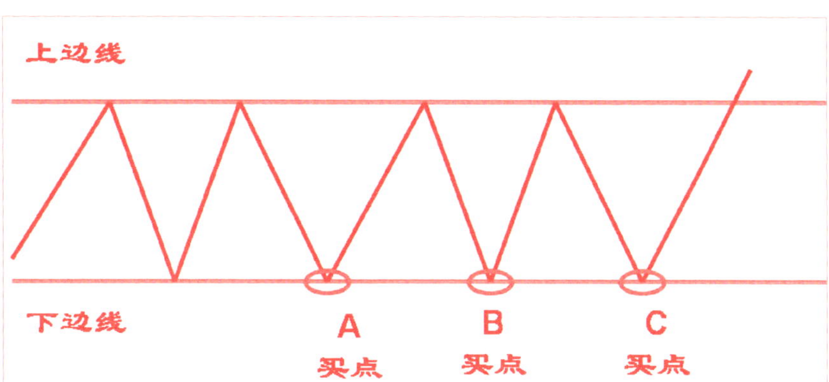

1. 矩形上边线和下边线确认后，多次下探到下边线附近，投资者可进货。

2. 短线投资者在下边线附近买入，接近上边线附近卖出，来回赚取差价。

三、注意事项

1. 确认矩形上边线和下边线的先决条件：价格须构出三个以上等高的峰和谷。

2. 矩形的两条趋势线一般是平行直线，在实际图表中，上边线和下边线如略微上倾，则后市较强，反之则弱。

3. 在构造矩形的过程中，若价格上冲时成交量放量，下行时成交量缩量，则即将构成的矩形向上突破的可能性大。此种情况下，在下边线买入的投资者可持股不动。反之，若下行时成交量放量，在接近上边线时，要及时获利退出。

4. 若形态的高低差距即宽度越大，则后市的升幅相应越大，反之一样。

矩形底边线的买入法则是基于对支撑的有效性判断，采用左侧交易的方式逐渐加大买入力度，当接近于上边线附近卖出或者等待突破上边线时继续加码。相对而言，无论底边线还是上边线，价格的波动其实都是处于一个相对的临界点状态，都面临趋势方向发生改变的前奏，因此，量能变化对临界点的改变将起到十分重要的作用。

四、案例分析

案例 1. 浙江东方（600120）

2015 年 8 月与 9 月，该股下跌到 16.27 元后企稳明显，上下均形成三个相对等高的峰位和谷底，构造矩形（如下图）。而 D 点则是受到前三个点 A、B、C 连线的支撑，成交量缩量后有放大迹象，则可以逐渐逢低买入，于 EFG 点连线附近考虑卖出。但由于该股停牌时间较长，复牌后受利好消息刺激而大幅度走强，价格走出一波超预期的走势当属例外。只是由此我们可以发现，很多时候如果坚持这样的理论法则，则很有可能出现超预期的收获。

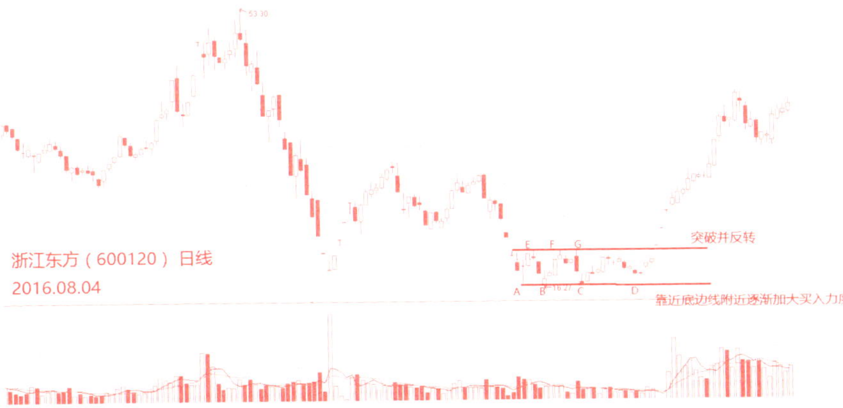

案例 2. 中钨高新（000657）

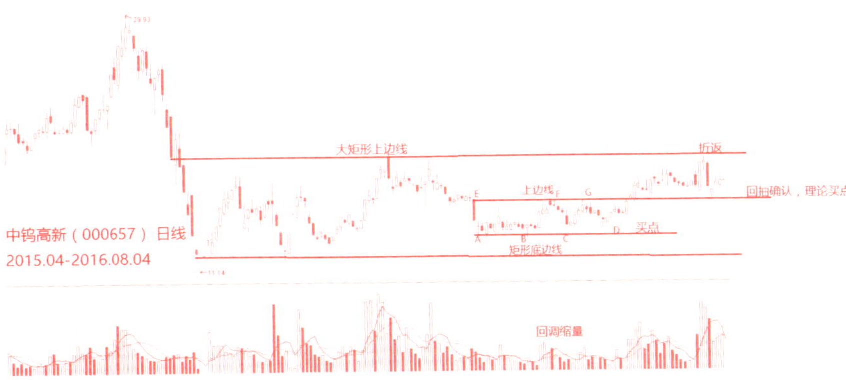

中钨高新（000627）的走势图是标准的矩形，在接近矩形底边线的时候，成交量萎缩，而企稳则是成交放大，价格上升。尽管该股后市也对矩形上边线形成了突破，但如果因此以为可以在底边线附近满仓操作，这是不严谨或者不允许的，我们还是要牢记临界点状态可能出现的变化，因为谁都无法确定下跌中形成的矩形是不是下跌中继形态。

当然，该股后市对矩形上边线形成了突破，价格也一如既往朝着其量度升幅位摸去，且完成了量度升幅。由于又有新的大矩形出现，则可视为对新的大矩形上边线的挑战，于是，我们看到在突破之前，该股遇到了大矩形临界点上边线的压力，价格出现折返，则会向被突破的小矩形上边线回抽确认，理论上也会迎来较好的买点。

案例 3. 宏发股份（600885）

前两个案例属于下降趋势中形成的矩形，某种程度上讲，存在下跌中继的可能，而宏发股份（600885）则是上升趋势中形成的矩形，且可能是上升中继形态，则可利用矩形的特点进行高抛低吸，回调则可视为买入机会，可以参考买入法则进行交易。

第十节　买入法则九：突破矩形上边线买入法

突破矩形上边线时买入是一种加码的法则，价格已走出横盘整理的趋势，发出了明显的转向讯号，风险相对较小。

一、特征

1. 价格在某一区间内来回反复运行了 1~3 个月，连接该区间内价格的最高点和最低点均为水平直线，构成矩形。

2. 在矩形末端，当价格再次下探到下边线获得支持后，形成小幅升势，某日突破矩形上边线，结束矩形整理形态。

3. 股谚云：横有多长，竖有多高。可见矩形是一个蓄势过程，一旦趋势做出选择，必将爆发一轮行情。特别是向上突破上边线时，后市潜力犹如箭在弦上，一触即发，是投资者的一次赚钱良机。

4. 短线投资者使用此买入法时，可参照日线图、小时图或分时图。因为这几种图表均反映了价格短期的走势，但操盘时应特别小心，因短期趋势变化非常快。

5. 突破上边线向下回抽时买入为最佳，到达理论升幅后别贪高，获利为安。

二、操盘方法

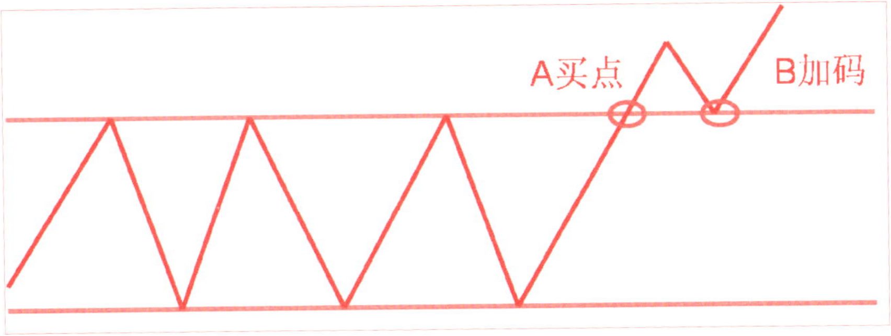

1. 价格向上突破上边线时，立即投入 1/3 资金。

2. 突破上边线后将会向下反抽，可在上边线附近积极介入。因为矩形的上边线和下边线均是水平直线，上边线有阻挡作用，下边线则有良好的支撑作用。根据支撑与阻力互换原理，当向上突破后，原先的上边线将转变为坚实的支撑线。

三、注意事项

1. 谨防假突破，即突破上边线未达 3%，在上边线之上未能站稳 2~3 天。

2. 在矩形形成过程中成交量应不断减少，向上突破时成交量又不断放大。

3. 价格若反抽回上边线下方，投资者应果断止损。

4. 一个高低波幅较大的矩形，较一个狭窄而长的矩形更具威力。

四、案例分析

矩形作为一种持续性形态，通常情况下在外力催化剂的刺激下，趋势可能出现改变，买入法则还是依据趋势一旦形成，价格将沿着被突破的趋势方向运行一段时间这一原理。与底边线不同，这次是上边线的突破。

案例 1. 中钨高新（000657）

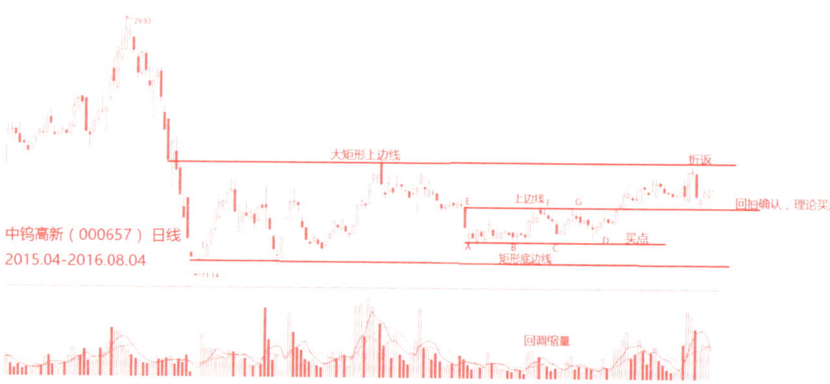

还是以上节的中钨高新（000657）日线图为例。该股价格在确认 A、B、C 点底边线后，D 点迎来底边线买入机会，随后震荡走高，于 2016 年 7 月 5 日突破小矩形上边线，当天收出仙人指路的 K 线。

仙人指路的 K 线，当然是后来根据走势判断出来的，而在当时突破 E、F、G 点矩形上边线连线时，根据多空转换，多方无疑消耗了太多的量能，多空分歧加大。但由于小矩形酝酿较长时间，且成交逐渐开始放大，于是在震荡中不断推动股价重心上移。

我们注意到，该股价格从底边线 13.40 元起步，经由 D 点确认底边线买点后，对 G 点（16.17 元）即上边线的突破，确认了突破上边线的买点。

之后的一段时间，在价格冲高回落的回抽确认突破有效性的过程中也是加码良机，最终价格于 7 月 29 日摸到 19.30 元，完成了小矩形突破后的量度升幅，将价格锁定在大矩形上边线附近。

如果后市该股成交不断放大，重返 19.30 元，或者某天中阳线修复调整走势，则再对大矩形上边线形成突破的概率加大，而后市的突破、回抽确认均可视为买点，投资者可以在小矩形上边线设好止损位拭目以待。

案例 2. 青岛海尔（600690）

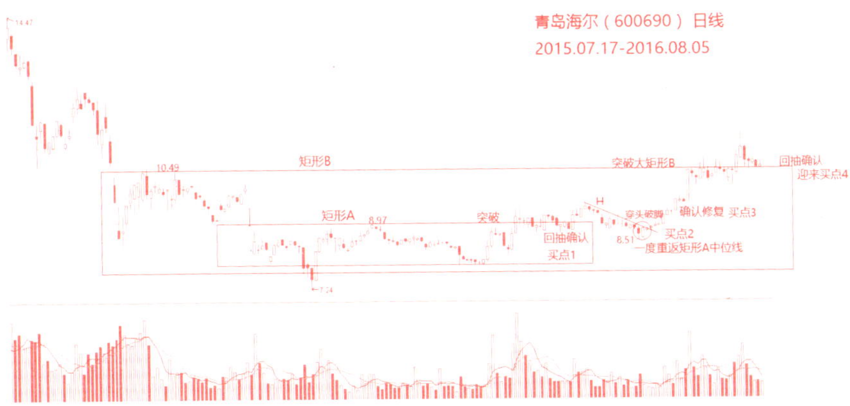

青岛海尔（600690）自 2015 年 7 月除权后一路下跌延续贴权走势，至 2016 年 2 月 29 日探底 7.24 元后转入筑底阶段，几经反复，时经 3 个多月构造矩形 A，于 2016 年 6 月初对矩形 A 突破，出现买点 1。在对上边线的突破中，始终没有离得太远，买点 1 出现后并未短期快速上涨，而是价格围绕上边线波动。从成交量看并未放大，制约了短期做多动能的释放。当然理论上可视为回抽确认，从买入法则来讲，应该逢低买入。

尽管此后股价一度回到矩形 A 的中位线附近，如果从确认价格的有效性判断，矩形 A 上边线 8.97 元，折返至中位线附近的 6 月 24 日 8.51 元，并未偏离 3% 太远，且时间上也不曾满足，所以不算有效下破。反而在该股止跌回稳后，且得到成交量的配合，技术 K 线组合次日形成穿头破脚，则确认再度买入机会（理论上是买点）。此后，盘离并突破矩形 A 局部的折返中形成的压力线 H，确认买点 2；重返被突破的矩形 A 上边线修复上升趋势，确认买点 3，直到攻击到矩形 B 上边线附近。

后面我们将会讲到初次上攻是卖点，但在对上边线的多次反复攻击之后，矩形 B 上边线再度突破，回抽确认中形成买点 4。如果后市成交不曾放大，则继续与矩形 A 的突破一样，将盘整数日。无论是构造旗形也好，形成新的矩形也罢，终会完成对大矩形 B 的上边线的有效突破，走出一轮较大级别的上升趋势。后市止损位设定为矩形 A 上边线，若修复矩形 B 上边线太远，则矩形 B 上边线为后市止损位。

第十一节　买入法则十：回吐至 0.5 或 0.618 价位买入法

回吐至 0.5 和 0.618 价位买入是依据黄金分割律，回吐比率中出现较多而且较为准确的比率是 0.5 和 0.618。此法是一种短线抢反弹的买入法，在市场运用中准确率极高。投资者可在走势出现转变之前入市，但具体进货价需要计算，难度大于其他买入法。

一、特征

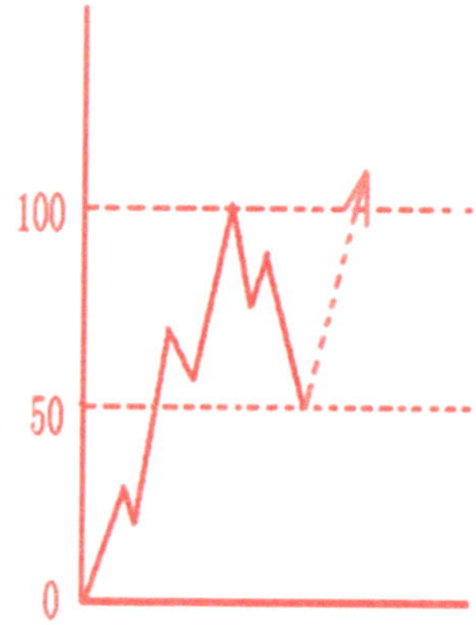

上升幅度高位回吐50%水平买入

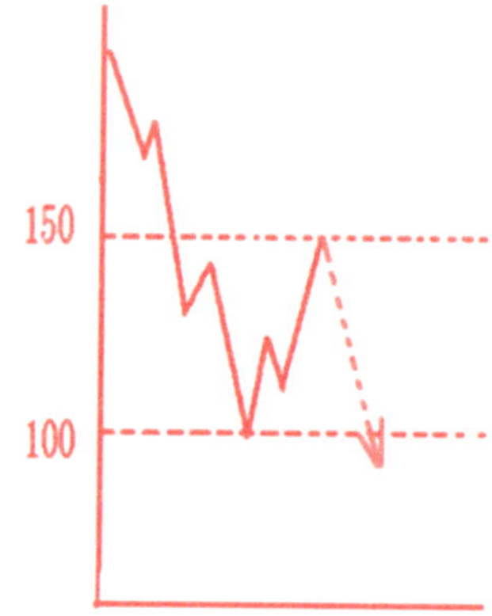

下跌跌幅低位反弹50%水平卖出

1. 价格经过一段强势上升后受阻回落，寻求支撑。何处为支撑点？黄金分割比率则成为关键测算依据。通常有 0.382、0.618、0.5 三个位置，也有随之演变的 0.191 和 1.382、1.5、1.191、1.618 等。

2. 当价格回吐到 0.5、0.618 的位置时，很可能出现下跌。反之，当价格回吐到 0.5、0.618 的位置时，价格将反弹。

二、操盘方法

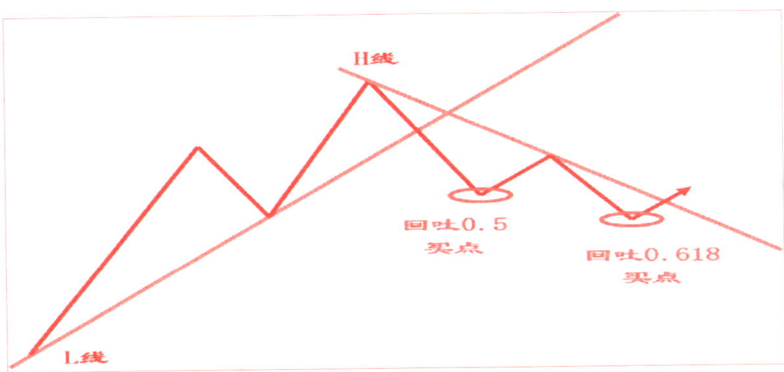

1. 价格回落到前市升幅 0.5 的位置时，投资者可买入。

计算公式：

前市升幅最高点 –（前市升幅最高点 – 前市升幅最低点）×0.5 =进货价位。

2. 价格回吐到 0.618 位置时，可大胆买入。

计算公式：

前市升幅最高点 –（前市升幅最高点 – 前市升幅最低点）×0.618 =进货价位。

在百分比买入法中，有两种买卖方法值得重视：

其一：若价格在高位回吐 50%，是买点；

其二：若价格在低位回升 50%，是卖点。

三、注意事项

1. 升势越猛，回吐到 0.5 和 0.618 的位置时反弹的力度越大。

2. 回吐到 0.5 的位置进货时，注意控制仓量；回吐到 0.618 的位置时，再加重仓量，因该位支撑力度十分强劲。相反，反弹到 0.618 位时出现较强的阻力。

要特别注意上述法则结合支撑与阻力的角色互换来研判，同时也要根据短线进行趋势分析，效果更佳。

还要强调的是，锁定一个品种或持续关注一个品种，需要长期的跟踪研究。不要今天认为这个好，明天又觉得那个好。也许这样天天会赚钱，但人终会犯错误，无法保证哪一天会获利回吐。所以我们应该把握本质，当面临一个不利的局面时更应该坚持这一点，然后找寻扭转的途径。

四、案例分析

黄金分割比率在上升或者下降趋势中，都会成为找寻相应支撑与阻力的重要依据。应用时不能唯教条主义，需要比照价格 3% 的原则和 2–3 天的时间原则，并据此做出相应的买卖判断。

案例 1. 中葡股份（600084）

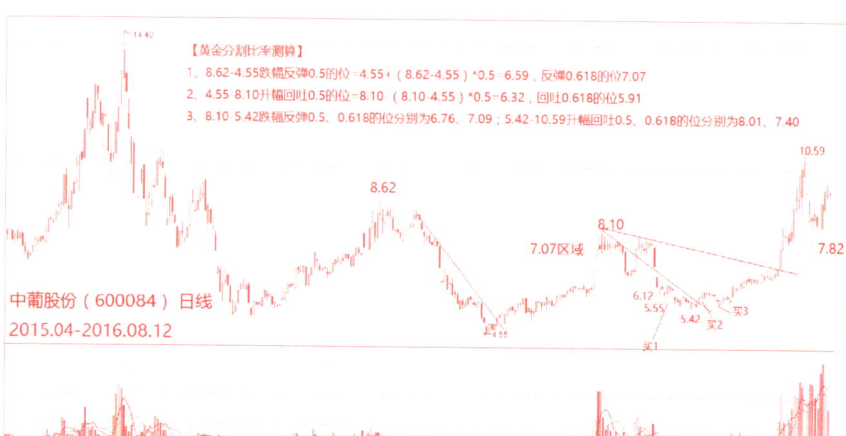

通常情况下，以一段完整的波幅为参考依据，在后市相反的趋势运

行中，我们进行黄金分割比率，测算相应的支撑和阻力，一旦符合预期，将会实施相应的买入策略。以中葡股份（600084）日线图为例

对于一个已经走出来的趋势是很好判断的，我们以该股从 4.55 元上涨到 8.10 元这段完整的升幅为参照物，此后该股构造短期顶部开始下跌。如果面临一轮下跌趋势，由于此前放量，下跌伊始有量放出，在量价关系体系里面，相对而言也适合抢反弹。但该如何抢反弹呢？这就需要测算出这段升幅回吐的黄金分割比率。

4.55–8.10 元升幅回吐 0.5 的位 =8.10–（8.10–4.55）*0.5=6.32 元；

4.55–8.10 元升幅回吐 0.618 的位 =8.10–（8.10–4.55）*0.618=5.91 元。

这两组数据是需要我们标记下来，并在下跌趋势中根据量价关系进行适度测算的。当该股于 2016 年 5 月 9 日破位大跌击破 L1 支撑线，最低价为 6.12 元，已经击破回吐 0.5（6.32 元），此时我们应该引起重视，可能引发反弹。随后三个交易日该股最低下探至 5.55 元后，多头开始反击，收出下影线，收盘 5.99 元。

请注意这几个价格和相临的时间，没有超过 2–3 天范畴和 3% 的价格原则，5.99 元与回吐 0.618（5.91 元）相近，符合回吐 0.618 的买入法则，此为买点 1，为试探性仓位；随后价格出现反弹，向 H2 靠拢，之后逐渐盘离 H2 压力线，受阻回调二次探底，此为买点 2，标准建仓；形成 L2 线之后，重返回吐 0.5（6.32 元）后为买点 3，为加码仓位，后市未能有效下破，在突破 H2 之后，进入到稳健上扬的上升趋势。

当然，我们无法预测后市能有如此惊人的涨幅，但如果潜心按照买入法则，坚定地执行资金管理配置策略，则是可以在上涨中逐渐实施减仓的。当然，也可以参考反弹的黄金分割比率卖出，我们将在卖出法则中阐述。这样的策略已经足以证明我们依据黄金分割比率在抢反弹或者抄底中的可靠性大大增加。

案例 2. 长信科技（300088）

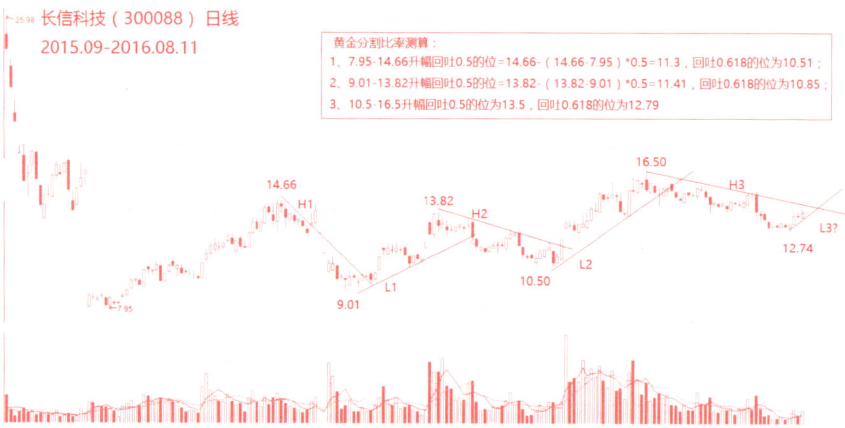

这是除权后的一个标的，该股从 7.95 元上涨到 14.66 元为一个完整的升幅，之后回调，且大幅度下跌。此时，我们应该根据量价关系，考虑是否进入抢反弹的买入区域。根据黄金分割比率，这段升幅回吐 0.5 的位、0.618 的位计算如下：

7.95–14.66 元升幅回吐 0.5 的位

=14.66–（14.66–7.95）×0.5=11.3 元

7.95–14.66 元升幅回吐 0.618 的位

=14.66–（14.66–7.95）×0.618=10.51 元

当该股连续 2 个跌停击破 11.53、10.51 元后，跌幅已经严重扩大，即使按照波浪理论也几乎全部回吐，此时的股价到了反弹的阶段。如果有成交量的配合，则可以在跌破黄金分割比率位后执行左侧交易，尤其是回吐 0.618（10.51 元）击破之后，加大买入力度，此后该股于 9.01 元探底成功企稳反弹，突破 H1 压力线后，走出一波强有力的反弹。此次买入法则依据的是大幅超跌后的放量和黄金分割比率的相继击破，迎来买入机会。

此后第二波 9.01–13.82 元升幅回吐 0.5、0.618 的位分别为 11.41、10.85 元，当价格下破 11.41 元后，摊低至 10.5 元企稳反弹。这两个价格均可以执行左侧交易买入，结合 H2 压力线，则可以于 10.5 元企稳并突破 H2 线后确定性加码买入。第三波，则是 10.50–16.50 元升幅回吐 0.5、0.618 的位分别为 13.5、12.79 元，随后价格在 12.74 元止跌，呈现价平量增的变盘格局，出现向 H3 附近靠拢的反弹，此为第三次回吐的买点。

第十二节　买入法则十一：突破历史高点买入法

突破历史高点时买入，进货价位偏高，后市阻力小，上升空间理论上较大，但此法使用机会并不多见，一般适用于上市时间不长的新股，主要是用在主升浪阶段。

但要注意的是，新股因为前期创出了一个高点之后回调，然后再一次出现扬升的行情，比如一个 v 形或者 w 型，在突破前期相对高点时买入，也是比较可靠的。

一、特征

1. 在一段上升趋势中，由于多方不断加入，价格越走越高，创出历史成交价格最高点。随后获利盘不断涌出，上行阻力重重，便踏上了价值回归之路，下探到某一低点企稳后，在低位震荡运行。

2. 价格进入价值投资区域，此时看好该股票的人越来越多，纷纷进场。“众人拾柴火焰高”，在多方的带动下，价格又开始蒸蒸日上。经过一段时间的上涨，火焰越烧越旺，终于突破历史高点，此后趋势仍将延续，即后市有不断创出新高的可能，直到趋势反转为止。

强调一点，在上升趋势的修正过程之中，上升支撑线为操作依据。如果上升趋势线较为陡峭，买入应谨慎。

二、操盘方法

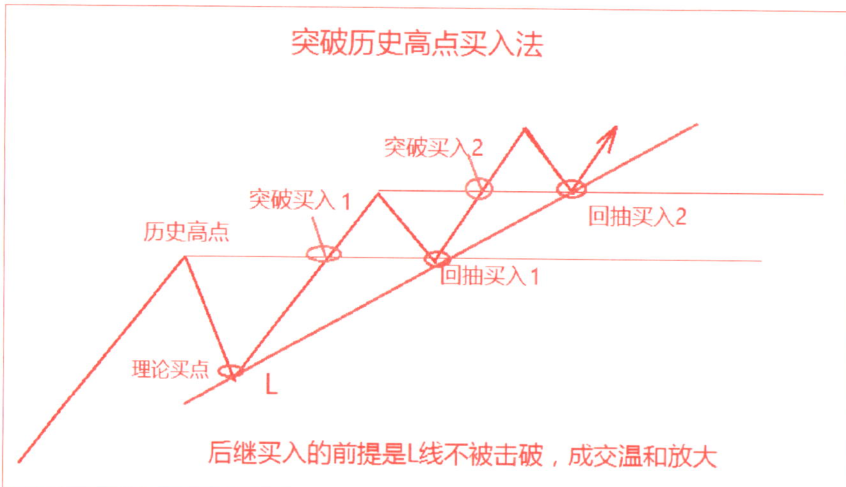

1. 价格突破历史高点后，将有一部分获利盘涌出，使得短期面临回调。投资者在刚突破历史高点时，不要盲目跟进，可在价格回调到历史高点附近买入。

2. 价格在上涨过程中，必将形成一条上升趋势线，此线为价格的支撑线，将支撑着价格一路上扬，接近 L 线的价位也是最佳买点。该上升趋势线一般较陡峭，应密切关注价格在该线附近的表现。

三、注意事项

1. 有效突破原则：突破价格达 3%，突破后须站稳 2~3 天。

2. 向下回抽时，若跌破 L 线止损为高。

3. 向下回抽时，在历史高点附近站稳 3 天，再买入为佳。

4. 突破历史高点时，成交需放量。若连续 2 天放量，后市上升力度大。若放出历史天量，又以大阴收盘，要格外小心后市可能见顶回落。

总的来说，这是一个追高的技巧，对于超短线而言，此法相当有效。追高买入后，要留意资金惯性动能释放后多转空的趋势研判。突破历史高点买入后，可把握上升趋势不言顶的持股原则。

四、案例分析

案例 1. 通合科技（300491）

通合科技（300491）是新能源汽车充电桩龙头，在 2016 年上半年新能源汽车概念炒作的风口中，该股从上市日的 13.84 元起就不断创新高，最高摸至 6 月 17 日的 128 元，创下近 10 倍的涨幅，这是很多人一开始无法想象的。即使回头看打开涨停的 60.5 元后的走势，至今也上涨 2 倍多，多数人也很难赚到这 2 倍的钱。但如果我们能够熟练掌握突破历史高点买入法，则可以至少把握其中的鱼身部分的利润。

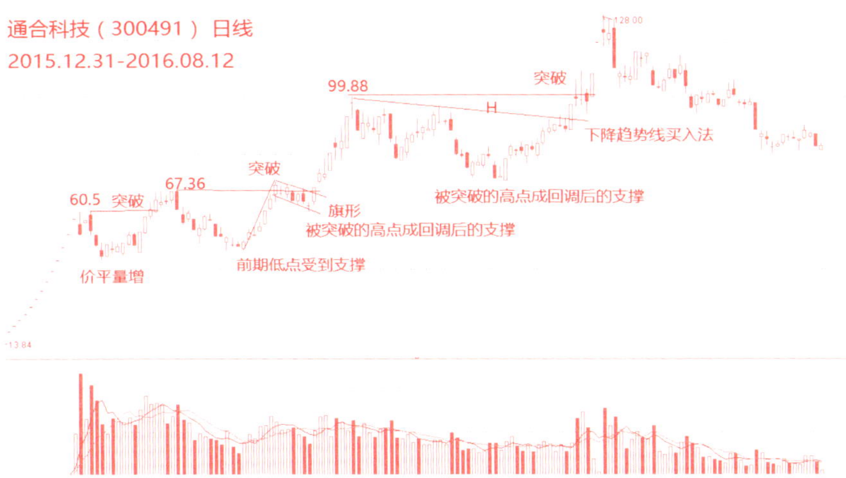

该股作为新股上市见高到 60.5 元后回落，强势回吐到 43.29 元后，价格呈现横向波动，成交量开始放大，价平量增选择了向上变盘。但碍于新股的新高，可能很多人不敢买入，反而是到了 60.5 元涌现出很多卖盘。其实，如果依据突破历史高点买入法则，这里则是一个安全边际相对较高的买入时点，当然仓位可以适度控制，不宜太重。

该股此后创下 67.36 元的高点转入回调，二次探底至 44 元附近企稳回升。可能同样畏惧于前高不敢买入，在价格尝试突破 67.36 元时，该股选择构造了一个旗形。那么当旗形上边线被突破，以及 67.36 元历史高点被突破后，则迎来第二大确定性的买点。此后该股股价扶摇直上，直到 99.88 元。

第三大确定性的买点在于调整一段时间后，股价在前期高点 67.36 元止跌产生。第四大确定性买点在于突破 H 线即突破下降趋势线买入。，第五大确定性买点则又是依据突破 99.88 元历史高点买入法，6 月 7 日中阳线突破，6 月 15 日涨停长阳线修复突破，此后连续上涨直到 128 元。可以说，这里体现了之前我们讲述的几大买入法则，将之综合应用起来，我们需要的是安全边际较高的策略，这样失误的概率就会很低。

案例 2. 中科创达（300496）

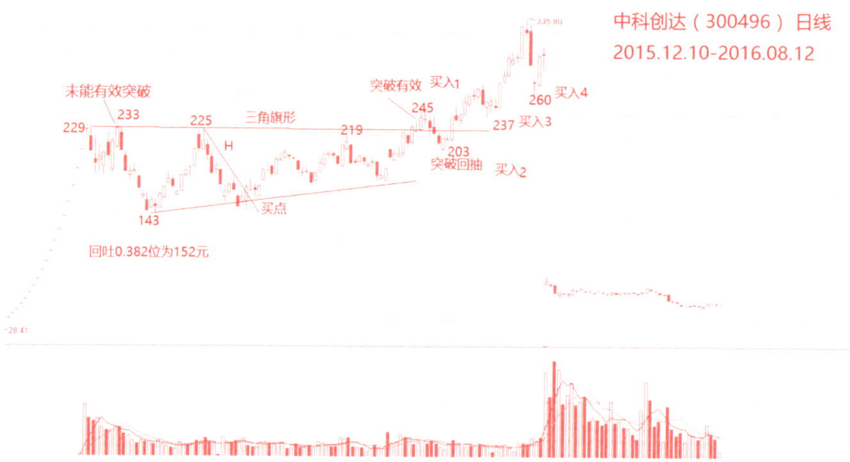

该股也是一只奇葩票。从上市日的 28.41 元起步到 229 元打开涨停，随后反复创下 233 元新高，无奈没有有效突破，转入回调，直至回吐这段升幅 0.382（152 元）后又下破至 143 元，随后转入反弹。在此，需要强调一下，对于创历史高点的股票，如果价格未能有效突破，则可能出现冲高回落的风险，这就是需要对有效性的判断进一步确定。

该股后期连续多次攻击 229-233 元未果，直至构造三角旗形，对旗形上边线形成突破，也就是对 229-233 元形成突破，创下 245 元的高点，且对突破历史高点进行了回抽确认，这样相继迎来两次买点，之后一路走高，直到 335 元。如果趋势未变，投资者是可以考虑适度持有的，虽然可能无法获取最大收益，但至少可以吃掉其中 20%–30% 的收益。

通过以上案例分析，我们应该逐渐明白为什么一只股票在交易时要考虑量价时空，尤其是空间的判断。如果没有足够的空间，很多时候即使符合买入法则，恐怕也无法实现相对利润。所以掌握了买入法则后，还要综合运用，全方位考虑。

第十三节　买入法则十二：穿头破脚买入法

穿头破脚买入法是指在穿头破脚 K 线组合形成后，新的趋势即将形成，以相对理想的价位适度买入，以便于尽早掌握后市价格的走向。该法则在 K 线理论应用中较为常见，比较适合短线炒作，也可以视为转市信号的研判。

一、特征

1. 在一轮下降趋势中（可以是短期下降趋势，也可以是中期下降趋势），多方节节败退，价格连续走阴，某日以一根大阳线报收，且大阳线实体部分的长度比前一根阴线的实体部分长，即大阳线吞噬阴线。这样的形态称为穿头破脚。

2. 此种形态出现在低位，属于一种后市向好的转势形态。

3. 在日 K 线图中配合成交量观察，拉出大阳线后，空方力量已是强弩之末，多方力量虽只是星星之火，但燎原之势已露端倪，后市必将收复失地，进攻前市高点或成交密集区。

二、操盘方法

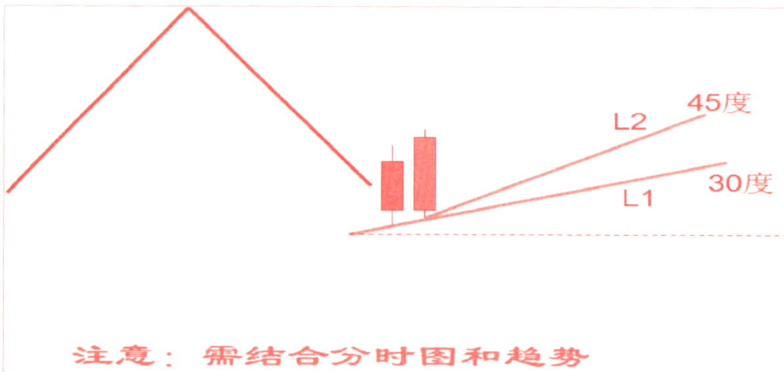

1. 以大阳线的最低点为起点，向右上方画一条与大阳线夹角为45°的斜线，当价格接近此线时，投资者用1/4的资金买入。

2. 以大阳线的最低点为起点，向右上方画一条与大阳线夹角为30°的斜线，此线支撑力度强，接近此线时投资者可以用1/3的资金买入。

三、注意事项

1. 阳线与阴线的长度比例越大，转势的力度越强。

2. 大阳线报收的当日，成交量应温和放量，但不可异常放大，否则可靠性降低。

3. 若随后的几日均以阳线收市，且成交持续放量，上升的空间将更大。

4. 若价格回调时下破30° 角度线，速止损。

与穿头破脚买入法类似的还有曙光初现、早晨之星、三红兵等价格形态，可以归属此类，可参考比照第三章《K线的秘密》。但如此法则一样，必须尊重趋势，以趋势线作为操作依据。

四、案例分析

应用此法时，必须结合成交量和趋势线的变化。穿头破脚的K线组合是对趋势的前瞻性预判，有先知先觉的味道，但也有可能失败，仓位控制和止损就显得很重要了。

案例 1. 嘉凯城（000918）

该股在 2015 年 9 月 15、16 日组成了一个穿头破脚的 K 线组合，由于前一个交易日是破位下跌，那么短期反弹可视为反抽确认，空间不大。如果是假下破，则需要重返破位处；如果是真下破，则下跌将延续。该股尽管受制于 H1 线的压制，却没有走出下降趋势，反而是盘离了压力线，缩量之后转入反弹，确认下降趋势线反转，此后是大幅度上涨。那么对于出现的这个穿头破脚的组合，则可认为破底反弹，不破不立，可以执行买入四分之一的仓位并持有，直到趋势的改变。

2016 年 6 月份，在图中 H2 线确认之后，该股股价快速回吐，在填补缺口之后的 6 月 14、15 日又收出穿头破脚的 K 线组合，15 日的阳线则是上穿 H3 线，成交放大。这样的组合出现在大幅回落且填补缺口的阶段，回档幅度接近于 0.382 的位（3.34 元与 H2 高点 6.28 元升幅回吐）5.15 元，6 月 14、15 日的最低价是 5.26 元。这个黄金分割比率的支撑加上穿头破脚的组合，则是相对安全的买入时点，在此执行穿头破脚买入法则是可靠的。

该股此后股价大幅上涨，突破 H2，之后回抽确认。在回档 H2 确认有效性时，迎来突破下降趋势线买入法则的回抽加码机会。其后，股价呈现反转，走上翻倍（5.26 元到 10.15 元）的道路，且未能结束升势。

案例 2. 三环股份（300408）

下面再看穿头破脚出现之后出现局部反转走势的案例三环股份（300408）。该股自图中的 18.73 元下跌后，于 2016 年 6 月 14、15 日见底，并构造穿头破脚的 K 线组合，尤其是 6 月 15 日的阳线上穿 H 线，也符合下降趋势线买入法。结合穿头破脚的 K 线组合，成交量也逐渐放大的现状，反转迹象极为明显。而后市在略微回抽确认之后，价格也攻击到 18.59 元。

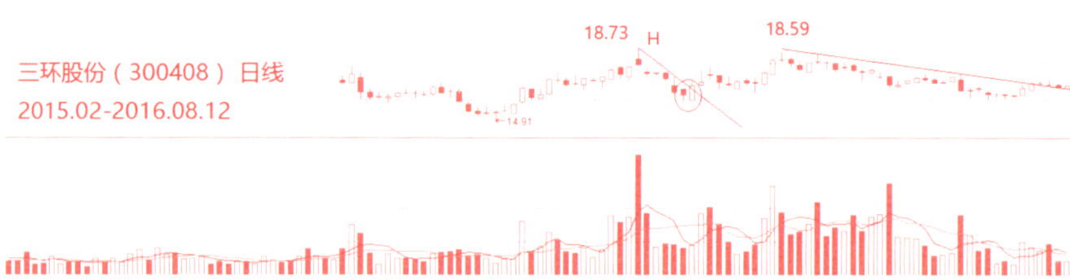

可见，如果我们能很准确地发现并研判出穿头破脚的 K 线组合，如果能够进一步突破下降趋势线，则买入成功的概率相当高。很多时候，我们也需要保持对趋势的关注。如果趋势没有变坏，持有的策略则无需改变。而往往很多投资者经受不住股价短期盘整的寂寞，在面对盘中此起彼伏的击鼓传花游戏以及不断轮换的热点时，可能会放弃自己手中已经发现并买入的好品种，而去追寻所谓的强势股，到头来往往也是竹篮打水一场空。

所以，我在此再度强调，一定要看趋势，只要趋势未变，我们应该选择的持有策略尽量不要轻易地随意改变。

第十四节　买入法则十三：新高过三买入法

新高过三（三次破顶）买入法，是神奇数字三再次发挥神力。新高过三后买入，后市走势如一湾清水，一眼见底，是标准的升势。投资者进货价位适宜，且较为安全，俗称“追法”。

一、特征

1. 价格经历一波升势，见顶后震荡下行，探至某一低点企稳。在成交有所放量的条件下，恢复上升趋势，一路盘升或者震荡上行，直摸前期顶点附近。

2. 从技术理论可知，前期突出的顶点可转变为后市价格上行的阻力。因此，价格再次遭到空方无情打压，再次探回前次低点附近获得支撑后，因成交量配合理想，又重拾升势。

3. 由于二次探底成功，看多的人士不断加盟，且前期顶部的套牢盘已在上次获得解放，“空”气完全被净化，价格上行已无多大阻力。于是，多方一鼓作气上冲到前期顶点附近，呈现大兵压境之势，突破已迫在眉睫，便一举冲破前次顶点，从而形成“三”次破顶之势。

二、操盘方法

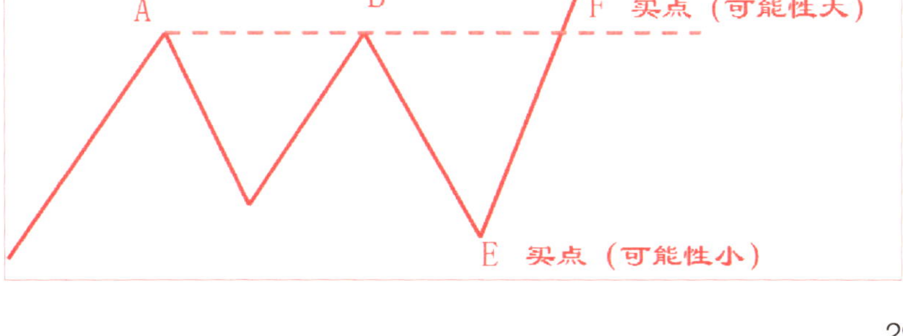

1. 第二次受阻回落到前次低点附近，可作为买点，投入 1/4 的资金。

这个理论是根据前期支撑点来进行买入，这时起重要作用的是成交量，然后就是分时图。分时图中出现突破下降趋势线之后，成交温和状态时可买入，但这时风险较大，因为不知道买入后是继续调整还是真的修正性反弹，所以设置的投资资金较低，进去 1/4 足矣。但如果个人对分时图没有确切把握，建议不要买入。

2. 三次破顶时可买入 1/3 的资金，或者此后向顶点回抽时果断买入 1/3 的资金，已买入的投资者可继续加码，短线投资者可适量跟进。

这是追高策略，所以一旦不能站稳这三次破顶的顶位就要止损。但如果回调过程中企稳，再继续修正反弹，温和放大成交，则可以加仓。

三、注意事项

1. 三次破顶时成交量必须不断放大，但注意量价不能呈现背离状态。如量价背离，则是卖点。

2. 有效突破的原则：必须在顶点之上站稳 2~3 天，突破达到 3%。在市场短期波动不明显的情况下，该有效突破原则不具特效时长性。

3. 回抽到顶点之下时，不得超过 3%，否则为假突破，立即止损。

同样，这个止损也是一个卖出法则。

四、案例分析

新高过三买入法与突破历史高点买入法有相似的地方，又有不同的地方。新高过三包含于突破历史高点中，但不限于突破历史高点，可以是某段升幅途中的连续新高，而突破历史高点则仅限于突破历史高点，由此又需要与旗形、矩形等形态区分开来，相似但不雷同。

案例 1. 中科创达（300496）

从中科创达（300496）的日线图可以看到，该股在 229–233 元区域当作一个点，225 元当作一个点，随后试探攻击未果。在后期的突破中，其实已经形成了一条略为平缓的压力线 H，抑或可以作为大三角形的上边线，与 2015 年 12 月 10 日启动的单边上涨行情，构成三角旗形。

该股在大三角形的下边线三个点确认之后，有两次试探性建仓机会，当然，这里不作为重点讨论。需要重点讨论的是，在三角形上边性突破时，确信为新高过三，此为买点 1；之后回抽确认，于 L 线附近止跌，此为买点 2。完全符合新高过三买入法则，以及趋势突破的有效性确认的条件，由此形成 L2 线，可以应用上升趋势线买入法则。然后该股相继进入修复的买点 3 以及 L2 线附近低吸的买点 4。

案例 2. 中葡股份（600084）

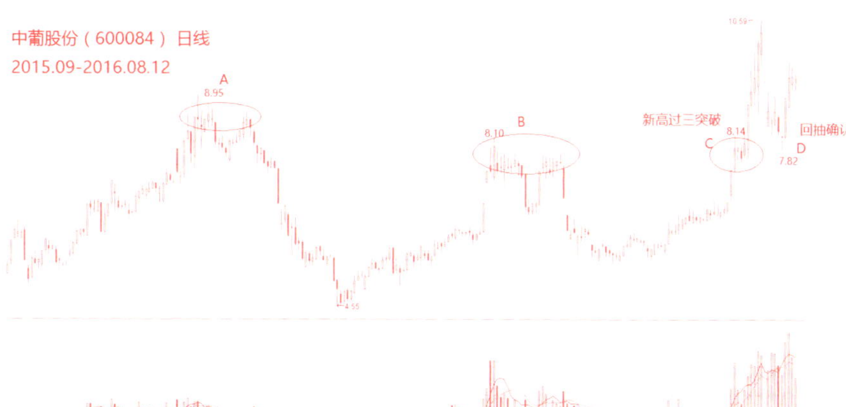

在一个相对的某个趋势中形成的新高，若能在第三次形成突破，则具有较强的爆发力，当然前提也是成交量放大，中葡股份（600804）的走势就是如此。

该股的 A、B 两个区域在两次攻击中未能取得进展，都确定了相应的顶部。第三次放量上攻 8 元附近后，成交开始放大，且对应的是后量超前量。在第 4 章的《量价关系》中，我曾反复强调如果要突破前期重要的阻力，必须是后量超前量，可见该股完全符合。

之后，该股快速爆发，多头以迅雷之势向上攻击，最高摸至 10.59 元。当然，这里我们也可以参考日线图构造的也是大三角形或者大矩形，量度升幅按照 8.95+（8.95–4.55）=13.35 元附近攻击。在第一波攻到 10.59 元后回落，在 8 元附近获得支撑，那么后市极有可能再度超越前期高点，在 12–13.5 元附近见顶。

案例 3. 浙江东方（600120）

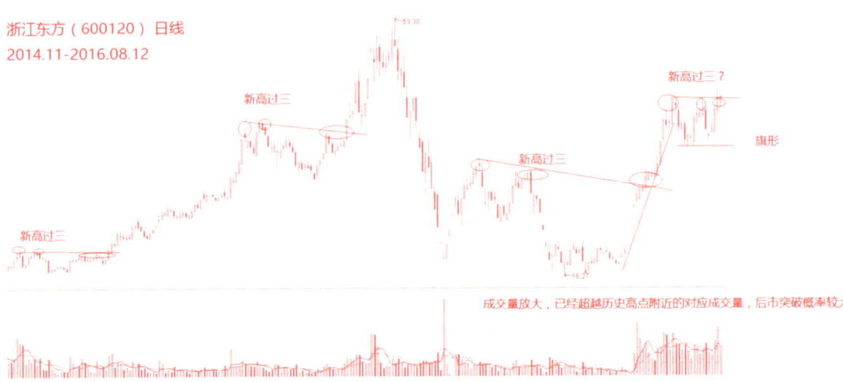

在浙江东方（600120）的日线图中（如图），从 2014 年 11 月以来，图中标记有三次新高过三，且均有效完成了突破，实现了大幅度上涨。最后一个新高过三构造旗形，截止截图日形成突破，对应的成交量放大明显，超越了过往的成交量，有可能形成有效的突破并创历史新高。

第十五节　买入法则十四：新低过三买入法

在新低过三时买入或破底买入，可以让投资者具有超前意识，在股价走势发生逆转前于低位介入。但买入有一定风险，因买入前市场处于下跌趋势，许多投资者屡买屡套，若稍有反弹，必定会有不少解套盘涌出，迫使价格再次走低。

一、特征

1. 价格从某一低点起步，此低点可以是历史低点，也可以是任意一个突出的低点，或小幅盘升，或直线上升，到达升幅目标后，转为下跌趋势。连绵阴跌到前一低点附近，突然又一改往日温柔的跌势，连续暴跌三天，一举跌破前市低点，跌幅超过前市低点 10% 及以上。各技术指标显示，价格严重超卖，投资价值严重低估。依据市场规律，此后走势反弹。通常情况下，此种买入法属于抢反弹行情，要快进快出。

2. 这个新低过三的三，是相邻的几个低点的幅度不太大，而且时间不太久远。同样在这三低点企稳之后，也是买入成功概率较大的方法。依据这个方法，该股第一次探底下跌企稳反弹夭折，再次探底成功反弹到达前期高点附近折返，再度破掉前期低点，这个时候只要不是呈现 W 形态或箱体形态，那么一般它不会完成量度跌幅。它会再次在下探幅度不太大的时候成交再度放大，这个时候买点的可靠性、成功率、安全性的概率相对较大。这个方法适合中长线的牛股操作。

3. 世上万事万物并非一成不变，股市也如此。若价格上破下降趋势线，趋势会发生反转，此时投资者应密切关注价格的变化，待出现明显下跌信号时再卖出，否则持股为主。

4. 三个低点一般相隔时间不长，在价格反弹有效重返三点连线之上确认升势时，如果对应成交量温和放大，买入的安全系数相对较高。

二、操盘方法

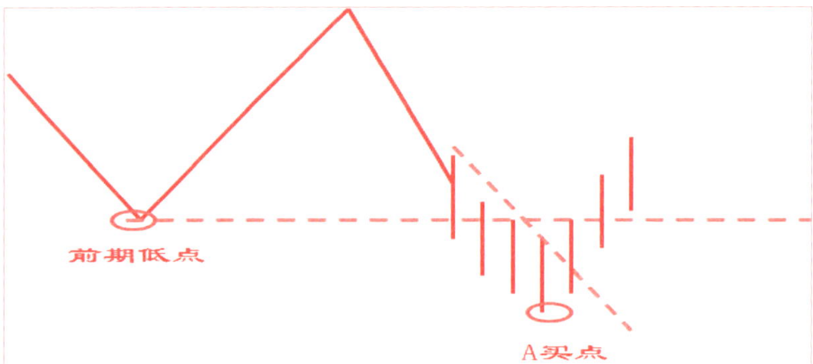

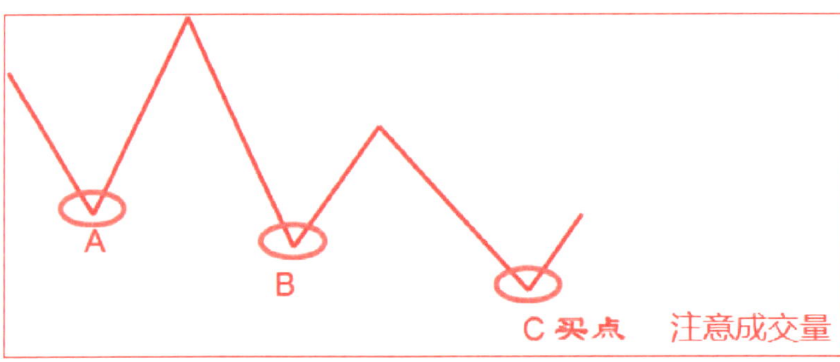

1. 暴跌三日后，第四日开市投资者便可买入，也可在第三日尾盘时根据分时图小仓量介入，因此种买入法属于抢反弹，资金控制在1/3以内。

2. 间隔时间不长的新低过三，主要依据突破下降趋势线为主，根据量价关系在企稳反弹突破H线时买入1/3的资金。切记没有趋势线的突破是不可靠的。

三、注意事项

1. 暴跌到第三日后，成交量需大于前两日，或者暴跌到第三个低点时，成交量较之前期明显放大。

2. 买入后，价格又跌破第三天或第三次创下的低点，跌幅超过3%以上时，趁反弹止损。

3. 抢反弹成功，不可贪高，见利落袋为安。

4. 使用该法，资金管理较为重要。

四、案例分析

新低过三买入法，重在“新低”，重在“三”，是调整创历史新低后市场信心全无，即使出现抵抗性反弹也较弱，事不过三时可介入抢反弹。

案例 1. 财信发展（000838）

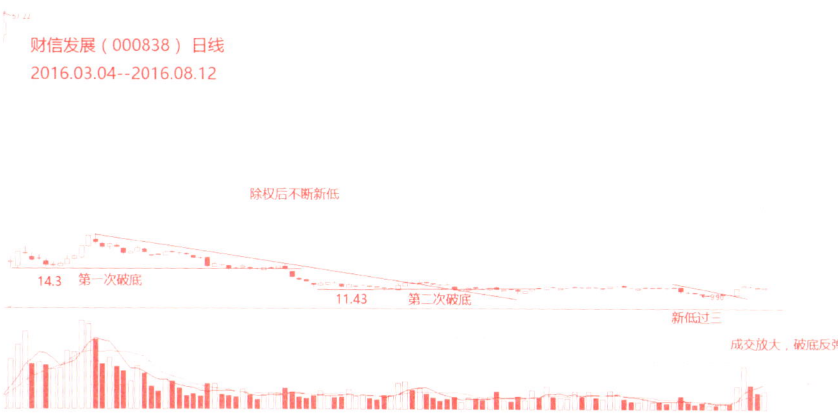

从时间上来讲，财信发展（000838）的日线探底相对较长，该股除权后，一路贴权，中间有几次抵抗性的反弹，但终因成交量不断萎缩而失败，先后构筑的 14.3 元底部、11.43 元底部均被击穿。随后在 2016 年 7 月 27 日，市场经历“7.27”大跌，该股也不例外，随之大幅下挫，创除权后新低，连续下跌 4 个交易日，但中间一根十字星理论上可以忽略。随后该股于 9.90 元附近企稳，经历 4 个交易日的价平量增，变盘走高后，重返 11 元附近。

可以看到，该股连续下破前两次重要底部后，在探出的第三个相对底部是可以抢反弹的，此为新低过三买入法则。同样的反弹力度视成交量而定。若缩量则反弹力度不济，若放量则看高一线。当重返第二个底部之后，也就是重返 11.43 元之上后，成交量若能继续配合，则后市必然会出现相对于除权后的下降趋势的反转，走出一波相对有力度的反弹行情。

案例 2. 中安消（600654）

中安消（600654）在 2015 年 12 月 11 日下破大型下降三角形下边线后停牌，复牌后的 2016 年 4 月 6 日出现倒转锤头，属于下跌中继形态，为第一相对低点，随后构造下跌中继形态；4 月 20 日冲高回落，以三连阴击破矩形。三连阴后随机企稳反弹，进入第二个探底阶段，也符合新低过三法则，反弹向被下破的矩形下边线靠拢。5 月 6 日中阴线杀跌，连续 3 天大幅度下挫，进入第三次新低后的探底阶段，而也正是第三次新低，在 4 月 20 日探低至 18.10 元后出现抵抗式反弹，随后停牌，于 8 月 8 日复牌攻击涨停，次日继续冲高，进入到新低过三的反击阶段，若能耐心守候，抢反弹均会成功。

理论上经过此轮下跌，两次新低过三之后，该股极有可能进入突破 H 线，也就是大三角形的上边线，而一旦放量突破，则反转的概率极大。后市投资者可以把握回抽确认后的确定性买入机会。

第十六节　卖出法则一：跌破重要上升趋势线卖出法

卖出法则与买入法则的核心思想是相同的，都是尊重趋势。当趋势发生改变时，价格沿着被改变的方向运行，在策略上就要做出与改变后的趋势方向一致的行动。买入时是根据价、量、时、空四要素进行选择，卖出则根据空间考虑。持股在一定的区间，当出现明显的趋势转变讯号后，也要卖出。如果买入后没有沿着预期的方向运行，也要卖出。所以，在实战中不断总结的一些经验，形成的一些法则，需要严格执行，果断实施。

跌破重要的上升趋势线时卖出，与之相对应的是上升趋势线附近买入，这条原理是根据支撑与阻力的角色互换的关系得来的。

股市中有三种趋势：上升、下降、横盘。由上升趋势转为下降趋势，其多空分水岭为上升趋势线，此线是由两个或两个以上的低点连接而成的向上倾斜的直线。上升趋势线有重要、次要之分，重要趋势线一般指被试探的次数较多，并且有效支撑股价上行的时间较长，时间周期一般在两到三个月。

通常情况下，上升趋势线有 30°、45°、60° 不等的角，投资大师江恩偏好的是 45° 角，这个角度线支撑力度大。趋势 45° 的上升趋势线与下降趋势线同等重要。当一条重要的上升 45° 趋势线被击破时，趋势反转的概率较大，这时采取卖出的策略应该果断。

一、形态特征

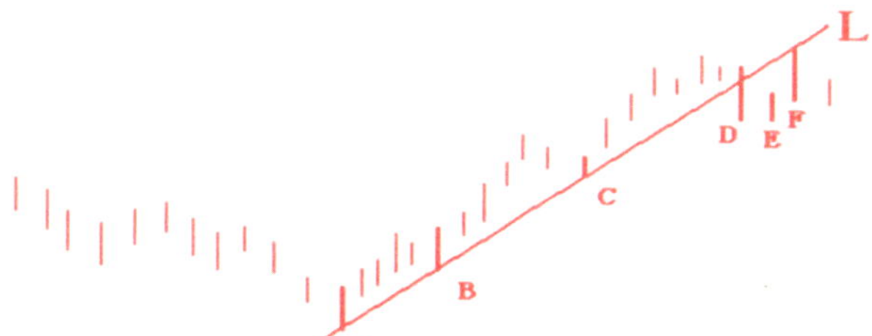

图中的L线曾三次分别在A、B、C三点被触及，是有效的支撑线。当有效跌破L线时，说明趋势已经反转，后市将呈现一浪比一浪低的价格走势。如何确定有效跌破L线？跌破D点时，发出趋势反转信号。当D点与E点的差额达到D点的3%，收市价两天均在趋势线下方，两到三天未能重返趋势线上方，则趋势出现逆反方向走势的概率较大。

一般情况下，跌破趋势线后有向原上升趋势线反抽的过程。不管是盘中的分时图，还是在日线反抽，都有这样一个过程。如果说跌破重要的临界点之后，没有在此后的两三天反抽，也会在未来的某一区间反抽。结合月线或周线图看它的重要转折点，不拘泥于某一种线。分时图中的30分钟与60分钟图，也是同样的道理。当达到趋势线附近后，又开始再次下跌。当下跌后，不要抱着侥幸的心理，这个趋势就是一把剪尺，这也就是所说的“一把剪尺走天下”。

二、操盘方法

趋势形成，价格沿着趋势波动。趋势改变，研判的依据就是趋势线被有效突破。操盘的方法，当趋势由上升转为下降时，需要在高位将手中的货卖出。此法则有两个卖点：一是跌破上升趋势线时可减仓，二是反抽到上升趋势线时可清仓。

跌破临界点卖出，可根据自己的情况，选择是减仓还是清仓。假使是长期投资，投资者对局部的波动不很在意，而且有耐心操作，可以适当减仓。如果是短期投机，跌破时需要严格执行纪律，卖出。因为在预期时间内，出现技术性反抽的概率不大，可能会改变自己的预期，导致亏损扩大，导致心理承受能力越来越差。

反抽趋势线附近，是一个仓位的变化。有策略分批减仓，这是对于一个大的波段进行操作而采取的方法，完全根据价格走势的变化而得出的结论。

三、注意事项

1. 跌破 L 线后，跌幅达到 3%；

2. 收市价在 L 线下方达到 2~3 天；

3. 此法有时候不需要成交量的配合。

“有时候不需要”的原因是，趋势改变时，有时呈现缩量调整或阴跌，反抽 L 线的时间非常短，前提是收盘价在 L 线达两天，趋势就改变了，它的成交量并不需要太大的配合。如果它的成交量放得比较大，按多空理论，用力向下砸的时候，它的反弹的力度就比较大，这时成交量击破重要趋势线时，就需要成交量的有效配合。

四、案例分析

案例：浪潮软件（600756）日线图。

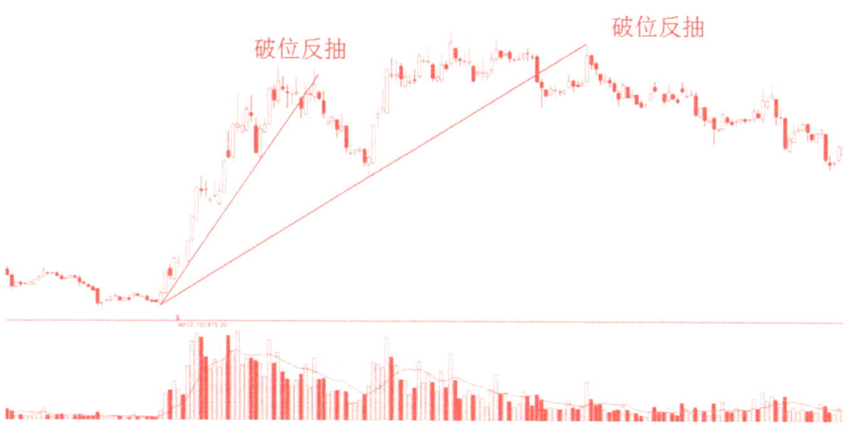

图中是以趋势线为主要的价格趋势判断点，结合成交量的量价背离分析出价格走弱。

第十七节　卖出法则二：接近下降压力线卖出法

接近下压线或下降通道的上轨时卖出法，是对于下降趋势中下降压力线的形成，需要得到第三点的确认。得到第三点确认后，沿着压力线附近继续走低，当价格偏离压力线较远后，有一个向心回抽的作用。在这个回抽的过程中，股价运行有规律的形成下降通道，在下降通道的下轨获得支撑后反抽形成规律性。同样的下降压力线，以 45° 为重要的压力线，30° 比较平缓，60° 比较急，形成 V 型的概率较大。

一、形态特征

下降趋势线的特点是，当股价远离趋势线时，股价将向趋势线靠拢。只要股价没有有效上破下压力，说明该股仍处弱势，后市仍将下调。股价稍微超过下压线，只要没有超过 3%，且收市价仍旧回到下压线下方，可当作毛刺给予忽略。

二、操盘方法

如果手中已经有了某种股票在下跌，并有继续下跌的趋势，应在相对的高点减仓或清仓，待调至底部再买。上图中，由 C 点开始反弹，在接近下压线 H 时即 D 点是极好的减仓位置。此位停留的时间极短，因此在接近 D 点时即可分批挂单卖出。

这里的操作技巧是，下降趋势线要根据分时图、日线、周线确认，接近什么价位卖出，要根据前期成交密集区域和重要的高低点进行综合研判，这个方法不是孤立的，而是全方位的。在寻找卖点的过程中，如果支撑与阻力的角色互换，在压力线附近接近某一个临界点，在下降趋势的末端出现反抽，卖出的可行性就不是很大。

三、注意事项

1. 形成下压线的时间至少在一个月以上。

2. 股价触及下压线的次数至少为 3 次。

3. 由 B 至 C 的跌幅中，成交量需放大；而由 C 至 D 的反弹中，成交量相对较小。

四、应用案例

案例：中安消（600654）日线图。

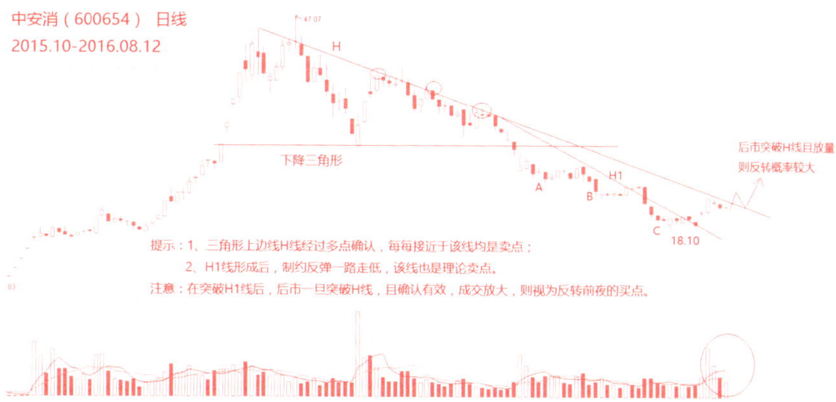

长期的下跌趋势往往是大盘处于大 C 浪的时候最为常见，在突破长期下降趋势线后趋势才有改变的可能。

第十八节　卖出法则三：头肩顶卖出法

头肩顶卖出法，缘于头肩顶形态为反转形态，确认形态成立后股价将展开一轮跌势，该形态确认时应及时卖出。

一、形态特征

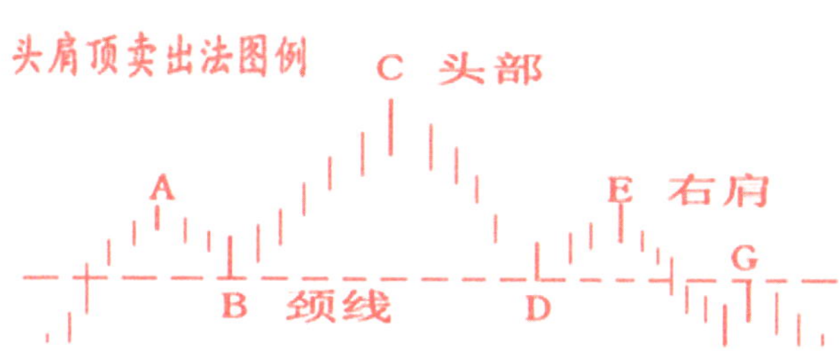

顾名思义，头肩顶就像一个人的头和两个肩一样，头高肩低。如上图，两个等高的波峰 A 和 E 是两个肩，最高的波峰 C 为头部。在反转形态中，头肩顶形态的可信度最高。虚线是两个肩低位的连线叫颈线，颈线是判断此形态成立与否的重要依据。

头肩顶的形成方式，首先有一轮上升趋势，到达A点后开始下调，直到B点企稳，随后又一轮升势至C点，再下调至与B点相近的D点企稳，然后升至E点时受阻，股价再次开始下调。整个过程构成头肩顶形态。

从E点开始下调，极有可能跌破颈线，当收市价在颈线之下达到3天，并且从颈线下跌的跌幅达到颈线位的3%，即可确认头肩顶成立。头肩顶的跌幅目标至少是从C点到颈线的垂直距离。股价跌破颈线位达到3%后，一般价格会有一个反扑，即价格重新回至颈线附近G点，随后开始完成量度跌幅。

头肩顶有变形形态，一头多肩或者多头多肩，叫复合型头肩顶形态，判断方法与头肩顶形态相同。颈线有时会上倾或下倾，只要其斜度不超过 ±20 度均可予以确认。

头肩顶的右肩在颈线附近变动时，在前期重要的低点和成交密集区内，当这个支撑被打破后，角色已经发生互换，成交量对股价向下的变动起到至关重要的作用。如果缩量下跌，跌幅时间较长；如果放量下跌，它的可靠性增加，在短期出现反抽的概率较大，除非出现崩盘的走势。

二、操盘方法

头肩顶形态是常见的反转形态，确认形态成立后股价将展开一轮跌势。头肩顶形态构造右肩时，可在E点开始少量减仓。股价跌破颈线，可再减1/4的仓位。当股价跌至低点F时，已确认形态成立，开始准备清仓。反扑是最后的逃命点，在G点时应抓紧机会清仓。

三、注意事项

1. 在头肩顶形成过程中，左肩、头部、右肩的成交量分别递减，跌破颈线时成交量放大，反扑时成交量减小。

2. 头肩顶的实际跌幅一般大于目标跌幅。

四、应用案例

案例：浪潮信息（000997）日线图。

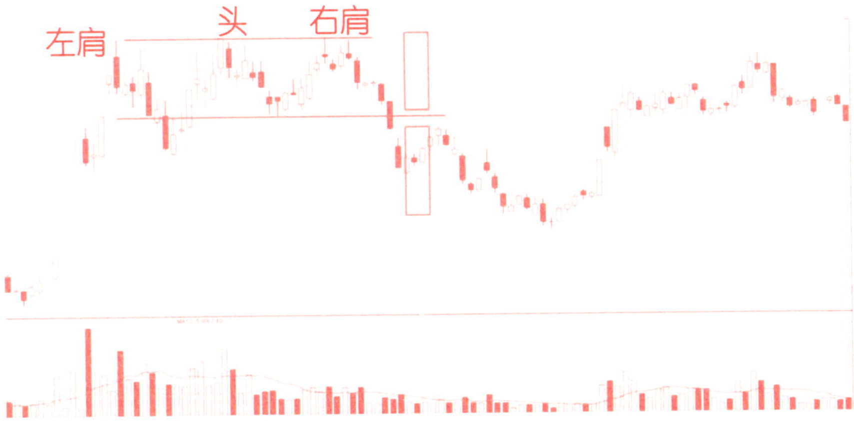

图中的头肩顶确立后，下跌的空间完成头肩顶的空间，图中长方空间相近。

第十九节　卖出法则四：反弹至 0.5 或 0.618 价位卖出法

该法则是反弹到 0.5 或 0.618 的位时卖出。神奇数列一般命名为菲波纳奇数列。这组数列是 13 世纪昂纳多菲波纳奇发现的，这组数列是 1、1、2、3、5、8、13、21、34、55、89、144……，以至无穷。

这组数列有许多有趣的性质，如：（1）任意两个相邻数字之和等于两者后的数字。例如 5+8=13，13+21=34，依此类推。（2）除开始的 4 个数字外，任意一个数字与相邻的后一个数字之比，均趋向于 0.618，如 1/1=1.00，1/2=0.50，2/3=0.67，3/5=0.60………，依次类推。上述比值围绕着 0.618 上下波动，越往后，越倾向于 0.618。

一、形态特征

神奇数列中重要的两个比例是 0.5 和 0.618。0.618 是黄金分割率，也称黄金比率。股市中 0.5 和 0.618 在回吐或反弹时常有重要的阻力或支撑作用。

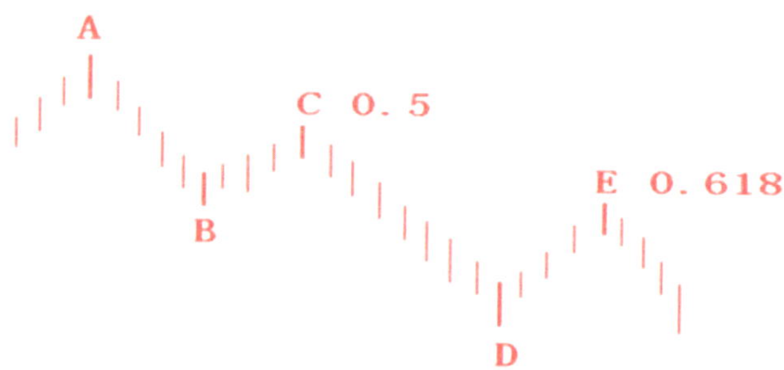

如上图所示，股价从 A 点调至 B 点，然后反弹至 C 点受阻回落，C 点正好是 A、B 间跌幅一半的位，即 0.5 的位置。反弹到位后，股价持续下跌，从 C 点跌至 D 点才企稳，随后反弹 0.618 的位到 E 点，股价又受阻回落。

AB 段的 0.5 和 CD 段的 0.618 价位的计算公式分别为：

0.5 的价位 =（A 点价位 –B 点价位）×0.5+B 点价位

0.618 的价位 =（C 点价位 –D 点价位 ×0.618+D 点价位

二、操盘方法

在下跌趋势中，当股价反弹到前一段跌幅的 0.5 或 0.618 价位时，应减仓或清仓。当反弹至 0.5 的价位时，可先减半仓；若反弹力度强，在达到 0.618 的价位时，可继续减仓。

三、注意事项

1–0.618=0.382，这个比例在股市中也常见到。特别是在迅速下调的市场中，股价只做很小的反弹到 0.382 价位，便继续下跌。

反弹到 0.5 或 0.618 价位时卖出，字面的理解似乎很简单，但要真正的理解，需要把熟悉的个股研究透彻，否则在运用时往往会忘得一干二净。在股价上行的过程中，很容易被虚假的信息所迷惑，真到 0.5 或 0.618 价位，可能做出的决定不是卖而是买。尤其是在反弹诱多的时候，将犯下致命的错误。

四、应用案例

案例 1. 中金黄金（600489）日线图。

中金黄金日线图，图中从 70.79 元下跌到 45.8 元后反弹 0.618 的价位为 61.24 元。中金黄金的价格形态走势比较大的可能是一个岛形反转，双十字星出现的前后有两个跳空缺口，在最高点 70.79 元后的下降趋势线被突破后，有一个向好的价格形态和量价关系的配合，形成一个新的上升趋势，这时买入是相对安全的。

不要孤立地看单独的技术形态和交易技巧，而要切记核心的本质是多空。十字星之后的跳空缺口是一个涨停板，其最高价突破了 70.79 元的压力线。此后上涨的跳空缺口是突发性的，是对前期小箱体的突破，回抽确认后可以买入。这时看反弹 0.382、0.5、0.618 的价位分别在哪儿，是否已经站稳。

结合上图，61.46 元向左看为相对成交密集区，反弹到这个区位有较大阻力，可以卖出。中金黄金再次回到 0.618 的价位后能否行之有效地突破，要看后量是否能够超前量。如果能够超前量，股价就会有反转的走势而创出新高。

案例 2. 深发展（000001）日线图。（现更名为平安银行）

22.2 元的大阳线反弹突破了前 5 个交易日的高点区域。单纯看 18.04 元启动的上升趋势，当天出现的阳线为旗形突破，是明显的看涨格局。当天银行股都启动了，但这是否是一个好的买点，显然需要结合局部趋势 21.68 元到 18.4 元的反弹阻力。反弹 0.5 价位 22.11 元的阻力通过回抽确认后，再结合温和放量，后面的成交量放大，股价才有可能上升。否则，就要严格按反弹的比例进行回调。

第二十节　停利止损法则

投资并不是大家看到的那样简单，需要思考很多东西，有相当多的功课要做，否则对投资并不是一种负责任的态度。而我们总是以为自己能够预测市场，战胜市场，但最终会发现战胜市场很难，所以只能顺应市场，而进行风险控制是非常必要的。

对于投资而言，确保资产的安全是首要的。巴菲特也反复说他的投资原则是“第一条，不要亏损；第二条，不要亏损；第三条，请记住前两条”。可见，确保本金的安全是多么重要，而这也是风险控制的核心所在。

从主力操作股票的角度来讲，他需要制造一个好的价格氛围、好的价格形态，处于主升的过程中才能顺利地将筹码兑现。作为力量并不是很强大的一般投资者，应该把保障资产安全作为首要任务。如果本金都无法保证，谈其他的收益就有点难了。

在资产管理方面，我们需要相应的原则来约束自己，这样才有可能完善并真正建立自己的交易体系。停利止损原则就是在投资体系中采取的重要风险控制。对于自己买入或关注的品种，在盘后要进行静态分析。当发现买入的品种股价走势并不符合自己的预期，需要据此做出趋势性判断。这时不管价格处于什么样的变化，都应该停利止损。

止损要结合自己的入市动机，结合自己对市场的理解，结合自己对市场的盈利预期，在自己所能承受的亏损波动范围内进行。在股价上升的过程中，止损条件可以适当上浮。

停利止损原则用于保护已获得的利润和防止损失扩大。股票市场经常不像它应该行动的那样运动，为了确保所得的利润，在转势时需采用停利原则。当买入后，却发现股价朝反方向运行，不论盈亏，都应选择适当的点位止损。这样才不至于遭受更大的损失。止损与卖出有相同之处，都是在重要的中级以上的下跌趋势开始前执行，但止损的意义远大于卖出。

停利止损，不是一个令人愉快的主题，但它可用于紧急补救。有时，看似一个很小的回调，但后来它一天比一天低，原来一点数量较小的损失，最后变成一场严重的灾难。

问题是在什么地方止损以及何时止损，到目前为止还没有一个统一的规则。就我的研究所得，可以归纳为以下四大常用原则：

原则一：跌破中期上升趋势线时止损；

原则二：跌破颈线时止损；

原则三：跌破矩形、旗形底部时止损；

原则四：跌破高位下降三角形底线时止损。

矩形、旗形和下降三角形属于整理形态，颈线相对来说是突破形态，趋势线是上升或下降趋势的延续。在这三种趋势里，只要进行适当的操作，都有止损的原则。

第二十一节 停利止损法则一：跌破中期上升趋势线止损

一、特征和辨别

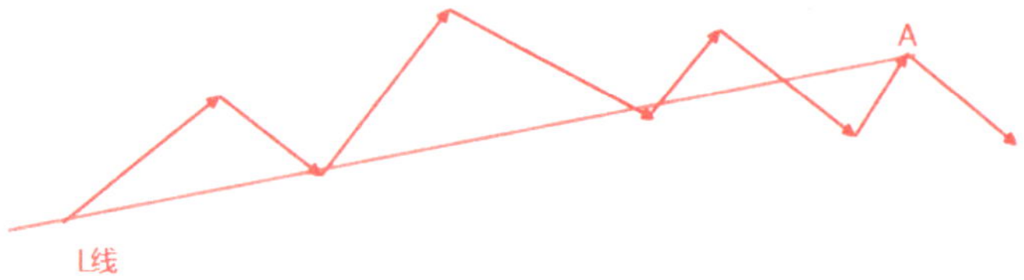

中期上升趋势强调的是趋势的构成和价格的确认。一旦趋势形成后，它的规律是沿着这条线走。跌破中期上升趋势线时止损；相反，突破下降趋势线时反手做多，空头止损。

中期上升趋势线是指重要的上升趋势线，一般是指在一段中级升势过程中形成，坡度适中，历时在两个月以上，并且股价接触趋势线的次数至少为三次。中期上升趋势线在道氏理论里是主要趋势，允许有次级折返走势。

跌破中期上升趋势线的确认，也必须满足两个条件：1、跌破趋势线的距离必须达到3%；2、收市价连续3天在支持线下方。经确认跌破后，一般股价会有一个反抽的过程，即价格重新回到支撑线附近，然后股价持续下跌。

二、操盘方法

有效跌破中期上升趋势线后，股价最少进行一个月的回调。当股价反抽到支撑线附近，即图中 A 点时，是最好的止损价位。您愿意先退出，等到低位再补，还是看着手中的股票一直向下跌？

此原则一般失误较小，不管是盈是亏，退出后再觅黑马。

第二十二节　停利止损法则二：跌破颈线止损

在形态学里，颈线多出现在 M、W 形态，头肩顶、头肩底形态，V 型底、U 型底形态，倒 V 底、圆弧底形态，属于突破型的形态。当这种形态出现并改变原有趋势时，就会向相反的方向运行，这时停利止损就显得很关键。跌破颈线时止损；相反，突破颈线时反手做多，空头止损。

一、辨别与意义

颈线在投资理论中占有尤为重要的地位。买进？卖出？加码？大部分要以颈线为依据。颈线存在于各种形态中，最常见的有头肩顶、双顶、三重顶及圆弧形顶，这些都是反转形态。

顶部形态形成前，应有一段较为可观的升幅，至少为起始点的 50%。股价在高位会形成一些可辨认的形态，其中头肩顶和双顶最常见。本篇用双顶为例，如图，A、C 两点为顶部，B 点的水平线为颈线。

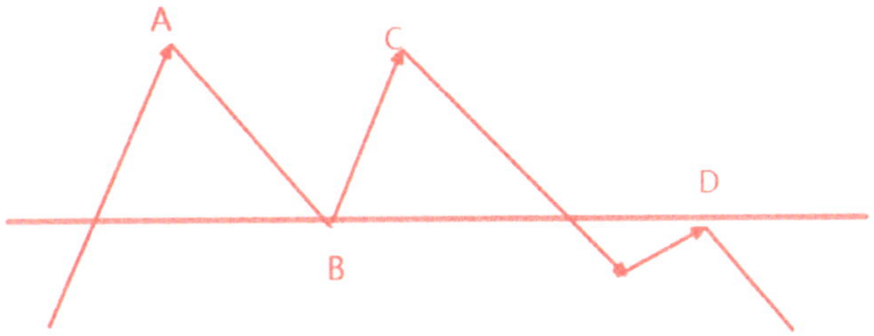

颈线的重要与否，主要看双头顶形态的规模。规模的衡量：一是构

造形态的时间，二是头部至颈线的垂直距离。构造的时间越长，头部至颈线的距离越大，颈线越重要。

颈线是多空分水岭，股价只要不有效跌破颈线，就还有上升的机会。一旦有效破位，极大可能是趋势将反转，要想再次达到头部，已是难上加难。

是否有效跌破颈线，同样要遵守两条原则：1、跌破颈线位的幅度达到颈线位的 3%；2、收市价在颈线下达 3 天。

有效突破后，股价的目标跌幅是从最高点——A 点到颈线的垂直距离。一般情况下，实际跌幅均大于目标跌幅，特别是在中级升势中跌破顶部颈线后。

底部形态或顶部形态形成前，都有一定的价格形态的趋势。通常情况下，趋势确认，突破颈线附近买入，如果价格形态没有沿着预定的方向推进，而是重返颈线之下，即应卖出。这是尊重趋势，不应用“追高”来描述和评判。

二、操盘方法

中级顶部形成后，股价一般将走较长时间的跌势，此时不管中线、短线，是亏、是盈，都应退出避风险。最好的出货点是在股价向颈线反抽时，即图中的 D 点。此点俗称“逃命点”，是最后的一次逃命机会。否则，将看着手中股票的价格下跌、下跌、再下跌。

对于头肩底或双底形态，顶部跌破颈线，往往会超过它的理论跌幅。一旦确认，就不要犹豫，立即卖出。

如前所述，颈线的重要与否，主要看双重底和头肩底的规模，可用两点来衡量：构造形态的时间，头部至颈线的距离。时间越长，头部至颈线的距离越大，颈线越重要。

颈线是分水岭，股价只要不有效跌破颈线，就有上升的可能。一旦有效破位，极有可能趋势发生反转。有效性确认的一贯性原则是价格 3%，时间 2~3 天。

第二十三节　停利止损法则三：跌破矩形、旗形底部止损

矩形和旗形是一种整理型形态，即无趋势状态。矩形和旗形一般以持续形态出现，矩形有时也可作为反转形态。

一、特征和辨别

1. 矩形是由一系列横向价格波动组成，这些价格波动的顶部和底部都可用水平线来界定。偶尔，其上下边界线会稍微上倾或稍微下倾，只要倾斜度不大，都可视为矩形。本篇选取较为少见的矩形反转形态作为示意图。

如下图所示，线 a、线 b 为水平线。矩形不管是作为持续形态，还是反转形态，股价只要有效跌破下边线，后市即看淡。目标跌幅至少为上、下边界线间的垂直距离。一般矩形的宽度至少为股票市值的 10%。

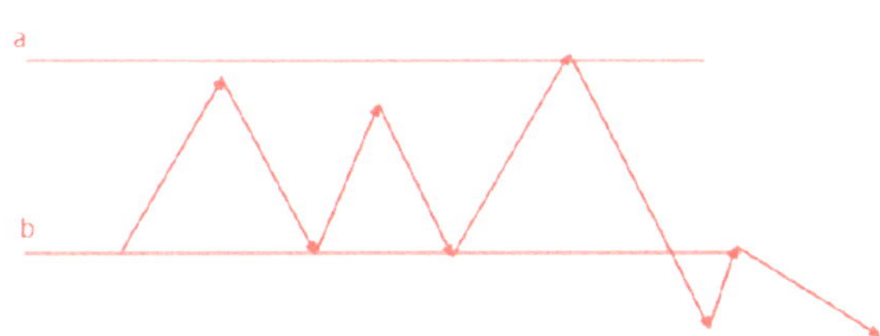

2. 旗形，有三角旗形和上下旗形，看上去像航海图中的旗帜，只是在下跌趋势中翻转过来。旗形一般出现在跌势的中期，通常形成于价格在一段近乎垂直、相当陡峭的大规模的下降运动之后。

如下图示意，从 A 点回升至 B 点，此后在一稍微上倾的平行线间横向运动。旗形的这种横向运动一般持续 5~7 天；如两平行线间距较宽，则可达到三个星期之久。若价格跌破旗形下边线，如图中 L，股价将再次形成暴跌。

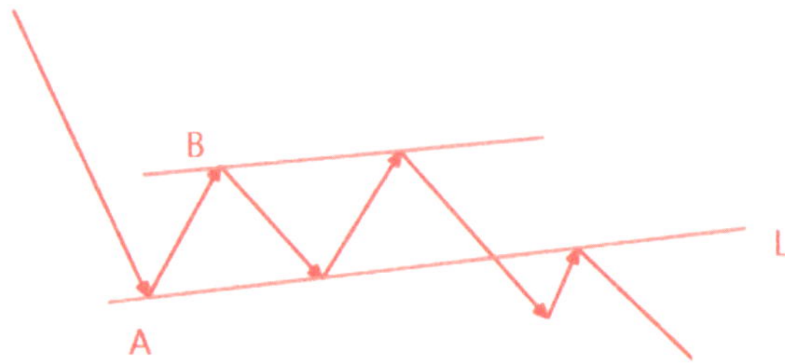

二、操盘方法

矩形在跌破下边线后，一般会有反弹出现，反弹时是最好的出货时机。

旗形跌破后，运动速度相当快。因此，一跌破下边线，中短线应快速止损，以免遭受更大的损失。

三、注意事项

1. 矩形下边线是否有效跌破，同样要遵守价格跌破 3%，时间达两到三天的确认原则。

2. 旗形形成初期，成交量一般较大。在形成旗形的过程中，成交量需显著持续减少，直到价格突破。如果缩量，有向上的可能性。如果放量，则延续下降趋势的可能性较大。如果击破底线，延续下降趋势。

第二十四节　停利止损法则四：跌破高位下降三角形底线止损

一、形态特征

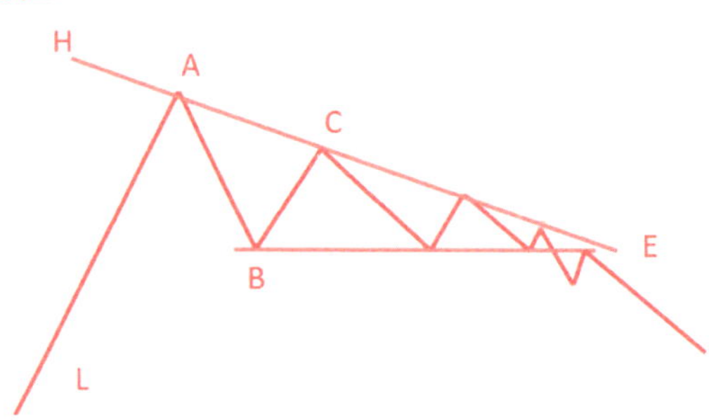

三角形形态一经完成，朝反方向运行的可能性极少。下降三角形是熊市的表象，它由一系列连续且不断变窄的价格波动组成，并且底线 L 为水平，顶部线 H 下斜。可靠性较高的下降三角形，一般出现在市场顶部。下降三角形形成前，一般股价已经历过一段较大的升幅，处于相对高位。当股价达到高点 A 后，遇到抛盘，回调至 B 点后再次上升，但无力达到前高点，到 C 点便遇阻回落。股价再次反弹，但反弹力度越来越弱，股价在 H 线与 L 线间来回振荡。抛盘逐渐增多，L 线最终被跌破。

许多交易商原认为水平线 L 在一段时间内会起到支持作用，因此在跌破 L 线后，丧失持有信心，于是纷纷卖出，从而加速了股价的下跌。

下降三角形最大特点：必须在三角形底边线的 1/2~3/4 间发生突破，如果超过底边线的 3/4，三角形的威力将会减小，甚至消失。当股价有效跌破 L 线后，其目标跌幅至少是从 A 点到 L 线的垂直距离，实际跌幅一般大于目标跌幅。

二、操盘方法

下降三角形是比较值得信赖的，并且下跌速度极快。因此，在股价跌破下边线后，回抽到 L 线附近的 E 点时，是最好的出逃时机。不管是赚还是赔，都应立即退出。

三、注意事项

1. 是否有效跌破下边线 L，同样要遵守价格跌破 3%，时间达 2~3 天的确认原则。

2. 在下降三角形形成过程中，成交量一般逐渐减少。待有效跌破后，股价会放量下跌。

上述原则对于底部形成的三角形同样适用。只不过底部形成的三角形形态是下跌中继形态，其下降的跌幅目前无法给出严谨的答案。

经过一段下降趋势后形成的下降三角形或上升三角形，在底部并没有形成反转，它的跌幅比较有限。如果对该股的基本面比较了解，其股价波动也在可忍受的范围内，可以不用止损。但对于上升趋势中形成的高位下降三角形，底线被击破后，必须坚持止损原则。

四、应用案例

案例：保利地产（600048）日线图。

保利地产颈线位被击破时需要一定的盘感。当天抛出的筹码较多，应执行止损策略。构造矩形后，底部下边线再次被突破，继续止损。形成三角形，为下跌中继形态，没有形成底部，可以止损或不止损，关键看形态反映的多空本质。

综合案例应用：

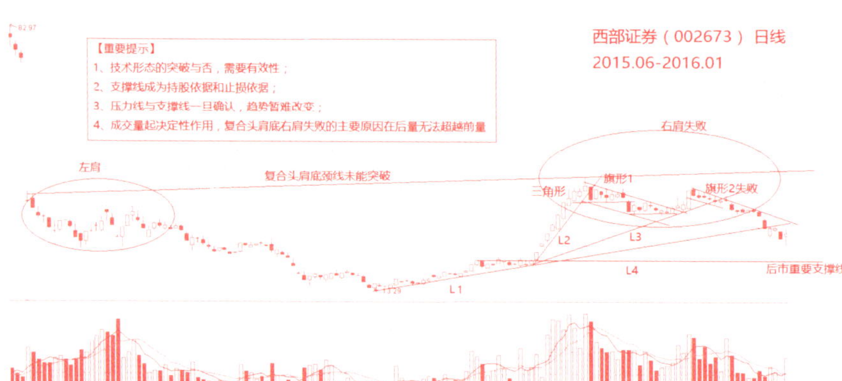

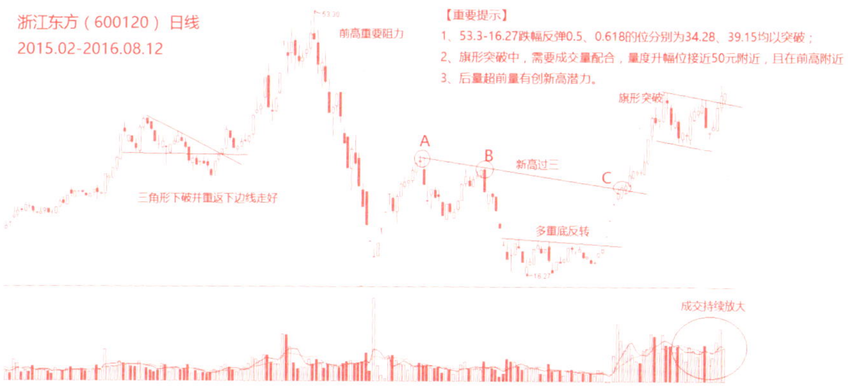

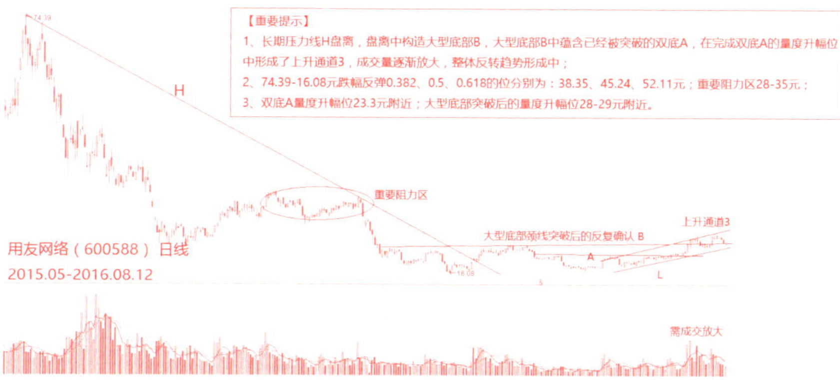

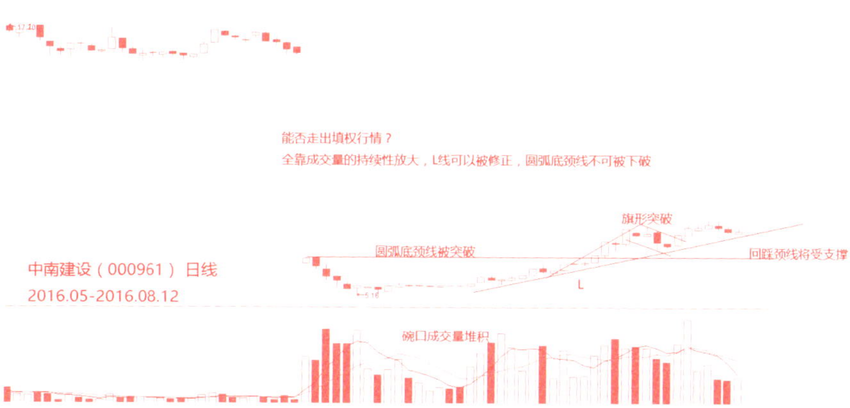

附注：在实战操作中，我们经常会碰到出现非预期的走势，那么就涉及到止损的问题。上述四大停利止损的法则，其实都谈到两点：及时止损和反弹止损。

我们务必要牢记，止损不是盲目的，在错过第一时间的止损后，应该耐心等待第二个止损点，也就是反弹止损。

此外，我也并不主张频繁止损。解决频繁止损的前提就是选股标的要相对准确，而提高选股的准确性，必然要把握好自上而下的系统性风险评估后的行业分类，在确定性的行业中寻找龙头企业，在龙头企业中利用风口的机会，根据技术分析择时交易。

而在交易决策前，我们务必要做好两种预案，当最坏的结果能够接受时，我们就可以大胆执行，而后市若出现非预期走势，也不至于因短线的波动而影响自己的判断，也就是不会因此而盲目止损了。

于是，在我的交易系统逐渐完备的情况下，最终又会回到我的投资理念上来，那就是“遵循价值、成长、趋势，在系统性风险可控的前提下，把握确定性中的高概率机会”。

后 记

我的经验是从错误中总结出来的。对于一个曾经亏过钱、且亏过不少钱的人说的话，希望读者能认真听听。

后 记1

我想把多年来接触到的一些人的想法和自身操盘的感悟，分享给读者。要知道，我的经验是从错误中总结出来的。对于一个曾经亏过钱、且亏过不少钱的人说的话，希望读者能认真听听。

合理的预期。前面讲过，入市的目的要有保值的低预期。我们投资股市只是期望比银行的利息略高一点，抵消一点通货膨胀，这样来到股市的动机，我认为是最好的。

有人做股票会这样假设：假设我 2015 年 6 月出来把利润锁定了，我的生活会很好。后面几个月我不做，到 10 月我又进来了。那样我的生活会过得更好。可是一旦你进入股票市场，能够脱得开这个市场吗？你能在离开市场之后的一年内安安静静不做吗？

健康的心理预期是必要的。如果说我希望从这个市场获得本金的安全和微利，然后在这个微利的基础上给自己定一个目标，假设一年复利 5% 的增长，你自己算一算，10 年以后的增长是多少？

巴菲特每年 20% 的复利已经相当高了，而一般人有 5% 的复利增长是再正常不过的事情了。可是，往往由于预期的推高，让很多人犯错。这真是值得我们每个人都需要反思的地方。对的东西一定要坚持，没有别的，而你充满的贪欲膨胀之心是无法控制的。只有将自己的预期降低，才能够控制你的贪欲。恐惧心理也是如此。

要深刻地认识到，市场的预期与操作是两回事。

坚持纪律。纪律不一定会让你成功，但一定可以让你不断进步，而且能够让你减少损失。纪律的形成要不断盘点，归纳总结，形成经验，这是一个长期的过程。一旦形成，就必须坚持你的操作纪律，坚持原则，就有了止盈和止损。历史会重演，但绝对不会简单重复。请大家在操作之前就要制定好纪律，并在操作的过程中坚决执行。

谦虚。市场中很多人过于浮躁，也不够谦虚。特别是有了一定成绩的人。

对于“满招损，谦受益”这样的话，很多人也只是听听而已。想想很多真正成功的人都是不动声色的，喜欢闷头赚钱。有些人在股市中知道了一点皮毛，操作成功了几回，就开始批判他人，好像自己立即就成了市场的代言人，只有自己的观点是正确的。

其实，“三人行必有我师”，任何时候都要谦虚一点。但在谦虚的过程中，要坚持你的纪律，不要被别人的观点影响太深。可以把别人数据收集过来，形成自己的观点。而且在看别人观点，收集别人信息的时候，要看别人的分析方法和数据，在这个过程中慢慢形成自己独立思考的风格，并逐渐完善自己的交易体系，这是最重要的。

持续性学习。任何时候都不要放弃。要多看多读多写盘后研究，而不是随意臆想。不要认为学的东西没有用。很多时候听起来很容易，但在用的时候能否综合应用呢？真正发生作用的就是这些合力所起的结果。盘感就是通过这些东西悟出来的，不是天生就有的，是在多次失败和成功的案例基础之上，不断总结学习，然后形成的感觉。

这是一个由量变到质变的累积结果，综合起来应用是最难的。如果拿到一只股票后你能举一反三地进行分析，长期坚持下去，你就会得到思维方式的质变。

保持专一。专一可以在不自觉间屏蔽掉你的浮躁。市场每天都有涨停板，你不能每天只想着这些涨停板。这些涨停板的变化，往往会吸引你的眼球，冲击你的心理防线。但这可能会成就你，也可能会击溃你。我认为这些诱惑更多的时候会扰乱你的心智。专门学好一方面或专攻某一领域，对你的投资是有好处的。就像去学佛，皈依以后专修一个法门也是一样的道理。如果什么法门都学，可能哪一个都没学好。术业有专攻，才有可能达到精益求精。

最后做股票成功的人都到了哲学的层次。万变不离其宗，股市就是人性综合集中表现的场所，希望大家在实战中逐渐构建自己健康的投资心理，树立正确的投资理念。

后 记2

在前述基础上，我想对立志于当一个资深交易员或者基金经理的职业投资人强调以下几点，若能引起你的共鸣，或者能在你脑海中烙下深深的印记，我想你一定会少走很多弯路，少亏很多钱。

一、用体系来强化你擅长的

交易者必须有属于自己的交易体系，只做自己最擅长的事情，不断强化自己最强的部分。交易体系是交易中的整体性，其功能是各组成要素在孤立状态时所没有的，它具有结构和功能在涨落作用下的稳定性，具有随环境变化而改变其结构和功能适应性以及历时性。实质是一种决策模式，当一个投资者形成一套比较稳定盈利的方法时，则可视其有了自己的交易体系。

二、交易前的你必须先反省

1. 交易者需正确认识自己，给自己合适的定位。

2. 你是如何看待这个市场（白银、股票、外汇、期货）？

3. 参与这个市场你认为何种方式是你最认可的?

4. 你能承担多大的风险或亏损?

5. 你觉得怎样交易才能快乐?

6. 是否从内心深处热爱这个市场?

有人说，在投机市场只有偏执狂才能生存，并不一定说他真的很偏执，投机亦有道，而是指他服从的交易信仰。一个优秀的交易者在外人看来，往往是孤独的，不被理解的。

三、交易者必须有自己的交易体系

技术分析和基本分析、心理分析均不能完全反映市场，或者说不能单纯的看某个分析来解决长期交易问题。这些都只是交易中的“术”，而非真正的交易之“道”。道可道，非常道，才是交易之正道。真正的技术交易者，应该是不断完善自己的交易哲学及核心交易系统的实践者。

四、交易哲学

你必须有自己坚持的投资哲学，或者说投资领域的价值观。

1. 哲学中的世界观、方法论——先做人后做票、莫以追求暴利助长贪欲。

2. 我的核心投资理念：尊重价值、成长、趋势，在系统性风险可控的前提下，把握确定性中的高概率机会。

3. 做人修心，在求偏财中取之有道，平常心看待市场涨跌、暴利，树立正确的投资理念，获取确定性中的稳健收益。核心在于确定性、安全边际、高概率。

五、交易策略

策略，即可实现目标的方案集合。当一个方案行不通时，能够及时应变，预案考虑周全，我们不能改变市场，不能强迫市场选择何种方向，但我们可以控制自己，根据市场做出应对方案。

在交易前，我们至少需要做出符合预期和不符合预期的两种方案，尤其是对非预期走势的预案要有完善的应对细则。一旦实施交易，请你不要轻易改变自己的策略，除非发生重大基本面改变。

六、交易系统

1. 技战术体系

孙悟空 72 变你会几变？你的三板斧是什么？必须对各种技术分析方法、基本分析方法、心理分析娴熟掌握。

2. 资金管理体系：头寸体系和风控体系

这是交易中的核心所在，合格且成熟的交易者须在经历了无数次交易经验，尤其是多次亏损经验或者惨痛亏损经验后，才能慢慢明白资金管理的重要性。

七、交易原则

原则，即说话或行事所依据的法则或标准。遵照原则行动，事情必会顺利，违背原则行动，结果一定很惨。交易原则就是交易中表现出来的经过市场长期检验的合理化法则或标准。譬如只做行业龙头和细分行业龙头、只做流动性好的交易品种、不做 ST、亏损多少必须离场等等。

八、关于价值、成长、趋势

价值：了解与熟悉股票质地的基本面，发现与追寻优质企业的投资价值，而传统中的行业龙头以及基本面即将发生根本性改变的个体，是安全边际较高的操作前提。

思考：是否真正理解价值？如何确认行业龙头以及细分行业龙头？为何要被非基本面因素的非价值所困扰，试想并总结非基本面因素的犯错概率多大？

成长：根据宏观经济的走势，研究产业态势，理解行业景气度拐点性变化，在了解公司商业模式的基础上可以从市场的饱和率和渗透率等预估其成长性的空间。

思考：何谓价值空间之成长（即股票质地的成长性如何研判）？何谓趋势价格成长空间？

趋势：道氏理论决定了我的交易体系基础，而趋势则贯穿我的整个理念基石。机会属于有准备的人，要擅于捕捉机会，在确定性中捕捉较大的机会。

思考：是否真正理解趋势？你心中的主要趋势是什么？平衡市道中的局部趋势如何理解？于局部趋势操作，自己是否有总结与评估犯错的概率？

九、挖掘确定性的方法

“确定性”是提高概率的先决条件，我认为掌握确定性的方法有以下几点：

1. 大量阅读研究报告、无条件的阅读，目的为熟悉行业、公司基本面以及主营和存在负面影响，对行业龙头的进一步确认，并跟进龙头或者重点公司相关动态的进展。譬如银行业、地产业、通信设备、电子元器件、医药、食品饮料等行业的长期跟踪研究，并结合市场动态的驱动型事件敏感分析对具体公司的影响。

2. 把握宏观走向，对驱动型事件保持敏感，大到国家战略的刺激行情必然纵深发展，譬如自贸区概念和土地流转概念。

3. 周期性与抗周期性行业的重点研究，二者往往呈现反向关系，但长期而言，消费行业往往成就大牛股。

4. 建立涵盖景气周期行业的股票池，以行业或细分行业龙头为主。

5. 每天盘后复盘，对涨跌幅前十、资金流入流出前十保持客观分析并跟踪，保持对热点个股的跟踪，尤其是对驱动型事件的高度敏感。

6. 对资金深度介入的品种进行跟踪，并深度分析。

7. 季报、年报公布前的预期以及之后的高送配后除权后的交易性机会的跟踪。

总的来讲，大量阅读，养成力求掌握海量信息并及时在脑海中归类的习惯，这是基金经理或者资深交易员的必备的功课之一，对行业龙头的坚持则是确定性的基础之一，再结合市场龙头，二者集于一身则确保确定性。

后 记 3

理论运用于实践需要一定的过程，没有一下子可以跨越的高山，当我们进入股市的时候，我们要想我们就是一个小学生，唯一能做的就是从基础开始学习。基础好了，你的交易大厦才会起来，否则，再好的上层建筑，再美丽的设计，如果地基不牢，也是冰上的大厦，春天来了就会倒塌。

在经历了 2015 年 6 月后的股灾后，我们觉得市场给了我们更多的经验与教训。当然，我们依靠专业依然获得较好的成绩，长期在我身边的学生甚至取得了 10 倍的收益。这些或许有偶发因素的影响，但也是多年厚积薄发的一种表现，其理论体系也是来自于上述的体系，没有任何的超越，当你熟悉了，成了灵魂的一部分，有些成绩会自然发生。

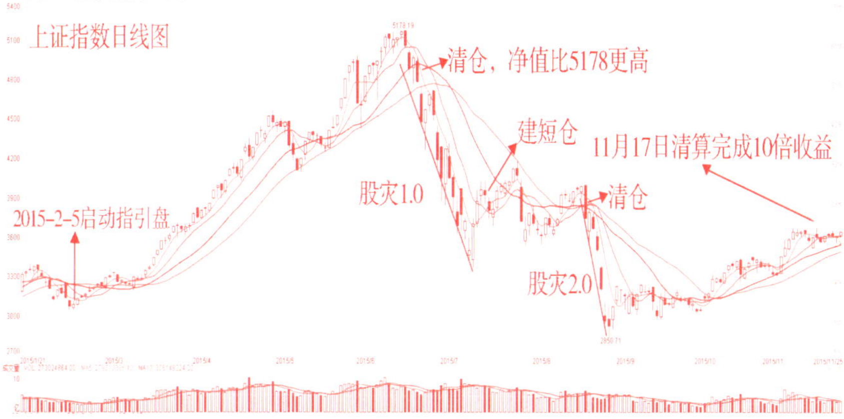

关于这些实战的东西，我也希望有机会能与读者有更深入的交流。也许，我们会有这样的机缘，而我更是一个愿意乐于分享、广播善缘的人。

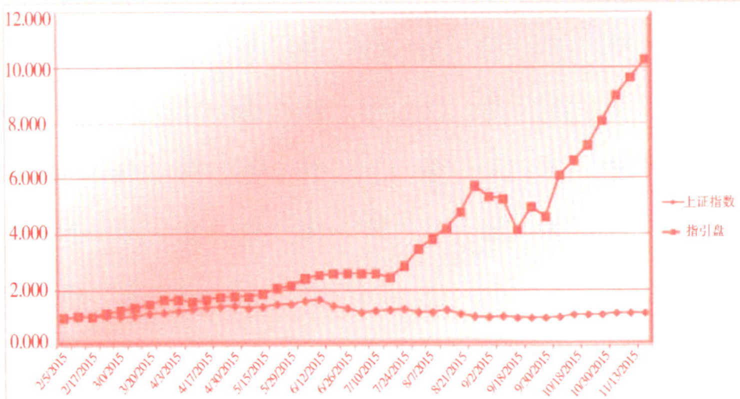

10 倍账户净值的操作记录

上证指数图与指引盘净值对比图（截至 2015-12-22）

上图是我的学生在 2015 年 2 月 5 日至 2015 年 11 月 17 日信用账户的净值走势图。

在实战中，我的学生用 10 个月创造了近 10 倍的收益。2015 年 2 月从 52 万起步，没有动用融资融券杠杆，到 2015 年 6 月 18 日空仓时 129 万，成功躲过残酷的股灾 1.0；后来，7 月 14 日进场，7 月 24 日空仓，7 月 28 日进场，8 月 18 日空仓，再度躲过股灾 2.0，然后到 8 月 25 日才进场，启用融资融券杠杆，截至 2015 年 11 月 17 日 514 万，实现近 10 倍的收益。

最宝贵的是，他在 7 月 14 日的进场时机并不好，买入的股票次日跌停；8 月 31 日买入股票后次日跌停，并持股一个月。在统计期内，只有 8 月 25 日抢反弹同时买入三只，次日仅有一只止损，这一次止损成为统计期内唯一的一次止损。这三次经历，值得重点分享。

在整个账户交易过程中，他执行的是我的股票池和交易策略，全部是确定性打法，利用高概率的复利交易模式，取得了非常成功的成绩。以后有机会，我将真实呈现相关交易明细，也会在我的“智慧赢家”培训中展示。